現代経営学講座 3

社会の中の企業

稲葉 元吉 編著

八千代出版

執筆者紹介 (執筆順)

稲葉元吉	成城大学教授	序論、第Ⅷ章1・2
山倉健嗣	横浜国立大学教授	第Ⅰ章
柴川林也	帝京大学教授	第Ⅱ章
河合忠彦	筑波大学教授	第Ⅲ章
神代和欣	放送大学教授	第Ⅳ章
佐々木壮太郎	和歌山大学助教授	第Ⅴ章
太田敏澄	電気通信大学教授	第Ⅵ章
竹田志郎	日本大学教授	第Ⅶ章
小林ちえみ	東洋大学講師	第Ⅷ章3・4

はしがき

　企業が社会と連動して活動していることは、よく知られている事実である。社会は企業活動に不可欠な諸資源を企業に供給し、また企業が産出した財・サービスを需要する。こうして企業は、社会という土壌の上ではじめて生育し発達する。たしかに外界から原料・資金・設備・人材といったいわゆる経営諸資源を獲得することなしに、企業はその活動を展開することはできない。またそれと同時に、企業がつくりだした製品やサービスは、外部に売却されてゆかなければ、企業は生存を維持することはできない。かくして社会は、企業の存立基盤であるということができる。そして企業と社会との関係がこのように密接であるということが、逆にいえば社会はまた、企業を制約する主要要因でもある、と称することができる。企業がたとえ自らの意思に基づいて自由に行動しようとしても、その行動が外界と相容れない不適合なものであれば、企業は結局は外界と妥協しうるところまで譲歩しなければ、その存続を確保できないからである。

　ところでこのように密接な関連がある企業と社会との関係について、経営学は従来企業の全般的な視点から、必ずしもこれをとりあげてこなかった。マーケティングや資金調達さらには資材購入といった、いわゆる企業機能別の議論の中で、それぞれに関係のある外部利害関係者がとりあげられていたからであろう。たとえばマーケティングであれば顧客が、また資金調達であれば株主や銀行が、さらに資材購入であれば供給業者が……というようにである。しかし利害関係者に対するそのような個別的なとりあげ方では、企業と社会との間の多面的かつ全体的なかかわりを理解するには適当ではない。本書『社会の中の企業』は、企業とそれを取り巻く外界との関係を、「情報化」時代・「グローバル化」時代を踏まえ、総合的に展望できるよう編集されている。このような意図がどの程度読者に伝えることができるかは、読者の方々の御判断に待つほかはないが、われわれとしてはそのような意図が、

多少なりとも読者各位に理解していただければ幸いである。

　本書の刊行には、編著者の私（＝稲葉）を除き、まことに得難い執筆陣を揃えることができた。いわば至高のメンバー構成といえるであろう。編者としては、これらの方々の御協力に心から感謝し、お礼を申し上げる次第である。しかし諸先生方のこのような御尽力にもかかわらず、編者の個人的な事情で本書の出版予定に大幅な遅れをきたしてしまった。このことについては、すべての関係者にただただ御海容を願うばかりである。

　さて本書は、社会の中でそれと複雑に相互作用しながら活動を続ける企業の姿を論ずるものであるが、その論点の中心は具体的には、いわゆる利害関係者に置かれている。それぞれの内容は、以下各章を追って展開されるが、ここで、本書の構成を一通りみておくことにしよう。

　まず序論のあと、第Ⅰ章「企業と社会」では、本書でとりあげるテーマ全体の、理論的な基礎が論じられる。

　ついで第Ⅱ章から第Ⅴ章まで、「株主、金融機関」、「政府」、「労働組合」、「顧客、供給業者」といった金融市場、対政府関係、労働市場、財市場に直面するそれぞれの利害関係者を一つひとつ順次とりあげる。

　第Ⅵ章から第Ⅷ章は、個別的な利害関係者論ではなく、企業の利害関係者と密接に関連しながら、新しい時代的背景のもとで生じてきた重要なトピックスをとりあげる。すなわちはじめに情報社会の到来を踏まえた「情報環境」の議論であり、次に国際社会の到来を踏まえた「国際環境」である。そして最後に、新たな次元で要求されるに至った「社会的責任」の議論である。

　末筆ながら、本書の刊行を企画された八千代出版株式会社および同社の山竹伸二氏に深甚の謝意を表したい。

　　2002年6月　　　　　　　　　　　　　　　　編著者　稲葉元吉

目　次

はしがき

序　論　社会の中の企業 ―――――――――――――――――― 1

1　一つの事例　1
2　もう一つの事例　3
3　「環境」の概念　7
4　「社会」環境　8
5　社会環境の重要性　14
6　各種の利害関係者　18

第 I 章　企業と社会 ――――――――――――――――――― 25

1　はじめに　25
2　「企業と社会」の分析視角　26
3　企業―社会関係の理論　32
4　企業―ステークホルダー関係のマネジメント　38
5　企業の社会的責任と社会対応過程　48

第 II 章　株主、金融機関 ――――――――――――――――― 57

1　対株主関係と対銀行関係　57
2　諸状況の変化　64
3　現在の問題点とその対応策　74

第III章　政　府 ——— 87

1 対政府関係　*87*
2 諸状況の変化　*91*
3 現在の問題点とその対応策　*98*

第IV章　労働組合 ——— 103

1 自由経済社会における労働組合との関係　*103*
2 対立から協調へ　*109*
3 現在の問題点とその対応策　*116*

第V章　顧客、供給業者 ——— 121

1 対カスタマー関係と対サプライヤー関係　*121*
2 諸状況の変化　*141*
3 現在の問題点とその対応策　*147*

第VI章　情報環境 ——— 151

1 はじめに　*151*
2 情報インフラの発展　*152*
3 競争の多様化と激化　*157*
4 情報システムの戦略的使用　*168*
5 おわりに　*177*

第VII章　国際環境 ——— 183

1 国際環境の特質　*183*
2 大競争（メガ・コンペティション）　*190*
3 地域経済統合（リージョナル・インテグレーション）　*198*
4 国際標準（グローバル・スタンダード）　*206*

第Ⅷ章　社会的責任の新次元 ─────── 217

1　はじめに　*217*
2　危機管理　*219*
3　環境保全　*229*
4　国際的責務　*237*

人名索引……*247*
事項索引……*249*

序 論

社会の中の企業

1　一つの事例

　いきなりではあるが、一つの短かい事例をとりあげることから始めたい。これは、エメリーら（Emery and Trist, 1965）の論文に載せられた、1965年当時のイギリスのある名門企業（これをA社と呼んでおこう）をめぐる話である。必ずしも忠実な紹介ではないが、本書冒頭の、いわば問題提起のためのケースとして、理解していただければそれで十分である。

　さてA社は、ある有名な系列グループに所属する缶詰食品のメーカーである。その主力製品たる野菜缶詰は65％という高い市場占有率を有し、しかもその地位は第2次世界大戦前から安定したものであった。会社は、そのような地位が今後も当然に維持されるであろうとの確信の下に、系列グループの首脳部に、数百万ポンドにのぼる投資計画を納得させた。オートメーション化された新鋭工場を建設するためである。しかし工場建設までのプロセスの中で、環境が大きく変化することになったのである。

　基本的には、中小の缶詰会社が数多く登場しはじめたからである。それでは、なぜ中小のライバル企業が、新たに登場してきたのであろうか。その背景を探ってみることにしよう。

　ところでこれらの会社はもともと、A社とはまったく関係のない商品すなわち輸入果物を取り扱っていた。それら中小の企業が数多く現れるに至ったのは、一つの原因としては、第2次世界大戦後しばらく続けられていた鋼板と錫板の政府統制が解除され、それらが安く入手しうるようになったため、

缶の価格が下がったからであった。またそれとともに、もう一つの原因としては、輸入果物の需要が著しく増大したからでもあった。

さて輸入果物を扱っていたこれらの企業は、もともと大きな問題をかかえていた。すなわち果物は季節ものであるため、冬には生産設備や従業員が遊休をよぎなくされていたからである。この問題を解決したのは、食品の急速冷凍技術の発達であった。急速冷凍技術の普及には、めざましいものがあった。そして輸入果物の会社は、この技術によって自社の年来の問題を解決したばかりでなく、彼らはやがて野菜をも冷凍食品の形で提供しはじめたのである。そればかりではない。急速冷凍技術の結果、農産物全体の需要が喚起され、そのため、急速冷凍加工には適さないが、「缶詰」には適するといった種類の農産物も、市場に大いに出回るようになった。アメリカが余剰農産物を安く輸出し、それを中小の会社が新たに缶詰加工していったからである。

すでに触れたごとく、Ａ社の野菜缶詰は、急速冷凍技術が現れる前までは、他社の製品よりも優れたものと評価され、価格も相対的に高かった。しかし、今やその地位は揺らぎはじめたのである。

しかも時を同じくして、小売業者には再編成の動きが起こりつつあった。すなわちスーパーマーケットが発達し、また食品店のチェーン化が進展したのである。これらの小売業は、自社ブランドの商品を販売すべく、中小の缶詰業者に缶詰の製造を委託した。中小企業で生産された安価な缶詰は、有名ブランドであるＡ社のシェアを次々と侵食した。

このようにして、かつて１％にも満たなかったこの種の缶詰が、わずか３年間のうちに市場の50％以上を占めるまでに成長したのである。Ａ社の新設オートメーション工場が、のちに従来の主力製品に代わる別の商品の大量販売が可能になるまで、活用される機会を持ちえなかったことは、いうまでもない。

Ａ社の経営者・管理者は、有能ではあったが伝統的であった。それがゆえに、自社に直接関係のない企業外のいろいろな出来事が、いつのまにか相互に関連しあい、やがては不可逆的な全体的変化へと進行している事実を、

彼らはついに深く認識することもなく、また途中で会社を大きく転換させることもできなかったのである。遅ればせながらとった彼らの対応策は、まずは自社製品の防衛であったが、その際、中小の缶詰会社と同様の、自社ブランドを入れない安い製品をつくるか否かで、経営陣の見解は分裂した。系列グループの首脳陣は、引くに引けない立場に置かれた。多くの混乱と苦悩の果てに、かつての名門企業は、従来とは一変した製品ミックスをもって、ようやく再出発したのである。

以上、一つの事例を紹介したが、ここにはいくつかの有用な示唆が含まれている。さしあたりここでは、次の3点だけを指摘しておくことにしたい。

第1に、企業を取り巻く今日の外部環境は、きわめて変動的であって、ひとときもその変化が停止することはないという点であり、

第2に、たとえば急速冷凍技術の発達や、アメリカの余剰農産物の輸出政策といったような、当初は缶詰会社にまったく関係がないと考えられていた、いわば「遠い所」での環境変化が、実際には、はるかかなたの出来事どころではなく、きわめて直接的なインパクトを自社に与えうるという点である。

そして第3に、たとえいち早くあるいは遅ればせながら、環境変化の重大性に気づいたとしても、企業がそれに十分対処しうるには、柔軟な適応力を備えていなければ、いかんともしがたいという点、などである。

2　もう一つの事例

もう一つの別の事例、「わが国のある地方都市の中小企業の例」を、関満博（1999）の研究調査から引用してみることにしよう。新潟県燕市のE製作所の、環境対応経営のエピソードである。燕市は、永い間、アメリカ向け洋食器の産地として有名であった。この地域は、古くは江戸時代における釘の生産から、明治時代は銅器、煙管、鑢に転換、さらに第1次世界大戦後は真鍮製の洋食器、ハウスウェアの産地へと転換を続けてきた。産地ぐるみの事業転換のかげには、地域指導者の懸命な努力があった。その結果、産地全体

が特定製品の生産に従事し、全体として巨大な生産力をつくりあげた。とくに第2次世界大戦後は、対米輸出の一大拠点となり、以後燕市は、これまで日本産業の対米依存の象徴的な存在となったのである。そこでは各企業は皆で一つの、いわば出来合いの階段をのぼっていたのである。

対米依存のこの輸出産業地域は、為替の変動相場制の時代に入り、円高のたびに苦況に立つことになった。すなわち「ツバメが泣き」、補助金が交付されるという事態が出現したのである。しかしたび重なる円高に疲れた燕市は、1985年のプラザ合意後の円高をきっかけに、「泣かないツバメ」を掲げ、従来の保護政策の中で皆が同じ階段をのぼっていくことからの決別をすることになった。以来十数年、燕市所在のいくつかの中小企業は、独自の道を歩みはじめたが、その一つの典型がE製作所である。

創業社長のE氏は、半年の見習い修業の後、親戚にミシン部品メーカーがあったことから、1947年に真鍮ハンドルの大小2本セットのミシン組立用ドライバーの生産を立ち上げた。同氏17歳のときである。しかしその後、朝鮮戦争の勃発に伴う真鍮価格の高騰に悩まされることになる。その頃、燕市のステンレス製洋食器生産は対米輸出に支えられ拡大の一途をたどっていたことから、洋食器の参入を銀行に相談するが、「もう遅い」とたしなめられ、逆に器物（ステンレス製ハウスウェア）を奨められた。このことを受け、1957年にキッチンツールを手懸け、おたまなどの6ピースをセットで販売し対米輸出の波に乗ることになった。当時、生産の99％は輸出に向けられていた。

この間、キッチンツールを扱っていたバイヤーから洋食器の生産を奨められる。しかし洋食器は対米貿易摩擦以降、自主規制の出荷枠が設けられ、その枠の一部に参入すべく金属洋食器工業組合に加入したが、最低枠の年間6000ダースしか割り当てられなかった。この点、金属以外の異種素材ハンドルの洋食器は枠外であったことから、1959年にはプラスチックハンドルの洋食器に挑戦し、またハウスウェアに参入、以後、飛躍的な発展を遂げ、1966年には従業員数170人を擁するまでになった。

しかしその後は次第に業績が低迷していくが、1968年ゴルフシャフトを生産していた友人からたまたまゴルフ用品への参入をうながされ、対米輸出向けのアイアンヘッド生産に踏み出すことになった。当初は赤字続きであったが1972年頃から業績が上向きになったその矢先、73年第1次石油危機により、対米マーケットに依存しない売上げは、40％という劇的な減少を記録した。そこに追い打ちをかけるように、期待していた国内で、74年官庁にゴルフ禁止令が出されたのである。

以後「輸出が無くなって目が覚めた」同社は、一転して国内販売に転換、あわせて主要製品をゴルフクラブと定め、完成品、高級品の生産に向かうことになった。そして1978年には洋食器からも完全に撤退することになった。このようにして1978～79年が、同社にとっての再スタートの時期となった。やがて1987年以後にはゴルフクラブ、ステンレス製品、精機（ミシン部品）の3事業の体制が整うことになった。

その後、1985年のプラザ合意のあと、円高に直面し、海外進出の検討を開始したが、当時、ゴルフ関連の受注が増加したこと、また研摩工が高齢化し将来に不安があったこともその背景にあった。進出先には「穏健、安定、仏教」の諸要素を評価して、タイに決定した。すなわち1987年にゴルフ事業の生産拡大をめざして「E Thai」を設立、さらに92年にはステンレス事業の生産拡大をめざして「E Stainless Steel (Thailand)」を設立した。

現在、燕市の本社は、ゴルフクラブとステンレス製品の2事業部、従業員360人の体制をとると同時に研究開発に力を入れることで、技術的に難度の高い製品、納期の厳しいものに対応している。売上高は150億円、内訳はゴルフクラブ60％、ステンレス製品40％である。タイの2法人（3工場）には、タイ人従業員が900人（うち300人はステンレス製品関係で、その他はゴルフクラブ関係）いるが、日本人はそれぞれの工場に3、4人程度で、同社の現地化はかなり進んでいるということができる。製品も燕市でつくるものと遜色のないレベルに達している。E製作所の生産するゴルフクラブは、現在、最高級品としての評価を得ている。

以上に概説したように、E製作所は、厳しい環境変化の中、何回かの危機に直面しながら、事業内容をミシンドライバーからキッチンツール、洋食器、ハウスウェア、そしてゴルフクラブへと転換してきた。現在では事業領域をゴルフクラブの最高級品に定め、燕市に研究開発の拠点を置きながら、タイに信頼できる生産基地を展開するという、アジア・ワイドな体制をつくりあげている。

　このE製作所の事例も、前述のA社のそれと同様、われわれに経営理論上また経営実務上、幾多の示唆を与えてくれる。示唆の与えられ方は、このケースの読み取り方によっても大いに異なるが、本書のこれからの論述には、少なくとも次のような諸点が重要になってくる。すなわち、

　第1に、ここでE製作所を危機に陥れたり逆にその繁栄を支援したものは、他ならぬ同製作所を取り巻く周囲の外部環境であったこと、この点である。もちろん、このように述べたからといって、同製作所の経営陣の並々ならぬ努力を軽視するわけではないが、それでも同社の事業的な新展開を迫ったのは、いずれの場合も外部環境からの刺激あるいは圧力であった。

　第2に、この場合の外部環境に改めて注目してみると、その主なものは具体的には、いわゆる「利害関係者（stakeholders：ステークホルダー）」と呼ばれているものにほかならないこと、この点である。対外輸出の地場産業地域を編成したのは、E製作所が所在する地方「政府」であり、輸出産業を栄えさせたのは、E製作所の「顧客」であった。またステンレス製洋食器への参入を拒否したのはE製作所が相談相手として選んだ「銀行」であった。

　第3に、現代は文字どおり国際化が進んでいて、企業とかかわりを持つ外部環境は、国内・海外の区分のない状態になっているという点、これである。事実、E製作所の製品である洋食器やハウスウェアを、購入したのもまた購入をやめたのも海外事情であったし、日本と変わらない高級なゴルフクラブを生産し同社の発展に寄与したのも、いわば海外であった。この場合もちろん、国内の諸要因も、同社の重要な外部環境を構成していることはいうまでもなく明らかなことではあるが。

3 「環境」の概念

　以上、企業活動とそれを取り巻く経営環境について、ごく簡単な事例をとりあげてきたが、ここから明らかなことは、環境の変化に企業の活動成果が、いかに密接に関連しているかという点である。たとえ基礎のしっかりした名門企業であろうとも、環境変化の対応に不適切な企業は、短期間のうちに急速に崩落の道をたどることになる。まことに、「環境おそるべし」というほかはない。

　それでは、このように重要な意味を持つ「環境」とはいったい何か。以下、改めてこの言葉の意味を確認しておきたい。大きくは企業環境を、そしてそのうちでもとりわけ企業と深くかかわりを持つ社会的側面を、本書が取り扱うところから、この点への論及を避けて先に進むことはできないからである。

　さて近時、「環境」といった場合、人々が連想するその環境はたいていは、いわゆる環境問題にかかわる「地球環境」であり、また「自然環境」であり、さらには「生態学的環境」をさしているものと思われる。これはいずれも今日的で、しかも国境を超え民族を超え文化を超えた、人類共通の差し迫った重要問題として、日常的に話題となっている。そのため社会の人の多くが、「環境」を自然環境や地球環境ととらえることは、いささかも不思議な現象ではない。しかし筆者がここでとりあげる「環境」は、本書が経営学に関するものであるがゆえに、企業にかかわる環境をとりあげるのであって、一般の人々が個々の人間の立場から意識する、そういった意味での環境ではない。このようなことから、地球環境の問題は、企業と関係する「社会的責任論」の一環としてはこれをとりあげるものの、基本的には「経営環境」とか「企業環境」とか称すべきものをもって（すなわち、企業の外部環境をもって）本書の「環境」概念とするのである。なお、企業を取り巻く外部環境といっても、「外部」とはそもそも何か、という問題が新たに生じてくる可能性もある。しかし、企業の境界（boundary）を、ここでとくに詮索する必要も見当たら

ないので、さしあたりこの点は、不問にしておきたい。

「環境」はまた、自然環境や地球環境という意味の他に、与えられた条件すなわち与件として、行為の主体たる企業のコントロールの外にあるもの、を意味する場合もある。コントロールの外にある状態が、期間的にどのくらい続くのかは、その時々の考察の対象によって一様ではないが、とにかく企業が当面は操作の対象とはしないと考えているものすべてであり、それがこの場合の環境である。経営学の文献で、環境が安定的なものであるか変動的なものか、あるいは単純なものか複雑なものか、さらには確実性が高いか不確実性が高いかといったことが論議されるとき、その環境は、通常、このような意味を表している。この第2の意味の場合には、「環境」は、企業の境界の内側にあるか外側にあるかは、とくには問題とならない。したがって、たとえば企業の内部環境という表現も、経営学の文献でしばしばとりあげられることになる。ただし、環境を行為主体の外側にあるものと考える日常的な理解の仕方からすれば、この内部環境という表現は、やや特殊であるということになる。もっとも、行為主体を取り巻く外界としての環境と、行為主体にとって与件を意味するものとしての環境に、関連性がないわけではない。なぜなら、行為主体にとって外側にある環境は、それが外側にあるがゆえに、行為主体の操作力が及びにくいところから、その環境をいわば与えられたものと考える第2の意味の環境概念が登場してくるからである。このようにして上述してきた2つの環境概念は、相互に無関係というわけではない。ただ本書では、前述したように、基本的には企業を取り巻く外界をとくに念頭に置きたいと考えている。したがって、時に与件としての環境を論ずることはあっても、それは例外的、限定的に使用される。

4 「社会」環境

企業を取り巻く外部環境は、いろいろなものから構成されている。それらは、時に具体的な姿・形を持ついわゆる有体物であったり、あるいは行為主

体の動きいかんによって複雑な反応を示す個人または集団としての他者であったり、さらには形や姿を持たない抽象的な無形の記号であったりする。これらは順に端的に物的環境、社会的環境、表徴（シンボル）的環境などと呼ばれていることは、すでに周知の事柄であろう。やや具体的にいえば、企業が外部から調達する素材や部品、あるいは企業活動に不可欠な情報通信網などの施設は、上述した「物」的環境の構成要素の一例に他ならない。また企業は、その一連の活動を維持する際に、絶えず企業外部のいわゆる「他者」とのかかわりを持たざるを得ない。カスタマー（顧客）やサプライヤー（供給業者）といった、意思を持つ存在は、上述した「社会」的環境要因の典型的な具体例である。さらにまた企業の外部構成要素は、物的あるいは社会的要素だけに限られない。一見して抽象的で無形な存在である、法や慣行さらには社会通念といった、いわゆる「表徴」的な構成要素も、企業の外側にあってしかも企業の活動に多大な影響を及ぼす。これらは、人がその存在を意識するのに、必ずしも容易とはいえないけれども、しかし意識されにくいからといって、それらが重要ではないということにはならないであろう。事実、法に従わなかったがゆえに、厳しい制裁を課せられる企業は、決して少なくはないのである。

　以上、環境を構成する3つの要素をみてきたが、本書でとりあげる環境要素は、これらのうち第2のものすなわち「社会」的環境である。社会の中の企業が本書の主要テーマであるからである。「経営と社会」とか「企業と社会」というテーマで、包括的に議論を展開したわが国で最初の書物は、筆者の知る限り、富永健一編著『経営と社会』(1971) である。企業あるいはそれとほとんど同じ意味を表す経営と、社会とのかかわりを論ずる著作が、内容としてどのような章立て節立てを行うかは、大いに興味のあるところであるが、富永編著の書物は最初にそのモデルを提示した。われわれのこの書物も、結論を先取りしていえば、「社会の」主要な内容としていわゆる「利害関係者」をとりあげることになるが、しかしいうまでもなく、富永らの書物とわれわれのそれとの章立て節立ては同じではない。

それではここでいう「社会」とは、いったいどのような意味であろうか。これについては、本書第2章において、改めて正面から論ずることになるがさしあたり、次のような指摘を行っておきたい。すなわち一般に「社会」という言葉を使う場合の本来的な意味は、それぞれが行為主体である或る人と他の人との関係（すなわち社会関係）を基盤に成立するいろいろな構成体（たとえばそれは、集団とか組織とか地域社会とかいったものであるが）のことであるが、本書が論ずる環境は、主に企業にとっての外部集団あるいは外部組織であると。

　ところでこのように、外界を外部集団や外部組織に限定してもなお、企業とかかわりを持つ外部の集団・組織は多種多様である。たとえば、企業に人的資源（human resources）を供給する機関の一つは「大学」であるから、大学の存在は企業の外部組織として明らかに重要であるということができる。しかしたとえば大学といった教育機関を考慮するにしても、このような外部集団・外部組織の範囲を、企業はどこまで含めるのが適当なのであろうか。本書で、企業とかかわりのある外部集団すべてを詳細にとりあげることが不可能である以上、やむを得ずどこかでいわば「線引き」せざるを得ないであろう。この場合、企業なるものの本性が、財・サービスの生産・配分を通じての利益の獲得にあるところから、おのずと経済活動に強くかかわりを持つ側面が、判断基準となることは明らかである。

　ところで経営学では普通、経済的機能を果たす企業と直接かつ強度に結びついている他者を、「利害者集団」とか「利害関係者」とか称するが、われわれが本書でとりあげる考察対象は、よくいわれているこの「利害（関係）者集団」である。本書のテーマは、書名に表されているごとく、「社会の中の企業」であるが、このテーマの内実は、企業と社会の複雑多様な関係を、具体的には、企業とそれを取り巻く社会集団との関係によって、示されることになる。それでは利害者集団とはいったい何であり、また具体的にはどのような種類の集団・組織が、そこに分類されるのか。定義についてはすでに一言触れたが、改めてこれを検討し、あわせて、あるメーカーを中心に、そ

こにどのような種類の外部集団がかかわっているかを、検討することにしよう。

　まず議論の出発点として、いささか基本的なところに立ち戻ることになるが、企業の概念を示すことにしたい。といっても、「企業」について誰しも同意する確定的な定義が、必ずしも存在するわけではない。しかしながら、自由主義経済あるいは市場経済下にある企業については、おおよそのところ、自己責任の下、利益の獲得をめざしつつ、商品生産を行う組織体と、とらえることに格別に大きな異論があろうとは考えにくい。このようなことから、企業は、一方で自律的な利潤追求のシステムであると同時に、他方で、社会から需要される財・サービスを生産する限りにおいて存続しうる、そういった性格のものなのである。その意味で企業は、環境あるいは社会から半ば独立し、また半ばそれらに依存するものとなっている。

　企業はまず、物的な原材料をその外部から調達しなければならない。さらにはまた、そもそも企業活動の出発点となる貨幣的資本さえ、外部から収集しなければならないのである。かくて企業のインプットサイドにおける外部環境の意義は、決定的であるといってよい。そればかりではない。企業はまたその存続のために、そのアウトプットが円滑に企業外部に送り出されていくことを不可欠の条件としている。企業はまず、生産された財が社会的に需要されることを必要とし、また賃金や利潤はそれぞれ企業の外部に流出していかなければならない。しかもこれら外部に配分されたものは、外部者の生存に必須の資源として役立てられ、いずれやがて企業のインプットサイドに還元していくことは、いうまでもないことである。

　このようにして企業は、外部環境に依存して存続が可能になり、また自ら他の企業の環境を形成している、ということができるのである。環境は企業を生存させているがゆえに、それはまた企業に対する制約要因でもある。ここに企業行動の記述に際し、環境問題を無視しえない基本的な理由がある。企業とそれを取り巻く外部環境との間のかかる微妙な依存関係を、われわれは共通利害関係的状況、と呼ぶことができるであろう。

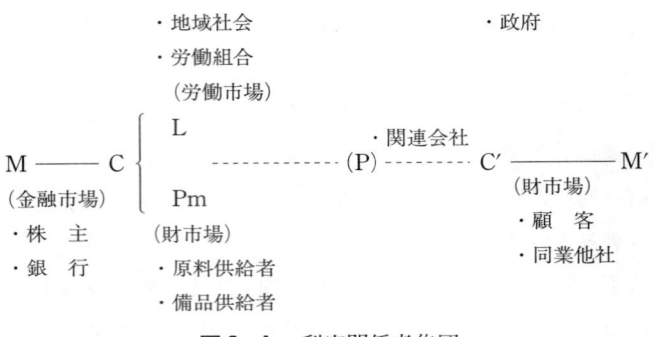

図 0-1　利害関係者集団
出所：稲葉（1990）。

　それでは利害関係者とは何か。それをここでは大まかに「企業と直接的かつ強度に相互依存しあっている他者」として概念づけておきたい。かかる利害関係者は、次のような特徴を持っている。すなわちそれは企業外部に見出される物的・象徴的存在ではなく、企業より厳密にいえば、企業の経営システムとは別個の、それ自体独自の意思を持つ存在である。それは、企業がそれを固定的に与えられたものとして考えるような、無言の存在ではなく、企業のはたらきかけに応じ、企業に対する反応の仕方を変えてくるような、そういった意思的存在なのである。したがって企業は、それと補完・競争・協力などの、多様な関係をとり結ぶ相手として理解しなければならない。また彼らは相互に異なる役割を果たしあいながら、いやむしろそれがゆえにこそ、相互補完的に結びついているという関係にある（図0-1参照）。

　さらにまた、企業と利害関係者との間の関係は、経済的にはともかく、法的には両者は互いに、いわば対等の関係であり、その意味で企業内の権限関係による秩序形成に対し、市場関係による秩序形成が行われる。もちろん市場関係による関係の仕方といえども、その関係がきわめて不確実な状況にあるときには、その不確実性を除去するため、権限関係に類似した契約が結ばれてくることは、しばしば現実に見受けられるところである。しかし基本的には彼らの間の関係は、市場メカニズムによるそれであることはいうまでも

ない。それは両者が、対株主関係を唯一の例外として、法的に対等であると同時に両者の間で交換されるものが、特定された財あるいはサービスであるからである。かくて企業が、その利害関係者集団を管理する力は、権限関係よりも、はるかに弱いものにならざるを得ない。しかも彼らは互いに固有の利害対立的立場を持つがゆえに、時に緊張関係を双方の間に生み出していくのである。

　しかすでに明らかなように、それにもかかわらず企業とその利害者集団との間には、相互補完的な関係があるため、おのずとすでに述べた「共通利害関係的状況」が形成されるのである。

　企業とその利害関係者とのかかわりの具体的例をみてみよう。まず企業と、その利害関係者の一つである銀行との関係についてみるならば、企業はその活動を維持するために絶えず資金の獲得を必要とする。他方銀行側も、資金の貸付先がなければその活動を維持できない。その意味で、資金をめぐる需要サイドの企業と供給サイドの銀行とは協力（あるいは補完）関係にある。しかし、その資金の需給を媒介する利子率については、企業側はできる限り低い利子率をもって借り入れたいと思う反面、貸し手の銀行側はできる限りの高利を追求する。いうまでもなく、それぞれの立場で自己の利得を大きくしたいと考えるからである。ここに両当事者の間にいわゆる対立関係をみることになる。このようにして、資金の借り手としての企業と資金の貸し手としての銀行とのかかわりは、金融市場を通じ、いわば「対立含みの協力」という微妙な関係を形成する。そしてこのような事態こそ、ある企業とそれを取り巻く利害関係者との典型的な関係である。

　「対立含みの協力」という関係は、銀行以外の他の利害関係者たとえば顧客との間にも見出される。すなわち一方で顧客は、生活のため必要なものを企業から購入しなければならないとともに、他方で企業も、その商品を顧客に販売しない限り生存を維持することはできない。かくしてある商品について、需要者側のニーズと供給者側のニーズは合致する。しかしこのような協力関係と同時に、一方企業側はその商品をできるだけ高価格で販売したいと

考え、他方顧客は同じ物をできるだけ低価格で購入したいと考えている。したがってこの場合も、両者の間に利害の対立が存在する。ある企業とその利害関係者との、最も基本的かつ普遍的な関係は、要するに上述したような対立を内包した協力関係なのである。もちろんこの関係は、後述する日米比較の例（p. 17）にみられるように、各国の歴史的・文化的な背景の違いで、具体的な現れ方に相違がないわけではないが、しかし利害関係者に対する企業経営者の行動が、根本的には対立を含む協力であるところから、両者の間にどうしても駆け引き的な要素が多くなることは避けられない。よくいわれるように、利害関係者に対し企業経営者が絶えず緊張を求められるゆえんである。

ところで利害関係者といえば、通常は、国内に限定された範囲で議論が行われるが、国際化・グローバル化の進展した昨今、当然のことながら、その範囲が国外にまで及ぶこととなる。かくして「海外子会社」はもちろんのこと、国境を越えて結ばれる「海外提携先」との関係もこれに含まれる。

国際的な企業提携の一つの具体例は、最先端のマイクロチップ・デザイナーであるアメリカの「インテル」と、日本の大手エレクトロニクス・メーカーの「シャープ」とのそれである。インテルはシャープにマイクロチップのデザインを供与し、シャープはそのチップを生産してインテルに供与している。注目すべきは現在は、1960～70年代と違って、こうした提携関係の基盤の多くが「資本」ではなく「知識」である点にある。インテル＝シャープの関係も、資本的なそれではない。関係の基盤が資本ではなく知識や技術である場合、企業経営者は、海外提携先企業との関係には、一層注意深い協調への配慮が必要となる。

5　社会環境の重要性

以上われわれは、野菜缶詰の会社の事例をきっかけに、企業の外部環境とは何か、またその外部環境の中でも、本書の主題となる「社会」的環境とは

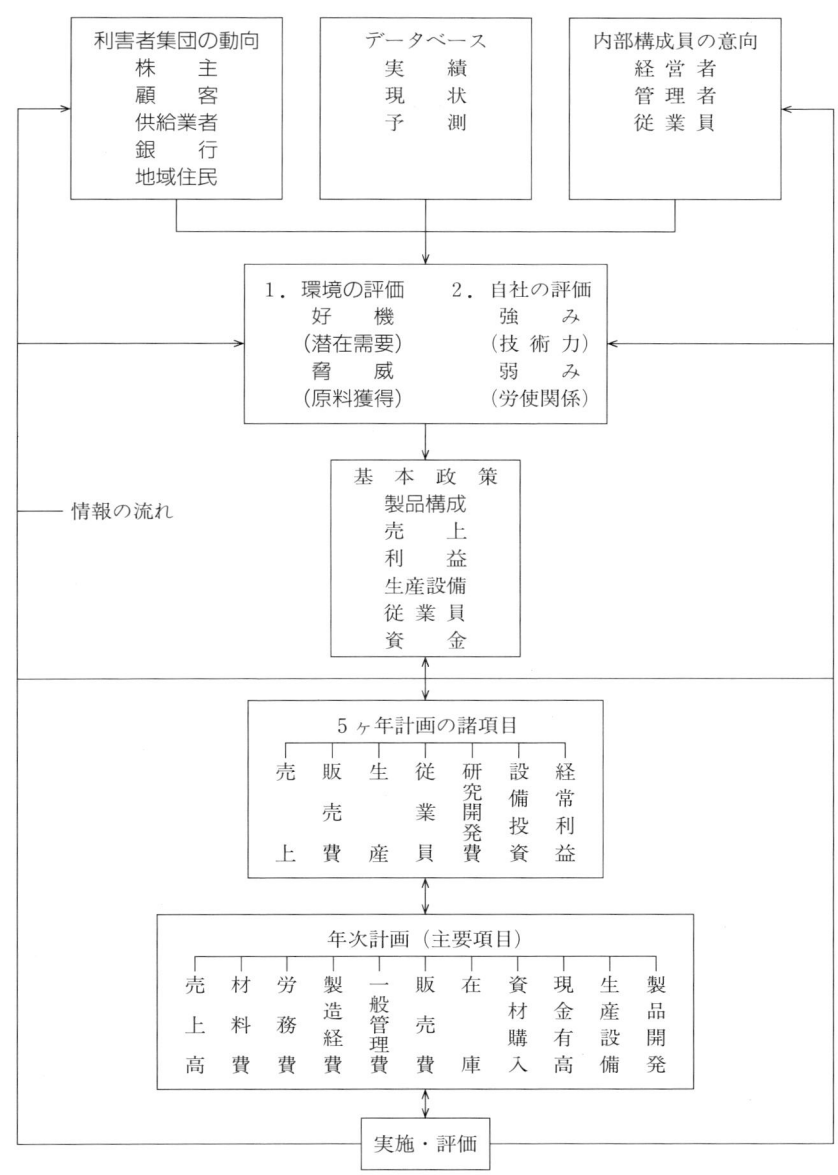

図0-2　基本政策と経営計画

出所：稲葉（1990）。

序論　社会の中の企業　15

何かを検討することを通じて、基本的にそれが企業のいわゆる「利害関係者」に他ならないことを明らかにしてきた。その際、企業にとっての利害関係者の範囲は、当該企業が経営管理の必要上、外部環境のどこまでを考慮の対象とすべきかによって決まってくるから、前項の範囲を固定的に考えることはできない。このようにして、企業が認識する外部環境の範囲は、概念的空間的に広くも狭くもなりうるが、いずれにしても企業を取り巻く周囲の外界が、当接企業の盛衰に著しく影響を与えることは、改めていうまでもない。すでにみたイギリスにおけるA社の話も、その端的な一例である。

それでは、いったい何ゆえに環境理解が企業にとってかくも重要になるのであろうか。次にこの点について考えてみることにしよう。

環境が企業にとって重要であるのは、前述したように、それが当該企業の活動を可能にしたり、促進したり、制約したりするからである。たとえば不況のさなかにあって金融機関が貸出を厳しく制限しているときには、長期借入れもできないであろうから、たとえ企業側に投資意欲があっても、実際はそのための資金調達は困難であろう。そしてもしもそのような状態であれば、企業の拡大や成長は大きく制約を受けることになる。

今、企業の政策策定のプロセスを考えてみよう。その最も一般的な手続きは、おそらく図0-2のようなものであろう。すなわち、基本政策の中心である自社の「製品構成（あるいは事業構成）」の決定には、それに先立つ「外部環境の評価」と「自社能力の評価」が必要であり、さらにはこれら双方の評価に先立って「利害関係者の動向」を予測することが必要なのである。経営政策策定にはこの他、図にみるごとく各種のデータが、また経営者を中心とする組織内部の構成員の意向（これは具体的には経営者のヴィジョンなどに描かれるであろう）が、重要であることはもちろんであるが、それにしても「利害者集団の動向」や「環境の評価」が、経営政策の形成に際立って重要であることは否定すべくもない。

このように、経営政策の策定（formation）において企業や社会環境が大きな重みを持つだけでなく、政策を実施（implementation）していくその過程に

おいても、環境の変化は絶えず企業の活動状態に影響を与え続ける。経営者の立場からすれば、環境要因に注意を払わざるを得ない理由はここにある。経営者自らによる主体的な努力はもちろん重要である。しかしそれだけで、企業活動の成果が定まるわけではないのである。

　企業とそれを取り巻く外部環境との関係は、経営者の視点からではなく、マクロ的な視点からもまた大切である。なぜなら、現代の経済社会を正しく理解するには、企業とその外界との関係を検討してみることが、有効な接近方法の一つであるからである。具体的な例をあげて考えてみよう。

　通産省の調査によれば、企業間取引で重視される項目は、アメリカ企業が「価格」と「品質」であるのに対し、日本企業は「納期」と「きめ細かい対応」である。もちろん日本企業が価格や品質を問わないということではないが、この調査から読み取れることは、アメリカ企業が取引の各時点での経済計算を重視するのに対し、日本企業は長期的な取引相手としての信用を重視する傾向が強いということである。短期的な合理性を求めるアメリカ企業相手の取引は、開放的で新規参入しやすく、実績に基づく信用が重視される日本企業相手の取引は、閉鎖的で新規参入を難しくする。このような事情からとかく、アメリカ企業は市場でフェアな競争を行い、逆に日本企業は市場でアンフェアな競争をしていると非難される。かつて日米の経済構造協議の際、アメリカ側が持ち出した問題は、まさにこの点についてであった。すなわちアメリカであれば企業が市場に参入するのに比較的容易であるが、日本の市場にアメリカ企業が進出しようとしても、企業間取引が閉鎖的で、新規参入することが難しいという指摘である。このようにして個別企業の視点を超え、現代の経済構造を知る視点からも、企業とそれを取り巻く利害関係者集団との間の関係は、重要なのである。それは、いうまでもなく、経済構造の大部分が、現実には企業間関係によってつくりあげられているからに他ならない。

6　各種の利害関係者

　以上、「社会の中の企業」という本書の序論にあたる部分を概説してきた。本書は、企業とそれを取り巻く環境との関係を論ずるのであるが、その環境のうちでもとくに「社会」的環境を対象とすること、またその場合の「社会」は、具体的には結局、いわゆる利害関係者をさすことを、明らかにしてきた。そこで序論の最後に、第Ⅱ章以下に詳しくとりあげられる各種の利害関係者を、一通り個別的に展望しつつ、あわせて第Ⅰ章から第Ⅷ章までの、本書の構成を紹介することにしたい。

　企業を取り巻く利害関係者の主要なものについては、すでに図 0-1 にその概要が示されている。以下でこれらをそれぞれとりあげてみることにしよう。

（1）　株　　主

　株主は、企業活動の最も基本的な資源である「資本金」の拠出者であり、それがゆえに出資者とも称される。発行株を購入した株主は、その後持株を売却しない限り、出資先企業への株主であり続けるが、しかしこれを他人に売却すれば彼は、投資資金を回収すると同時に、株主としての地位を離れることになる。株主は会社資本の提供により、会社の所有者たる地位（これを法律的に「社員」と称する）を獲得するが、この地位には2つの重要な権利が含まれる。すなわちその一つが会社経営への参加の権利であり、またもう一つが会社利益への要求の権利である。このようにして株主は、投資対象企業に経営面で深く関与する権利を持っている。かくして、企業をめぐる利害関係者には多様なものが見出されるが、ただ株主だけは、法的な権限の行使を通じ経営管理者を支配する立場に立っているということができる。しかしよく知られているように、大規模な株式会社の成立と株式市場の発展は、いわゆる「所有と経営の分離」なる現象を生み、このことがまたいわゆる「専門経営者による会社支配」を生み出すことになったのである。その結果、企業統

治（コーポレート・ガバナンス）の問題が改めて近年浮き彫りになってきたことは、周知のところであろう。思うに、会社は誰のために誰によりどのように統治されるべきかという、コーポレート・ガバナンスに関する基本問題は、株主と企業との間に横たわる古くてかつ新しい重要論点なのである。

（2）銀　行

銀行は、企業活動に必要な資金の貸出しを行い、その見返りに利子を獲得するという方法で、企業と利害関係を持つ。したがって、金銭的な貸借関係が続く限り、相互の依存関係は維持される。企業活動は景気循環その他の諸事情により、絶えず好調・不調の波を避けることができない。このような中で企業の存続・消滅の命運を握るのは、多くの場合、銀行という利害関係者である。なぜなら銀行からの借入れ困難に直面した企業にとって、支払資金の不足こそいわゆる企業倒産の直接的引き金に他ならないからである。わが国では、第2次世界大戦後約40年の長きにわたって、いわゆるメインバンク制による金融機関と企業との密接な関係が形成されていたが、ここ10年余、世界経済の自由市場化により、これまで続いてきた伝統的な関係が大きく崩れることとなった。今や銀行などの取り扱う金融商品・金融サービスは多様化し、また企業側の資金調達の方法も多様化するに至っている。これに加え国際化・グローバル化が経済面で著しく進行し、金融市場における競争も一段と厳しさを増している。こういった動きの中、21世紀に入り、企業と銀行との関係も、従来と異なった新しいあり方が模索されている。

（3）供給業者

企業に対し原料や部品、機器類や備品、光熱などを提供し、その見返りに対価としての貨幣を受け取るというかかわり方が、企業と供給業者との取引関係である。したがって取引対象も業者の種類も多様なものを一括して供給業者と呼んでいる。企業は各種の資材インプットをもとにして、アウトプット製品を生産するから、資材購入のあり方は、大きく商品販売のあり方に影響を与える。それは単に生産物の質や量に影響を与えるだけではなく、たとえば納期にも大きな影響を与える。かくてサプライチェーンが注目されるに

至り、その構築の仕方が、企業の競争力を左右する一つの有力な要因であることが明らかとなった。このような事態の展開を受け、またネットワーク化の進展、グローバル化の進展と相まって、対供給業者関係は現在学問的にも多くの話題を提供している。
　(4)　顧　　客
　企業を間に挟み、供給業者の対極に位置している利害関係者が顧客である。ここで顧客と称し、消費者と呼ばないのは、いうまでもなく顧客は必ずしも消費者だけに限られないからである。つまり顧客には企業の生み出す財・サービスの購入者であれば、それが最終消費者であるか他の生産者であるかは問わないからである。
　顧客の存在は、企業にとって最も基本的である。企業なるものはそもそも、商品販売という道を経由して初めて、利益をあげうる性格のものであるからである。そのため顧客に対する企業経営者の取組みは、時代を超えて最も注意を払わなければならない対象である。近時カスタマーズ・サティスファクション（CS）といった顧客重視の言葉が随所にみられるが、これも内容的には昔から大切にされた顧客に対する経営者の態度の、新しい言語表現に他ならない。
　(5)　労 働 組 合
　労働組合とは、労働条件の基本的な大綱につき、個々人が使用者と交渉する際の不利を克服すべく、労働者によって組織された団体のことをいう。ところで、企業に働く者は雇用関係に入るに際し、そこでどのような条件で働くかを使用者との間で合意しなければならないが、その場合、知識・技能・労働力といった人そのものに結びついた、広い意味での労働力以外に生産手段を持たない者は、相対的に不利な交渉をせざるを得ない。このような現実的背景が存在していたため、労働組合が結成されることになったのである。このような経緯からも明らかなように、労働力の売買にかかわる条件の交渉が、企業と労働組合との関係を構成している。したがって、労働組合の要求がどの程度使用者に受け入れられるかは、いわゆる労働市場の状態に依存し

ている。経済社会に必要とされる労働の質と量が、短期間に激しく変化しつつある現在、労働力のミスマッチが生じやすく、安定した賃金・雇用関係がつくりにくい状況にある。10年にも及ぶ国内の不景気とリストラ、労働コスト削減を求めての事業海外移転、IT革命による労働現場への影響など、労働組合をめぐる今日的課題はきわめて多い。

　（6）政　　府

　企業に対する利害関係者の一つとしての政府は、ここでは、国家レベルのみならず地方レベルをも含めた立法・司法・行政の諸機関の総称と解釈しておきたい。「政府」は統治主体であるという意味で、その権限の行使は、国民のあらゆる階層の人々に、またあらゆる種類の組織に及ぶ。この場合、政府の権限は、具体的には民間企業に対し法律・命令・条例などを通じて行使される。それでは、政府権限を受け入れる代わりに、企業が得るものはいったい何か。それは基本的には、各種の潜在的な利害対立から免れるということである。たとえば公害対策に関する法律を遵守すれば、企業は少なくとも、その活動の結果生み出したかもしれない潜在的な公害被害者を、出さずにすむことになる。

　政府はまた、経済活動に直接関与することを通じ、企業に影響を及ぼす。たとえば不況期における政府の公共事業の、民間企業への発注は、企業活動を刺激し経済を活性化させる。

　わが国では長い間、企業と政府との間にいわゆる「官民協調体制」が続いていたが、近年アメリカ等諸外国からの圧力や民間企業の発言力の増大などによって、この体制が根底から変化しつつあることは周知の事実であろう。

　（7）そ の 他

　以上、代表的な利害関係者を個別的に列挙してきたが、この他にも企業に深くかかわりを持つ利害関係者が存在する。本書では、紙幅の関係もあってとくに個別的にとりあげることはできないが、「関係会社」、「地域社会」、「同業他社」などがその例である。これらについての解説は、本書以外の書物に譲ることにしたい。

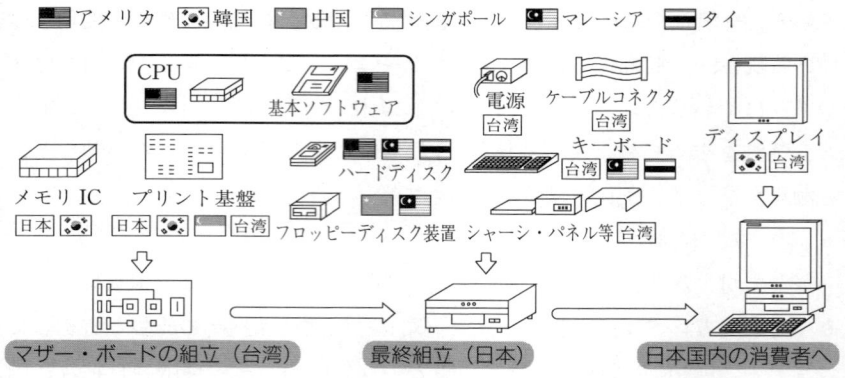

図 0-3 コンピュータ製品とその部品の海外調達
出所：通商産業省編（1994）。

　以上、企業のいわゆる利害関係者について、個別的に企業との基本的なかかわりを論じてきた。ところで、ここでとくに留意すべきは、現代における経済国際化の著しい進展である。多国籍企業は多くの場合、海外に相当数の子会社を持っているばかりでなく、外国企業といろいろな形で提携関係をつくりあげている。このような動きは、1990年代に、情報通信技術と通信ネットワーク化が進み、情報量が飛躍的に増加したため、より急速に企業活動が多国籍化することとなった。とくにアメリカ企業の対応は早く、90年代半ばには同国の多国籍企業の売上高は、日本のGDPに匹敵するまでに増大した。またこのようなアメリカ系企業の世界進出に対抗するため、EU、日本、東アジア、中南米の企業も次々と多国籍化をはかり、その結果、世界はまたたくまにグローバル経済の時代へと突入することとなった。今や企業の生産構造も大きく変化し、たとえば半導体や事務用品の部品をマレーシアやタイで生産し、それを日本に輸入し完成品に仕上げ、さらにそれを外国に輸出するなど、いわゆる企業内貿易体制をうながすこととなった。このような時代になると、かつて「利害関係者」といえばそれは当然に一国内のそれをさすとされた国民経済の時代とは異なり、利害関係者は外国にも多数存在するということになる。ここに、国際経済化さらにグローバル経済化に伴い、

企業にとっての利害関係者の範囲は、地理的・空間的に一挙に外国まで拡大されることになる。これをたとえばコンピュータ・メーカーの富士通についてみれば、その利害関係者の一つである部品供給業者は、図0-3に示すごとく、かなり多くの海外企業から成り立っている。富士通製コンピュータの部品の実に90％以上が、海外からの供給業者によるものなのである。このような事態は今や広汎にみられる現象であり、それがゆえに上述したごとく、現在の企業の利害関係者は、国の内外を問わず広く存在しているということができる。

引用文献

Emery, F. E. and Trist, E. L., "The Causal Texture of Organizational Environments," *Human Relations*, Vol. 18, 1965.
稲葉元吉『現代経営学の基礎』実教出版、1990年
関満博『新「モノづくり」企業が日本を変える』講談社、1999年
富永健一編著『経営と社会』ダイヤモンド社、1971年
通商産業省編『通商白書』〔平成6年版〕大蔵省印刷局、1994年

第Ⅰ章

企業と社会

1　はじめに

　現代において、企業はそれを取り巻く社会に大きな影響を与えている。しかも、企業は社会の中で初めて自らの存続を確保することができる。また、企業の巨大化・多機能化、企業をめぐる社会的環境の複雑化、企業の国際化の進展などといった状況を考えるならば、企業を社会とのかかわりの中で論じていくことはきわめて現代的な課題である。

　しかしながら、従来の経営学の分野では、利害者集団論や企業の社会的責任論を除けば、企業の内部に焦点を置いていたために、企業をそれを取り巻く外社会との相互関連においてとらえることはなかった。また企業の社会的責任論としてとりあげられたとしても、倫理的、価値的な問題として取り扱われ、企業の現実の行動とは切り離して論じられることが多かった。

　そこで、第Ⅰ章では、「企業と社会」を対象として設定し、それを把握するための分析視角、分析枠組みについて検討し、それを踏まえて、企業とステークホルダー（stakeholders）に焦点を当て、企業―ステークホルダー―関係を明らかにし、企業の社会的責任や社会対応過程について、従来の研究成果に基づき、議論を展開することにしたい。

2 「企業と社会」の分析視角

1 主体論的アプローチ

　では、「企業と社会」「企業―社会関係」をどのような視点に立って分析を進めていけばよいのか。まず次のような視点を重視したい。それは今までの経営学の成果を踏まえての主張である。

　「企業と社会」を分析する視角には、社会から企業をみるというマクロ・パースペクティブと企業から社会をみるというミクロ・パースペクティブとがある。本章では、ミクロ・パースペクティブを重視する。すなわち、個別企業の行動に焦点を当て、「企業と社会」という多面的な問題に接近していくこととし、法規制・社会的要求をとりあげる際にもそれらに対する企業の主体的行動を分析しようとする。このように「社会」の立場より企業の役割・行動を論じていくのではなく、主体としての「企業」の立場より、企業が社会に対して適応し、社会にはたらきかけ、積極的に社会を変化させていく側面を明らかにすることをめざしている。しかしながらこのパースペクティブは社会が課する制約を無視するわけではなく、社会からの制約によって企業の行動がすべて決定されるわけではない自由裁量の側面を重視する。いわゆる環境決定論を拒否するわけである。こうして、企業は社会に対する受動的な反応者ではなく、社会を積極的に操作していこうとする存在として把握しなければならない。このように、主体性を重視したアプローチに基礎を置くことを通じて、企業と社会との相互関係・相互作用を分析・設計しようとするのがここでの立場である。

　この立場は、企業経営の視点に立って企業と社会という研究対象に接近していくことでもある。それは、企業の全社的立場から経営を行う最高経営者の意思決定と行動に注目することでもある。その意味で経営者的視点（managerial approach）に立つといってよい。

2 企業のとらえ方

次に、企業と社会を明らかにするための基本概念をとりあげ、検討を行う。企業をどのようにとらえるのか、その端緒の与え方にはさまざまな方法がある。ここでは、「企業がそれ自体独立の行動主体であるとともに、全体社会を構成する要素として、社会に対する一定の役割を分担している」という考え方から始めることにする。こうした考え方を展開していくためには、その独立性を保持している原理とは何か、社会に対して企業が果たしている機能は何かについて規定しなければならない。

まず、企業がどのような行動主体であるのかを明らかにする。企業は決して一人の企業家の活動として営まれるのではなく、多くの人々の協働の所産として活動しているということより、企業を組織的存在としてとらえる。バーナード（C. I. Barnard）の組織の定義に従い、「組織とは意識的に調整された2人以上の活動・諸力のシステムである」と考える。

この定義から明らかなように、組織は共通目的を達成するために多くの人々の努力や活動が調整される集団である。組織におけるメンバーはすべて同じ役割を担うものではなく、メンバーの間で役割分担関係を持っていて、それぞれのメンバーが自分の役割を遂行し、しかも各人の役割は全体の共通目的の下に調整されている。その意味では、組織とは共通目的を達成するための分業と協業のシステムともいえる。また組織は決して一枚岩の構造ではなく、メンバーの間には激しい利害対立を含みながらも利害が調整されていくポリティカル・システムとして把握することも重要である。

こうした組織の考え方は、労働組合でも官庁でも病院でも学校にでも適用できる考え方である。企業という「特定（特殊な）」組織を論ずるためには、組織という一般的な概念に特殊規定を付け加えていかなければならない。

ここでは、企業が社会において存続していくために果たさなければならない機能に着目してまず特定化することとする。そこで、企業は全体社会のサブシステムとして、官庁・学校・病院などと分業しながら、全体社会の存続のため、財・サービスの生産・配分という経済的機能を分担している「組

織」であるとする。企業は社会に対して経済的機能を果たすことによって、自らの社会への任務を遂行することができ、経済的機能によって他の組織と区別できるという意味では、企業にとっては第一義的（本来的）機能ということができる。ただし、企業が本来の経済的機能を遂行する過程において、付け加わってくる、従属的な機能である「政治的」「社会的」機能という多機能性を決して否定するものではない。

　では、企業は何をめざして生産を行っていくのだろうか、またどのような目標の下に人々の活動を調整しているのだろうか。第1の特定化が機能による特定化とするなら、第2の特定化として目標による特定化を考えることができる。企業は決して自らの欲求そのものを充足するためや慈善のために経済活動を行っているのではなく、市場における利益の機会をめざして生産活動を遂行していく。したがって、企業活動の目的は利潤の獲得であり、その実現は市場交換を介して初めて可能となる。また、企業は利潤という目標の下で人々の活動を調整することとなる。

　そこで企業とは、社会に対して、財・サービスを生産し分配するという機能を第一義的な機能とし、市場において利潤獲得をめざす組織であると考える。この考え方は、企業を3つの側面から把握したものであり、それぞれの側面は独立しながらも、相互に関連しあうという関係である。企業は利潤性と社会性を兼ね備えた組織体といえよう。

3　社　　会

　次に、「社会」という概念について考えよう。社会とは自立した個人のつながり、また人々のつながりから成立する特定の集団をさすことがある。さまざまな場において社会は成立し、企業の内部にも社会は成立することになる。ここでは、企業の外部に成立する社会（以下、社会と呼ぶ）に注目する。社会とは「企業という行動主体にとって認知され、その結果何らかの方法で介入してくるようなそういった客体」である。主体である企業にとって社会は、環境ととらえることができ、社会は企業にとって「制約」を課すのみな

らず、「機会」を提供するという側面もあわせて持つ。

　まず、企業にとっての社会は、企業が果たしている経済的機能とのかかわりで考えとらえることができる。企業が果たしている経済的機能と直接に関係を持つ社会が含まれる。この社会は、企業が経済的機能を遂行していくために、インプットサイド、アウトプットサイドにおいて直接に強度に依存している集団から構成されている。この集団は経営学では「利害者集団」(interest group) と呼ばれ、「その集団の経済的福祉が会社活動に強度に直接的に依存している集団」と定義される。利害者集団は企業に対して固有の利害を持ち、その利害に立脚して、企業の諸活動や決定に影響を及ぼそうとする。利害者集団と企業との関係は、財・サービスの買い手と売り手としての関係であり、利害者集団は、市場において、買い手としてはいかに安く買うのか、売り手としてはいかに高く売るのかを自らの利害として活動する。たしかに利害者集団は市場交換の構成要素として、企業と関係するが、自らの利害を増進させるべく、企業行動に対して影響力を行使しようとする、自らの意思を持った存在である。そこで利害者集団論の主要部分として、各々の利害者集団が企業の意思決定にどのような影響力を持つのかの研究を含んでいる。

　しかし、企業が直接に影響を受け、与える集団は今まで述べた利害者集団にとどまるわけではない。企業に対して間接的に影響を与える集団の存在も決して無視できない。近年では企業によって影響を受け、企業に対して影響を与える集団や個人はステークホルダーと呼ばれることが多い。もちろんこの言葉は株主 (stockholder) を拡大したものに間違いないが、ステークホルダーはそれ以外の者も含まれる。資金提供者である銀行、企業に原材料を提供する供給業者、商品の流通を担う流通業者、商品の買い手である顧客、労働力の提供者である労働者といった市場における取引の担い手だけでなく、企業に対して影響を与える地域住民、環境保護団体、メディア、規制者・調整者である政府なども含まれる。このようにステークホルダーを広義にとらえることができる。企業と社会を把握するためには、経済的利害だけではな

い社会的・政治的利害を持つ多様なステークホルダーを考慮することが必要である。単に企業の存続に重大な影響を与え、強く相互依存している存在のみをステークホルダーとすると、その議論の射程範囲は狭くならざるを得ない。しかも企業にとって環境変化の中でステークホルダーは変化する。つまりステークホルダーは不安定で流動的なのである。そこで多様な変動的なものとしてステークホルダーをとらえる。現在の企業にとって顕在化しているステークホルダーだけでなく、潜在的なステークホルダーにも注目していかなければならない。ステークホルダーが組織化されていることを考えると、企業とステークホルダーとの関係は組織間関係としてとらえることもできる。

　ステークホルダーをとらえるためにはステークホルダーの分類が必要である。ステークホルダーは企業に対する利害状況、パワーによって分類することもできるが、企業とステークホルダーとの関係の強さにより、第1次的ステークホルダー（primary stakeholders）と第2次的ステークホルダー（secondary stakeholders）に分類する。第1次的ステークホルダーは企業の存続に大きな影響力を持つとともに、自らの存続に企業が重大な影響を与える、直接に相互依存する集団である。それに対し第2次的ステークホルダーは企業の存続に第1次的ステークホルダーほど影響を与えたり、受けることはないが弱い形で相互依存している集団である。企業とステークホルダーとの関係を明らかにする際にも第1次的ステークホルダーと第2次的ステークホルダーとのダイナミックな関係にも注目しなければならない。またステークホルダーは、ヒト・モノ・カネの供給ルートのように本来の企業活動によって自然発生的に強化される部分と、企業を取り巻く対立的集団（例：消費者運動、住民運動、労働組合）に対して社会的責任を意識的に遂行していく部分とに分けることができよう。企業とステークホルダーとの関係の現代的課題として後者のような集団との関係の調整もあるともいえよう。

　本章では、企業とステークホルダーという社会との関係や相互作用を中心として論じられていくことになる。しかしながら、企業にとっての社会はステークホルダーのみではない。企業との相互作用が間接的であり、企業行動

を条件づけるような要素もある。組織―環境論では一般環境と呼ばれ、それは、①技術環境、②法律環境、③政治環境、④経済環境、⑤文化環境、⑥社会環境、⑦自然環境、から構成されている。

　以上のような、企業にとっての直接―間接の区分に基づく社会の特定化の方法に対して企業が活動を行い影響を与える「空間的範囲」より、社会を特定化する必要がある。それは、①地域社会、②国民社会、③国際社会、とに分けることである。富永健一の定義に従って地域社会と国民社会を次のように定義する。

①地域社会とは相互作用や社会関係の集積が一定の地域的範囲と分かちがたく結びついて、それらの相互行為や社会的関係が地理上の位置にいわば投影された形でエコロジカルにとらえられるものである。

②国民社会とは成員の範囲が国民国家の範囲によって画されている社会集団であるとともに、地域の範囲が国家主権の及ぶ範囲によって画されている最大の地域社会である。

以上を踏まえて、国際社会を次のように定義する。

③国際社会とは成員の範囲が国民国家の範囲によって画されていない社会集団であり、それらの相互作用が多国間にまたがって、極限では世界的に展開されるものである。

したがって、企業と社会という対象領域を総合的に明らかにするためには、企業と地域社会、企業と国民社会、企業と国際社会という対象領域が浮かび上がってくることを指摘しておく。

4　企業と社会の接点としての経営者

「企業と社会」との関連において経営者の役割を考察する。トップマネジメントを含む経営管理者の機能をどうとらえるのかは、ファヨール（A. Fayol）以来、経営学の重要なテーマであり、ファヨールの管理活動の考え方を継承した管理過程学派によって、計画・指揮・統制などという管理者の機能が定式化されている。しかしながら、それは企業の内部管理を重視した

管理者のとらえ方である。企業が社会の中で存立し成長していくと考えたとき、企業の制度的レベルに位置する経営者の重要な機能は、企業と社会との良好な関係を設計すること、新たな企業―社会関係を構築することである。社会の重要な構成要素がステークホルダーであると考えるならば、経営者の役割は企業とステークホルダーとの関係の形成・維持である。その意味で企業と社会の接点に位置するのが経営者であり、企業とステークホルダーとの関係のあり方が重要であればあるほど経営者の役割は重要になる。彼らこそが組織を代表し、交渉にあたるからである。

　経営者は、さまざまなステークホルダーからの要求や圧力に直面する。こうした要求にいかに応えていくのかが重要であり、しかもステークホルダーからの要求が矛盾するとき、こうした矛盾をいかに解決していくのかにおいて重要な役割を担うことになる。すなわち、企業そのものの調整者としての経営者は、企業の内部のメンバーから活動を引き出し活動を調整するという職務を担うばかりではなく、ステークホルダーを参加させるように動機づけ、彼らとの適切な関係を保持することという役割を担う。したがって、経営者の責務は、協働の成果の配分を通じて、ステークホルダーのさまざまな要求の間のバランスを保ち、将来における協働を維持することである。

　企業は、ステークホルダーの要求に単に応えるといった受動的存在ではなく、むしろ積極的にステークホルダーにはたらきかけていこうとする存在でもある。この積極的担い手が経営者であることも忘れてはいけない。そこで、経営者の重要な意思決定として、企業―社会関係の形成と維持が含まれる。

3　企業―社会関係の理論

　この節では、前節で示された考え方や概念を使いながら、企業と社会との具体的相互作用、相互関係を取り扱うための分析枠組みを提示する。ここでは社会という言葉はステークホルダーに限定し、企業とステークホルダーとの関係をとりあげる。ステークホルダーが組織であることを考慮し、組織論

の重要な領域となった組織間関係論の成果を踏まえて議論を展開する。

1 資源依存パースペクティブ

では、なぜ、企業はステークホルダーに対して「パワー」を持つのか、また逆になぜステークホルダーは企業に対して「パワー」を持つのかについて検討する。この問題に対して、組織間関係論で提示された資源依存パースペクティブ（resource dependence perspective）は一つの解答を与えている。

資源依存パースペクティブは2つの基本的前提を持つ。第1の前提は、組織は自らの存続のために、それを取り巻く環境（このモデルでは他組織と同義）から資源を獲得しなければならないことである。いかなる組織でもすべての資源を自らのうちに保有していることはないので、組織は他組織から資源を確保することによって、存続していかなければならない。したがって、組織は資源を所有しコントロールしている他組織に依存している。

第2の基本的前提は、組織は自らの自律性を保持し、他組織への依存を回避しようとし、またできる限り他社をして自らに依存させ、自らの支配の及ぶ範囲を拡大しようとする行動原理を持つと考えていることである。したがって、企業という組織の行動原理は、①自らの自律性の確保、②自らの支配の拡大、とである。したがって、企業はできる限り他組織への「依存」を回避し、ステークホルダーの自らへの依存を拡大しようとして、さまざまな行動をしていると考える。このゆえに、企業は資源のために他組織に依存していることと他組織から自律的であろうとすることの狭間で存続している。

こうした基本的前提を踏まえて、資源依存パースペクティブの内容について検討を加えよう。資源依存パースペクティブでは、「依存」という概念は、組織間関係、企業―ステークホルダー関係を表す重要な概念である。では、企業がステークホルダーに依存するとはどういうことを意味するのだろうか。エマーソン（R. Emerson）のパワー依存モデル（power-dependence model）に従って、企業がステークホルダーに依存することは、ステークホルダーが企業にパワーを持っていることと同義であるとする。また逆の関係も同じように

考えられるので、企業のステークホルダーに対するパワーと、ステークホルダーが企業に対するパワーの不等号関係が、両者のパワー格差を示す。ここでパワーは関係概念としてとらえ、AのBに対するパワーは「Aにとって望ましいことをBにさせることのできる能力」と定義する。

この定義ではパワーはあくまで潜在的なものである。そこでAのBに対するパワーはBがAにとって望ましいことをしないであろうと判断したとき、強制や報酬などの直接的手段によって、行使される。また、AがBに対する直接的手段によらなくても、Bが自らAにとって望ましいことを選択する場合もある。こうして、企業がステークホルダーに対して「パワー」を持つことは、企業にとって望ましいことをステークホルダーにさせる能力を持つことを意味する。またこのことは、ステークホルダーが企業に依存することでもあり、ステークホルダーの自主性が企業によって制約されることを意味する。

次に、企業がステークホルダーにどういう条件の下で依存するのかについて考えてみよう。資源依存パースペクティブでは、企業はステークホルダーの資源に基づいて依存すると考えているので、以下のような条件の下で企業はステークホルダーに依存している。すなわち、企業は、企業にとってステークホルダーの資源が重要であればあるほど、企業がそれ以外の源泉から、必要とする資源が獲得できなければできないほど、当該ステークホルダーに依存する。第１の条件は、企業が自らの活動を遂行していくためには、ステークホルダーが保有しコントロールしている資源を必要とする程度を表し、企業とステークホルダーとの資源交換の相対的重要度、企業にとってのその資源の緊要度という２つの次元を持っている。第２の条件は、企業の必要とする資源の代替案がどの程度開かれているのかを表し、その資源が少数のものによってしか供給されず、またそれに対する接近が制約されているかどうかにかかわる条件である。同じように、ステークホルダーが企業に依存する条件を特定化することができるので、企業がステークホルダーの必要性を満足させればさせるほど、企業がステークホルダーの必要とする資源を独占化

していればいるほど、ステークホルダーに対してパワーを持つ。

このように、企業のステークホルダーに対する依存は両者の交換過程と企業のステークホルダーが保有する資源に対する必要性から生じる。企業が依存していることはステークホルダーの資源が企業にとって重要であることの表現であり、重要性のゆえに企業の自主的な政策決定の制約要因でもある。しかしながら、パワーと同じように、依存は潜在的なものであり、パワーの保有組織が依存組織に対する具体的な要求によって、依存は知覚されるという性格を持つ。したがって、どのように依存を知覚するかどうかは、依存していることに対してどのように反応するのかを決める要因でもある。

資源依存パースペクティブは、環境によってすべての企業行動が決定されてしまうという環境決定論ではなく、企業の自主性・主体性を重視する見方である。したがって、企業が、とくに経営者がステークホルダーに対する「依存」をいかなる戦略によって回避し減少させるのか、また彼らに対する「パワー」を拡大するのかを問うことが次の課題である。こうした企業の対社会関係のマネジメントにはさまざまな戦略が含まれる。それは企業がステークホルダーに対していかにはたらきかけていくのか、ステークホルダーの要求に対し社内の体制をいかにつくりあげていくのかという問題でもある。ここでは自律的戦略、協調戦略、政治戦略、内部適応戦略の4つをとりあげる。

第1の自律的戦略とは、ステークホルダーとの相互依存性そのものを吸収することによって、企業の自主性を保持し、ステークホルダーへのパワーを拡大しようとする戦略をいう。競争相手そのものを吸収する「合併」や原材料供給組織や流通組織との相互依存性を吸収してしまう「垂直的統合」という、直接的に他との相互依存にはたらきかける形ばかりではなく、従来設備投資に対して外部から調達していた資金を内部留保によって調達することに表れているような、企業内部の資源の蓄積によって、相互依存性そのものの必要性を吸収する形もある。ほぼこれと同等なものとしては、流通系列化、子会社の設立、下請制などがこの例である。この戦略は、企業のコントロー

ルの範囲を維持拡大しようとする志向性から「内部化」戦略と呼んでもよい。

　協調戦略とは、企業が少数の組織と相互依存関係にあることを前提として、折衝を通じて互いの妥協点を見出し、他への不都合な依存を回避し、他との良好な関係を形成しようとする戦略をいう。協調戦略による企業─ステークホルダー関係の調整は、①企業がステークホルダーの活動についての情報を獲得することができること、②企業が依存しているステークホルダーに対して情報を伝達する経路を確保できること、③重要なステークホルダーからの積極的指示を獲得するための一歩としての意味を持つこと、④企業を正当化する価値を持つことという利点を持っている。協調戦略には企業のレベルでは次のようなものがある。

（ⅰ）契約：企業とステークホルダーとの間の資源交換をめぐって協定を締結すること。
（ⅱ）包摂：ステークホルダーの代表を、企業の一員として、政策決定機構に参加させること。
（ⅲ）パーソナル・フロー：人間を通じて組織間のつながりを強化するために、ステークホルダーから経営者を採用すること。
（ⅳ）連合：組織間の共通目標を達成するために2つ以上の組織が資源・リスクを共有しあいながら、共同事業を行うこと。
（ⅴ）調整機構：ある一定の目標を達成するために、2つ以上の組織の間で協議機関・公式の調整機関を設置すること（例：カルテル、労使協議会）。

　いかなる手段をとるにせよ、協調戦略によって、企業とステークホルダーとの安定した関係が形成される。

　政治戦略とは今までの戦略が企業─ステークホルダー関係を当事者のレベルにおいて解決しようとする戦略であったとするならば、この戦略は、企業あるいはその集合体が第三者機関（政府、規制団体、地方自治体）へはたらきかけることを通じて、自らにとって都合のよい状況をつくりあげる戦略をいう。いわゆるロビイングといわれる活動によって、政府の政策、立法府に影響を及ぼそうとする活動はこれに含まれる。

第4の内部適応戦略はこれまでとりあげたような企業が外部にあるステークホルダーとの関係を設計することによって、彼らに対する依存に対処しようとする戦略とは異なり、他への依存に対して、組織の内部構造を形成することによって対処しようとする戦略である。先に述べた内部の組織を設計することがこれにあたる。コンシューマリズムに対して、消費者対策室を設置するなどはこれに含まれる。従来、企業―ステークホルダー関係のマネジメントにおいては、外部適応戦略が強調される傾向があるが、内部適応戦略も前者に劣らず重要である。したがって、企業は以上のような諸戦略を駆使することを通じて、ステークホルダーからの依存を回避し、パワーを拡大しようとする。企業の行動原理である自律性の確保、支配の拡大という観点からいえば、自律的戦略が最も企業によって選好される戦略である。また自律性の確保の点からは、内部適応戦略も企業にとって適合的な戦略である。協調戦略はステークホルダーとの直接的かかわりあいを通じて将来にわたるステークホルダーからの指示を開発する戦略であるが、ステークホルダーによって自らの自律性が制約される側面を持つがゆえに、自律的戦略よりは企業にとって選好されない戦略であるとはいえよう。しかしながら、企業がどのような戦略を選好するのかは、単に行動原理だけではなく、両者のパワー関係、組織内部のパワー関係や文化、環境にも大きく依存している。

　いずれにせよ、企業はできる限り自らの意のままになるステークホルダーとの関係を形成し、もしそれが不可能な場合には、自らにとって不利にはならないステークホルダーとの関係を形成することによって多様なステークホルダーとの関係の安定化をはかろうとする。

2　組織セット・パースペクティブ

　エヴァン（W. Evan）は組織が社会システムにおける一定の位置を占有することによって他の組織と関係するということを出発点とし、そういった組織と組織との関係を分析するための枠組みとして、組織セット・パースペクティブを提示した。組織セット・パースペクティブとはマートン（R. Merton) の役割セットの考え方と、組織をオープンシステムとしてみる考え方を結びつけた見方である。

このパースペクティブは、あらゆる組織に適用できる枠組みであり、企業という組織とステークホルダーという組織との関係にも適用することができる。したがって、企業と株主、消費者、競争者、政府などのステークホルダーとの関係を分析することも可能である。

組織セット・パースペクティブによれば、企業とステークホルダーとの関係は、企業の対外―内の境界に位置するメンバー（これをエヴァンは対境担当者と呼ぶ）の行動を媒介として、企業とステークホルダーの間のヒト・モノ・カネ・サービス・正当性の交換として行われる。このように、企業とステークホルダーとの関係は、対境担当者の主体的行動によって、具体化される。対境担当者は、企業のあらゆるレベルにおいて存在しているが、経営者が対境担当者であることの重要性を強調したい。

4 企業―ステークホルダー関係のマネジメント

1 ステークホルダー・マネジメント

企業はさまざまなステークホルダーとの関係の網の中に埋め込まれている。そこでステークホルダーの要求や期待に配慮しつつ存続をはかっていく。企業はステークホルダーの権利を保証することにより、結果責任を果たしていく。したがって企業はステークホルダーとのかかわりで経営行動を展開していく。経営行動はステークホルダーとの相互作用の中で行われるのであり、企業は彼らの参加によって存立が初めて可能であり、負ならざる効用を与えることによって彼らの参加を確保することができる。

ステークホルダーに関する議論はスタンフォード・リサーチ・インティチュートによって開始された。企業にとって株主が影響を与える重要な存在であるのと同じように、企業に対して影響を与えるさまざまな利害を持つ存在、ステークホルダーがあるということに注目したのである。エイコフ (R. L.

パワー＼利害	公式的あるいは投票	経済的	政治的
株式	株主 取締役 少数利害		批判的株主
経済的	債権者 労働組合	供給業者 顧客	地方自治体 外国政府 地方自治体 労働組合
影響関係	政府 SEC 外部取締役	EPA OSHA	ライフ・ネイダー・グループ 政府 業界団体

図 I-1　ステークホルダー・グリッド
出所：Freeman (1984).

Ackoff) などによって企業行動の分析・設計や企業の社会的責任を論じる際の重要な概念として展開していった。ステークホルダーを基本概念として経営戦略論の再構成を試みたのがフリーマン (R. E. Freeman) である。その後フリーマンとギルバート (D. R. Gilbert) によって企業倫理への重要なアプローチとなった。またステークホルダー・アプローチの性格づけや可能性についての検討も行われている。

ステークホルダーはすでに述べたように、企業によって影響を受け、企業に対して影響を与える集団や個人としてとらえられる。企業にとってステークホルダーは直接的であれ、間接的であれ影響を与えるさまざまな利害や期待を持つ他者である。企業の量的質的拡大は多様なステークホルダーとの関係の必要性を反映したものである。

企業はいかにしてこうしたステークホルダーとの関係をマネジメントしていくのであろうか。このステークホルダーとの関係を実践的に、行為志向的方法でマネジメントするプロセスを明らかにするのがステークホルダー・アプローチである。企業が配慮すべきステークホルダーのマネジメントが経営者の重要な責務となるからである。

企業は目的を達成するために経営戦略を形成・実行・統制していくが、こ

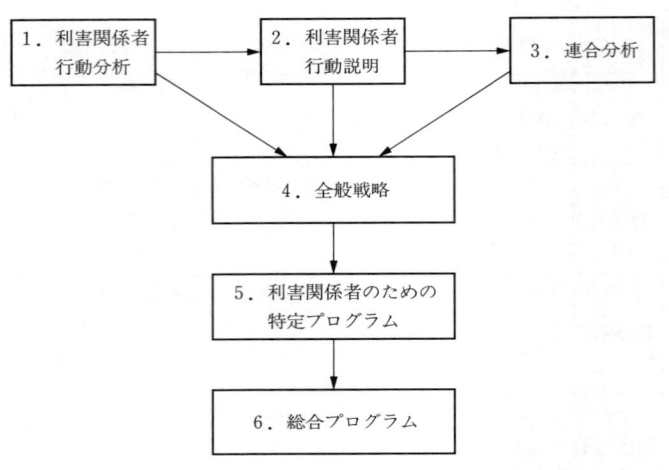

```
    ┌──────────┐    ┌──────────┐    ┌──────────┐
    │1. 利害関係者│──▶│2. 利害関係者│──▶│3. 連合分析 │
    │  行動分析  │    │  行動説明  │    │          │
    └────┬─────┘    └─────┬────┘    └────┬─────┘
         │                │              │
         └────────────┐   │   ┌──────────┘
                      ▼   ▼   ▼
                    ┌──────────┐
                    │4. 全般戦略│
                    └────┬─────┘
                         ▼
                ┌──────────────┐
                │5. 利害関係者のための│
                │  特定プログラム  │
                └──────┬───────┘
                       ▼
                ┌──────────────┐
                │6. 総合プログラム│
                └──────────────┘
```

図Ⅰ-2　ステークホルダー戦略策定プロセス
出所：Freeman (1984).

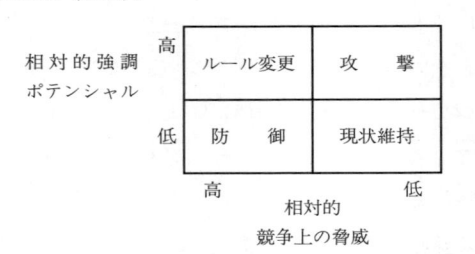

	高		
相対的強調		ルール変更	攻　撃
ポテンシャル			
	低	防　御	現状維持
		高	低
		相対的競争上の脅威	

図Ⅰ-3　ステークホルダー全般戦略
出所：Freeman (1984).

の戦略プロセスにおいて、多様なステークホルダーをいかに管理していくのかが問題である。そこでまず戦略形成において、誰がステークホルダーであるかを明らかにし、ステークホルダーのマップを作成しなければならない。このステークホルダーの識別はステークホルダーの行動や目的を明らかにし、ステークホルダーの行使するパワーや利害の範囲を明示することによって行われる。

　ステークホルダーの識別に続いて、経営者は社会における企業の存立根拠や社会的役割を検討しなければならない。それは企業の社会的アイデンティ

ティを明示すること、社会的正当性を獲得することである。この局面では、ステークホルダーの持つ効果やその効果の知覚といったステークホルダー分析、企業の支配的価値やトップの価値、中核的ステークホルダーの価値を明らかにする価値分析、次の10年間の社会問題の動向やその企業のステークホルダーへの影響を分析する社会問題の識別によって行われる。こうした手続きを踏まえ、企業のステークホルダーへの対応のためのものの考え方が明らかにされる。

　こうした段階に続いて、企業はステークホルダーに対する戦略プログラムを策定する。このプログラムは組織とステークホルダーの行動分析から開始され、続いてステークホルダーの行動の説明や他のステークホルダーとの連合分析も行われる。このステークホルダーに関する考察を踏まえ、企業のステークホルダーに対する全般戦略が構成される。次にステークホルダーのための特定プログラム、そして総合されたステークホルダー・マネジメント・プログラムがつくられる。

　ステークホルダー・アプローチは企業が目的を達成するために戦略を形成実行するプロセスにおいて、いかにステークホルダーとの関係を合理的に構築していくかを明らかにする考え方である。

　企業はいかにステークホルダーに対応するのであろうか。この問題に応えていくためにはまず企業とステークホルダーとの間には利害対立があり、しかもステークホルダー間にも利害対立があることを前提として、議論を展開していかなければならない。企業をめぐる利害対立は常態であり、企業を「政治的存在」として、企業とステークホルダーとの間も政治的なものとしてとらえていくことが必要である。そこで企業とステークホルダー、ステークホルダー間の利害対立をいかに解決していくのかが問われなければならない。たとえば企業が特定の地域における工場を閉鎖すべきか否かの意思決定に直面したとする。工場閉鎖は合理化の推進であり収益力の増大をもたらすならば株主にとっては利益の増大をもたらすことになる。しかし工場で働く従業員にとっては工場の閉鎖は職を失うことを意味し、むしろ現在の利害が

損なわれることになる。このように工場閉鎖という決定はあるステークホルダーにとっては便益をもたらすが、他のステークホルダーにとっての犠牲を強いることである。少なくともすべてのステークホルダーを均等に配慮することはできない。この例からも明らかなように、どの利害が通るのか誰の議論が守られるのかを中心として、企業とステークホルダーとの関係をみていくことが重要である。それは組織のポリティカル・パースペクティブに立つことを意味する。

ポリティカル・パースペクティブは1960年代にクロジェ（M. Crozier）、マーチ（J. G. March）、ペロー（C. Perrow）らによって生成された。70年代に入るとヒクソン（C. Hickson）らの戦略的コンティンジェンシー理論や、フェファー＝サランシック（J. Pfeffer and G. R. Salancik）の資源依存パースペクティブが提唱され、新たな段階を迎え、80年代には組織論の教科書にパワーとポリティクスが独立した章としてとりあげられるとともに、フェファーやミンツバーグ（H. Mintzberg）によるきわめて影響力を持つ体系的な著作が書かれ確立していった。90年代以降、パワーのとらえ方の再検討や他分野の影響により反省期を迎えている。

ポリティカル・パースペクティブでは、組織をさまざまな利害を持つ内外の主体からなるポリティカル・アリーナ、政治連合体としてみている。組織と関連する内外の主体は各々自らの利害や意思を組織において通そうとする。利害対立の状況の下では、それぞれの主体の意思はそのまま通ることもあれば通らないこともある。そこでいかに意思を貫徹するかが問題になる。意思を貫徹するメカニズムとしてパワーをとらえることができる。組織において、組織間において、パワーの保有と行使に注目することになる。組織であれ組織の中の人間であれ、自らの意思を他に対しできる限り通そうとする存在としてとらえられる。パワーは他に対し自らの意思を通す手段なのである。

ポリティカル・パースペクティブにおいてパワーは中核的な概念である。パワーとは2者以上の関係を表す概念であり、他の抵抗があったとしても、自らの意思や利害を貫き通す能力であり、自らにとって望ましいと思うこと

を他に課すことができることである。すなわち他が望まないことであったとしても自らの意思を貫徹できることである。そこで組織をめぐるパワーの把握が重要となり、パワーをもたらす要因や源泉、パワーを行使する戦術が問題となる。そして組織内、組織間でパワー配分がいかに行われているのか、パワー配分がいかに変動しているのかが明らかにされなければならない。

　ポリティカル・パースペクティブを企業とステークホルダーとの関係に適用してみよう。企業とステークホルダーとの関係を明らかにするためにはステークホルダー・アプローチのところですでに述べたように、ステークホルダーの把握、ステークホルダーに対する対応の理念や方法が重要であることはいうまでもない。しかしそれ以上に企業は多様なステークホルダーの異なった要求にいかに応えていくのか、いかなるステークホルダーの要求に企業は対応しなければならないのかを解かなければならない。ステークホルダーが企業にパワーを持つことはステークホルダーの意思に当該企業が望まないものであったとしても、従うことである。多様なステークホルダーの要求に直面したとき、企業はその優先順位をつけていかなければならないが、ポリティカル・パースペクティブによると、企業に対してパワーを有するステークホルダーの要求をまず配慮しなければならないと考えられる。そしてパワーを持つステークホルダーとの良好な関係を構築することが必要である。

　ではいかなるステークホルダーが企業に対してパワーを持つのであろうか。ステークホルダーはなぜ企業に対しパワーを持つのかについては、すでに述べた資源依存パースペクティブに基づき考察する。資源依存パースペクティブによれば、ステークホルダーが企業に対してパワーを持つのはステークホルダーの持つ資源や能力が企業にとって重要であり、しかもこうした資源や能力を当該ステークホルダー以外から調達することが難しい場合である。すなわちステークホルダーの保有する、あるいは接近可能な資源や能力が必要不可欠であればあるほど、企業はステークホルダーの意思に従わざるを得ない。そこで企業にとっての優先順位の高いステークホルダーはパワーを持つステークホルダーということになる。企業とステークホルダーとの関係は資

源保有・布置によるパワーという相対的関係の中に置かれている。しかし企業にとって必要不可欠とされるステークホルダーの資源や能力は変動する環境の中で変わってこざるを得ない。従来では必要不可欠であったステークホルダーの資源や能力は企業自らの主体的努力によってその必要性が少なくなることもあるし、環境変化に直面し必要不可欠な資源や能力も変化する。また企業にとっていかなる資源や能力が必須であるのかは企業の経営者の価値や状況認識に負っている部分も大きい。企業は強いパワーを持つステークホルダーの意思や期待を最大限考慮しつつ行動していかなければならないが、できる限り自己利益の拡大や自由裁量の拡大をめざし、ステークホルダーとの関係を構築していく。そして弱いパワーしか持たないステークホルダーの意思は無視するという行動をする。企業の存続に対して、最も貢献をするステークホルダーへの配慮、こうしたステークホルダーからの正当性の付与を行っていくことになる。しかし力あるステークホルダーを最も考慮する企業行動が果たして正しいのかどうかについては改めて問われなければならない。

2 企業倫理とステークホルダーへの対応

　企業倫理は企業がどうすべきか、企業にとって何が正しいのか、何がよいのか悪いのかを定めることであり、企業の正義・善悪を明らかにすることである。その意味で道徳的正当性を取り扱うことになる。すでに述べたように企業が多様なステークホルダーとの関係の中に埋め込まれているため、企業とステークホルダーとの関係の中で道徳的正統性が形成されていく。企業にとって何が正しいのかはステークホルダーとの相対的な関係の中で決まっていくのである。企業にとって正しいと考えることは必ずしもステークホルダーにとって正しいと考えることとは限らないからである。すなわち正しさが競合することとなる。またステークホルダーの間でも正しさの判断が違うことがある。そこで何が正しいのかを決めていくのかについての一つの見方がポリティカル・パースペクティブである。この見方によればパワーのあるものへの配慮が重要なものであり、こうしたステークホルダーへの意見、つま

り正しさについての判断、企業にとっての正しさに大きな影響を与える。いわばそれは力は正義なりとする考え方である。力のある特定のステークホルダーだけを第一義的には考慮する方向で企業倫理は形成されていく。しかし企業は多様なステークホルダーを考慮しつつ行動していかなければならない。そこでポリティカル・パースペクティブを超えた、新たな視点からの企業倫理とステークホルダーに関する議論が必要である。

　企業は多様な対立するステークホルダーの期待に直面し、正義や善悪といった倫理を形成していく。そこで企業はどのステークホルダーの利益を守るのか、企業はどのステークホルダーに対して道徳的義務を持つのかが問題となる。それはステークホルダーをどう取り扱うべきかという原則や理念を明らかにすることであり、企業はいかなる存在であるべきかを問うことでもある。フリーマンらによっては企業戦略（enterprise strategy）の類型として、ワイス（R. Weis）では倫理的原則としてとりあげられている。企業にとって優先的順位を与えるべきステークホルダーは誰であるべきかを明らかにする規範的議論である。ワイスは倫理的原則として、功利主義、普遍主義、権利、正義の4つをあげ、各々の原則に従うステークホルダーとの関係を明らかにしている。

　ここでは、どのステークホルダーを配慮すべきかを明示している、フリーマンとギルバートを中心に議論を展開する。フリーマンとギルバートは7つの「理論」をあげている。それは企業や経営者にとっての道徳的義務を表している。第1の理論は所有者である株主の利益を極大化する株主理論である。それは所有者によって支えられている。第2の理論は経営者の利益を極大化する経営者理論である。経営者の自由裁量を重視する経営者主義によって支えられている。

　しかし企業は株主や経営者の利益のみを守るだけでは道徳的正当性を獲得することはできない。そこで第3の理論として特定ステークホルダー理論が登場する。それは比較的少数のステークホルダーの利益を極大化することである。顧客サービスと従業員福祉を同時に追求することである。

以上までの議論は一つかあるいは少数のステークホルダーを配慮すべき理論であった。しかし企業の成長に伴い、多くのステークホルダーを配慮していかなければならなくなった。企業がかかわるすべてのステークホルダーに対する利益を極大化する功利主義理論が第4の理論である。企業はできる限り多数のステークホルダーに最大の便益を守るべきである。最大多数の最大幸福を追求することであり、すべてのステークホルダーの平均的福祉のレベルを向上することである。しかし多くのステークホルダーを配慮する原則は功利主義に限られない。企業やステークホルダーの属するコミュニティー（共同体）との一体化を重視する社会調和理論が第5の理論である。企業はコミュニティーの価値との一体化により社会の発展に貢献すべきと考える。この理論ではステークホルダーへの配慮よりもコミュニティーへの配慮が重視され、企業とコミュニティーとの相互理解や合意形成が必要とされる。

　企業はすべてのステークホルダーへの配慮を行っていかなければならないが、すべてのステークホルダーに平等に配慮することは難しい。そこでステークホルダーへの公正な配慮が重要である。こうした公正や正義に注目したのが第6のロールズ理論である。この考え方ではすべてのステークホルダーは企業に対して、さまざまな要求や期待を自由に発言する機会が与えられている。そして機会の平等を前提とし、公正な取り扱いについての原則を提示する。それが格差原理である。ステークホルダー間の利益や犠牲の配慮において不平等がもたらされることがある。この原理では次のような不平等の場合にはその不平等は是認される。社会で最も不遇な不利益を受けているステークホルダーの最大の便益に資するような不平等であることがそれである。パワーの観点からは最も弱いステークホルダーへの最大限の配慮を行動原則として置くことであり、最悪の事態を最大限改善することでもある。その意味で「力は正義なり」とする考え方の対極に立つ考え方である。

　フリーマンとギルバートは第7の議論としてパーソナル・プロジェクト理論をあげている。この理論では個人の自主性や尊厳が重視され、個人は決して企業存続のための手段ではなく、それ自体目的である。個人の自主性や尊

厳を守るために企業と個人のプロジェクトを実行することとなる。こうしたプロジェクトを実行可能とする方向で企業の配慮を重視する理論である。

企業倫理は企業が誰に対して道徳的義務を果たすべきかを明らかにすることであるので、7つの原則を検討してきた。第1から第3までの原則がパワーや利害を基礎に置く原則であるのに対し、第4から第7までは何が望ましいかを前面に出した価値を基礎とする原則といえよう。どの理論が選択されるべきかは企業や経営者の持つ価値観や企業とステークホルダーとの関係のあり方、そして社会の中で当然と考えられる価値によって決まってくる。企業を株主のものと考えるのか、コミュニティーの一員と考えるのか、社会的弱者への配慮を重要と考えるのかなどの経営者の持つ企業観は理論の選択に大きな影響を与える。多様なステークホルダーの存在は株主といった特定のステークホルダーへの配慮だけでなく、できるだけ多くのステークホルダーへの配慮が必要となり、第4から第6までの理論を選択することになる。ステークホルダー間の対立が深刻化するに伴い、それを解決するための原理として共同体との一体化や弱者への配慮も必要となってくる。とくに企業倫理の形成においてロールズ理論の意味はきわめて大きい。また社会の価値として個人主義か集団主義か、効率重視か公正重視かも考慮すべき要因であろう。

企業はパワーや正当性の観点からステークホルダーとの関係を展開していく。どのステークホルダーが考慮されるべきかは、ステークホルダーのパワーや要求の正当性によって決まってくるからである。企業とステークホルダーとのダイナミックな関係をとらえていくためには、ステークホルダーの要求の緊急性を考慮することが必要である。ステークホルダーの要求に即座に注目することが必要であるならば、企業はステークホルダーの要求を配慮しなければならないであろう。災害や事故の発生はその典型的な例である。企業が即座にステークホルダーの要求に注目するかどうかは、要求に注目することへの企業の遅れがステークホルダーにとってどれだけ受け入れ可能かどうか、ステークホルダーの要求がどの程度企業にとって重要であるかどうかによっている。そこで企業はパワー、正当性、緊急性を十分に配慮しつつ、

ステークホルダーとの関係を形成していく。企業にとって配慮すべきステークホルダーは分析される。3つの観点から考慮すべきステークホルダーの重要性が認識される。3つの観点すべてから考慮すべきとされたステークホルダーの重要性はきわめて高く、3つの観点から考慮すべきとされなかったステークホルダーの重要性は低いといえる。このステークホルダーの識別と重要性の認識を通じて、企業とステークホルダーとの関係を把握することができる。企業はいかにステークホルダーに対応するのかが問題となる。

5　企業の社会的責任と社会対応過程

1　企業の社会的責任

　企業が社会の中でいかなる責任を果たすべきか、果たしているのかについて考察する。それは、社会における企業の役割をどう考えるのか、社会の中で何をすべきかについて検討することである。企業の社会的責任を明らかにすることは企業にとってのステークホルダーの量的質的変化を明らかにすることであり、そのことを通じて企業の存立根拠も問うこととなる。しかも企業倫理は企業の社会的責任の拡大に伴って重要な課題となってきたし、その内容も変化することとなったからである。

　キャロル（A. Carrol）は企業の社会的責任を4つあげている。第1の社会的責任は経済的責任であり、社会に対し商品を提供しつつ利益を上げていく責任である。株主への配当や従業員の雇用確保が重要である。第2の社会的責任は法的責任であり、文字どおり法律に従った行動をすべき責任である。成文化された法に基づいて従業員への配慮、地域住民への配慮が行われる。しかし企業の社会的責任はそれらにとどまらない。企業は社会の中でしてはいけないこと、すべきことという第3の倫理的責任も負っている。むしろ法律が終わったところで法の精神を考慮しつつ社会の慣行を踏まえた行動をせざるを得ない。従業員への公正な取り扱い、安全な商品の顧客への提供、環境への配慮、少数者の保護などが重要となる。第4の社会的責任は貢献的責

任である。法的倫理的にすべき責任やすべきでない責任を超えて、企業の属するコミュニティーへの責任である。企業はよき市民としてコミュニティーの開発を行ったり、教育文化への責任を担うことである。コミュニティーや一般大衆も配慮すべきステークホルダーとなる。こうした企業の社会的責任はピラミッド型の構造を持っており、低次レベルに経済的責任が置かれ、法的責任、倫理的責任、最も高次レベルが貢献の責任となっている。企業の成長に伴い、社会的責任は低次のレベルから高次のレベルへと変化し、それに伴うステークホルダーも量的に拡大するだけでなく、社会的責任を果たすために考慮すべき要求も、効率だけでなく、公正、正義、尊厳という社会性を帯びたものとなっていった。そこで企業は特定のステークホルダーの一元的期待に対応するだけでなく、多様なステークホルダーの多元的期待に対応していかなければならない。

　社会的責任の範囲は、社会から課せられる法律的および倫理的制約と企業の自主性とのディレンマの中で形成される。現代の企業の社会的責任の形成において重要となってきているのは倫理的責任と貢献的責任であり、とりわけ経営者の戦略的選択が必要とされる。

　企業が具体的に社会的責任を形成・展開していくためには、社会における貢献範囲（社会戦略）を画定していく際に、①どのような社会問題（教育・雇用・政治・公害など）を取り扱うのか、②社会問題に対してどのようなかかわりあいをするのか（事業活動として行うのか、慈善活動として行うのか、政府の支援として行うのかの選択およびその程度）、③どんな優先順位を設定するのか、④いかなる経営資源を保有しているのかを明確にしなければならない。

　企業の貢献的責任の表れである企業寄付については、①寄付を企業においてどのような活動として位置づけるのか（中核的／周辺的）、②どの程度の寄付をするのか、③どのような分野にどのような割合で寄付するのか、④どのような組織で行うのかが重要な決定である。

　では企業は社会的責任の拡大に対応して、どのような組織を編成していくのであろうか。社会的責任に適合した組織構造の決定には、広報室・社会的

責任対策室などの新たな部門の設置や環境問題のための全社的会議の新設のみならず、部門の評価システムの変更といった組織全体にかかわる決定も含む。後者の問題は次節で社会対応過程と結びつけて論ずることにする。

　前者の問題は企業における社会関連組織の問題である。企業の社会関連組織は臨時に設置される場合と常設される場合とがある。臨時の場合には、委員会や会議体の形態をとり、常設の場合には、新たな部門の設置（新たな対境担当単位の設置）という形態をとる。社会関連組織が臨時であるのか常設であるのかは、当該社会問題の企業における緊急性・重要性、ステークホルダーの力の強さ、企業の所属する産業によって規定される。

　企業の対境担当単位である社会関連組織は次のような機能を担っている。
（ⅰ）ステークホルダーがどのような要求を持っているかなどの情報を体系的に収集し、企業内に伝達する。
（ⅱ）企業内部の情報をステークホルダーに知らせる。
（ⅲ）ステークホルダーに対する交渉の窓口となる。

　こうした社会関連部門が一つの単位として分化するのかどうかは、①ステークホルダーの要求の重要性、ステークホルダーの要求の変化の速度、③ステークホルダーのパワーの強さ、④組織内部のパワー関係、⑤経営者の社会問題に対する積極性に依存している。また社会関連組織の維持はとくに④の要因に影響されるであろう。

2　企業の社会対応過程

　次に、企業とステークホルダーの関係がどのように調整されるのかというプロセスについて述べることとする。いかにして企業が社会との適合関係をはかっていくのかが示される。企業の経営者の政策決定とその実行過程、また経営戦略・組織・業務活動との関連に注目しつつ、企業―ステークホルダー関係の適合過程を論ずる。したがって、経営者を中心とする企業がステークホルダーの要求をいかに自らの問題としてとらえ、経営戦略を策定し、そのための組織を設計し、企業の日常的活動として定着させていくプロセスを

論ずることが、企業の社会対応過程である。

　企業の社会対応過程を論ずる前に、まず企業と社会との関係の現代的課題を踏まえ、現代における企業―社会関係の適合過程を論ずる際に配慮するべきポイントについて考える。

　企業―社会関係の現代性の一つに、企業が社会に与えたマイナスのインパクトに対し、被害を被った消費者、地域住民が運動体として組織化され、企業に対する対抗力として出現し、彼らの要求に対し、企業としての対応をしなければならなくなった点がある。したがって、現代の企業はこうした企業に対抗するステークホルダーとの適合関係を意識的にはかっていかなければならない。また、彼らの要求は企業にとって既存の活動領域を再定義させることや新しい活動領域を強いることがあり、経営者の政策決定にあたって考慮すべき要因となっている。

　次に、環境問題・製品の安全性などの社会的要求に対する企業の社会的責任の遂行は、企業の本来的活動（事業活動）との関連においてとりあげる必要があることである。従来の議論ではともすれば、企業の経済的機能とのかかわりを考慮することなく、企業の社会的活動を取り扱うことが多かったからである。企業が社会に真に適合的であるためには、社会的要求が企業の日常的活動として組み込まれなければならないと考えるからに他ならない。しかしながら、通常の企業の組織は本来的活動を継続的に能率的に遂行していくための「仕組み」であり、それに異質な活動が加わることによって、新たな仕組みを形成するための主体的な努力を必要とする。

　最後に考慮すべきことは、企業と社会との新たな適合関係を形成するためには、2つの戦略があるということである。それは内部適応戦略と外部適応戦略である。前者は社会に適合した組織を設計することであり、後者は企業と社会との間の調整メカニズムを形成することである。両者は相即的であり、しかも相互依存的である。後者については、組織間関係論の貢献しうる領域であり、第3節ですでにとりあげた。

　では、企業はいかにして自らに対抗するさまざまなステークホルダーの要

求に対処していくのだろうか。企業の事業活動との関連を重視しながら検討を行う。企業がステークホルダーからの要求に対して、いかなる戦略を策定し、そのための組織を設計し、企業の日常的活動として定着していくのかについて考察する。ここでは、この問題に対して優れた枠組みを提供しているアッカーマン（R. W. Ackerman）のモデルを中心として、検討する。彼は、社会的要求に対する企業の対応を企業の社会対応過程（process of corporate social responsiveness）と呼び、この過程を経営者的視点よりとりあげている。

まず、企業に対するさまざまな社会的要求について、プロダクト・ライフサイクルと同じように、社会的要求のライフサイクル（social issue life cycle）を仮定する。すなわち、企業に対して誰かが何らかの要求を表明するという社会的要求の初期の時点では、その要求は他の人々によってあまり配慮されない。したがって企業は社会的要求に積極的には対応しない。しかし、こうした要求が続けられると、その要求は他の人々によっても認識され、支持を獲得するようになる。そしてある時点で急速に社会的関心が高まる。そこで企業の対応行動を期待するようになり、最終的には、企業の社会対応が法によって規制されるようになるというのである。このように、企業にとっての自由裁量の幅は、企業に対する社会的要求が高まるにつれて、徐々に狭くなる。したがって、企業は社会的要求のライフサイクルを前提として社会からのさまざまな要求に対して、適応していかなければならない。

アッカーマンは、企業の社会的要求への対応過程は次のような段階を通じて展開するとしている。

　第1段階：政策段階
　第2段階：学習段階
　第3段階：コミットメント段階

第1段階は、経営者が社会的要求の重要性を認識し、その要求に対し、積極的に対応をはかるという「政策」を定式化する段階をいう。すなわち、経営者が社会的要求を戦略的問題としてとりあげ、経営戦略を策定する段階である。ここでいう「政策」とは、どのように既存の活動領域（経済的活動）と

社会への対応という戦略を適合させるのかとの要求に応えるのかについての決定をいう。

　第2段階は、政策を実現するために必要な知識や技術を組織的に学習していく段階である。たとえば、広報室、環境保全室、消費者対策室、パブリック・アフェアズ部門などそのための担当部門（スタッフ部門）を設置し、専門家を配置し、環境からの情報収集・分析、専門的技術の調査研究、社会的要求に対する情報提供活動などを行う段階である。またこの段階の後半において、スタッフ部門が具体的な社会対応プログラムを策定することもある。

　第3段階は、社会的要求に対する全社的取組みを確立させ、政策を日常的活動の中に定着化させることである。つまり、政策を、業務責任、コントロール・システム、経営者の評価システムに組み込み、全社的にメンバーが社会的要求に対する反応を自らの問題としてとらえることであり、各事業部門が社会的対応を自らの業務活動として考えることである。

　このように、企業の社会的要求に対する対応過程は以上のような3つの段階を通じて企業の内部に定着していく。しかしながら、これらの段階は決してスムーズに展開されるわけではなく、各段階ごとにさまざまな障害に直面する。そこで、企業がいかにしてさまざまな障害を克服していくのか重要である。こうした障害を克服していく過程は、企業の経営戦略と組織との新たな適合関係を回復していく過程でもある。

　第1の段階の問題は、経営者が社会的要求の重要性を認識できないことにある。たしかに自由裁量の幅からいっても、ライフサイクルの初期において、社会的要求に対応することが望ましいが、初期の段階での対応は、①対応方法の持つ不確実性、②要求の緊要性・継続性についての不確実性、③将来の許容量についての不確実性のために、採用されにくい。したがって、経営者が社会的対応にかかわりを持つためには、企業の外部の情報収集チャネルを整備するにとどまらず、経営者の社会対応への積極的姿勢を必要とする。

　このようにして、経営者が社会対応を「政策」として定式化したとしても、その現実はスムーズにいくものではない。なぜならば、業務部門管理者にと

表1-1　企業の社会対応過程

組織のレベル ＼ 段階	政　　策	学　　習	コミットメント
最高経営層	問題：政策問題 行動：企業の位置を規定し伝達すること 成果：目的の充実　　　認識の増大	知識を獲得すること スタッフを付け加えること	組織のコミットメントの獲得 業績期待を変動すること
スタッフ部門		問題：技術問題 行動：データシステムを設計すること、環境を解釈すること 成果：技術的・管理的技法の増加	業務単位からの反応を刺激すること データシステムを業績評価に適用すること
部門管理者			問題：管理問題 行動：資源をコミットさせ手続きを修正すること 成果：社会対応の増加

出所：Ackerman（1975）.

って社会対応は日常業務の中で考慮すべき事項ではないこと、また部門管理者が具体的対応活動をするために必要な知識が欠如しているばかりではなく、それを支援するスタッフもいないこと、また経営者の社会的対応政策がしばしば抽象的に語られていること、経営者が部門活動に対して積極的に実行させるためのインセンティブがないことが、経営者が政策を実行する過程における障害であるからである。

そこで企業は、障害を克服し政策を実現するために、社会対応に必要な知識や技法を獲得するためのスタッフ部門を設置する。スタッフ部門は経営者と業務部門との媒介としての役割を担う。そこで、スタッフは経営者の支持の下に、一般的に定式化された「政策」を具体化するために社会対応プログラムを策定する。しかしながら、そのプログラムは業務部門によって定着す

るには数多くの障害が存在している。その障害には、スタッフ部門から提案されるプログラムそのものがこれまでの業務部門の活動と異質であること、スタッフの仕事の拡大によって業務部門の既得権益そのものが浸されることに対する業務部門の抵抗があること、スタッフのパワーそのものが脆弱であることが含まれる。企業はこうした障害を克服するために、社会対応に対する組織的コミットメントを確立するための諸施策を必要とする。こうした施策を通じて、業務部門管理者は社会対応が自らの業務を通じて遂行されることを確信することができる。したがって、業務管理者が社会対応にかかわりを持つためには、次のような配慮をしなければならない。

（ⅰ）社会対応経営戦略の重要な要素であることを認識させ、業務活動との関係を明確にすること。
（ⅱ）計画・コントロールシステムに企業が期待する成果およびその結果をすべて反映させること。
（ⅲ）部門活動を評価するシステムに、社会対応評価を組み込み、管理者のキャリア形成に役立てることなど。

このように、社会的要求に対する企業の対応過程は、部門問題として定着するに至る。企業の社会対応過程は、経営者とスタッフ、業務部門の相互関係の中で行われる。

この考え方は、経営者の意思決定に注目しながら段階を通じた社会対応過程をあざやかに描き出すとともに、企業の社会対応をめぐるさまざまな障害と克服の過程を、政策の実行をめぐる部門管理者とトップマネジメント・スタッフ連合（既得権益維持 対 革新性）の対立を中心に、企業内部のメンバーの政治的闘争に注目している。

引用文献

Ackerman, R. W., *The Social Challenge to Business*, Cambridge, Mass.: Harvard University Press, 1975.

Freeman, R. E., *Strategic Management : A Stakeholder Approach,* Boston : Pitman, 1984.

参考文献

フリーマン，R. E. = ギルバート Jr., D. R.（笠原清志監訳）『企業戦略と倫理の探求』文眞堂、1998 年

稲葉元吉『経営行動論』丸善、1979 年

森本三男『企業社会責任の経営学的研究』白桃書房、1994 年

富永健一編著『経営と社会』ダイヤモンド社、1971 年

山倉健嗣『組織間関係：企業間ネットワークの変革に向けて』有斐閣、1993 年

第 II 章

株主、金融機関

1 対株主関係と対銀行関係

1 企業と株主

　現代企業は、その生産あるいはサービス活動を続けていくためにさまざまなステークホルダー（stakeholders）、すなわち利害関係者と緊密な関係を維持していかなければならない。株主、金融機関、顧客、地方自治体、政府など企業の諸活動に直接、間接に影響を及ぼすのがステークホルダーである。このうち、この章では株主と金融機関とりわけ銀行との関係をとりあげて説明する。さしあたって、企業と株主の関係からみていくことにしよう。

　企業を設立する場合、まずどのような会社の形態にするかが問題となる。企業が社会的な存在として公に認知されるためには、法律に準拠した設立の要件を満たしていることが必要である。すなわち、許認可を与えるのは関係省庁であるからである。このうち、最も代表的な株式会社制度について話を進めることにする。株式会社は、その活動の基礎をなす資本金を調達しなければならない。一般に、資本金は株主から出資金として発行株式を購入してもらうのである。証券市場に上場されている会社を上場会社というが、上場会社は上場の基準を満たした優良な会社であるから、市場から資本を調達する場合はもとより、大卒の優秀な学生を採用する場合においても非上場の会社に比べてはるかに有利である。

　株主が有価証券である株式を購入することによる権利は大別して3つある。一つは会社の上げた利益の分配に預かる権利である。もう一つは、会社の財

産を処分するような場合にその財産分与に預かる権利である。3つ目は株主総会に出席して議決権を行使する権利である。配当請求権、残余財産分配権そして議決権の3つである。

　通常、わが国企業は配当を株主に支払う場合の基準として配当率（1株当たりの配当金／額面金額）を用いる。額面は50円、500円など、株式の券面に記載されている均一な金額のことであり、会社の定款に明記されている。額面50円とすると、1割の配当率の場合には、1株当たりの配当金は5円（配当率を x とすると、$x/50=0.1$, $x=0.1\times50=5$）である。とくに根拠があるわけではないが、わが国ではかつて2割配当を優良会社の一つの目安としたことがある。その配当金は10円になる。配当金は会社が当期に実現した利益のうちから株主に支払うものであるから、配当金は利益の増減に比例することになる。しかし、株主への利益の還元は経営者の裁量によって決まるから、両者の間に比例的な関係が常にあるわけではない。

　株主に対する配当が増えれば、社内に留保される利益は減少するから、利益と配当金は対立的な関係にあるとみることができる。留保利益を多くしようと思えば、配当金の割合を減らせばよい。株主に対する配当金の支払いを優先するか、あるいは反対に当期利益の使途としての設備投資や研究開発への支出を第一に考えるかによって、配当支出の総額が決まってくることになる。後者を優先する配当政策のことを「残余配当政策」という。この場合には当期利益から設備投資その他の支出分を控除した残余が株主への配当金ということになる。利益のうち配当金にどのくらい支払われたかを表す指標に、配当性向（1株当たり配当金／1株当たり当期利益）がよく用いられる。アメリカの代表的な企業と日本のそれを比べると、日本の会社の配当性向は、概して低いといわれている。

　図II-1は、日本企業の全国上場会社の配当性向を1975年から1990年までの年次別推移で示したものである。これからわかるように、わが国企業の配当性向に近年変動がみられる。それも利益に見合った変動というよりは、配当金を安定的に維持しようとするのである。たとえば、利益が減少したと

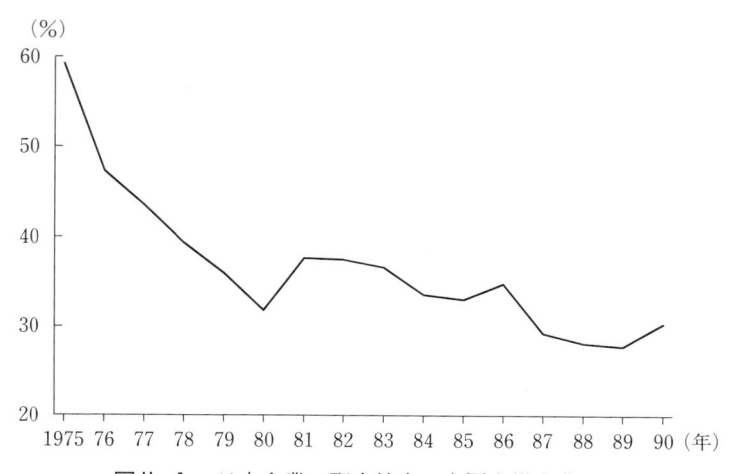

図Ⅱ-1　日本企業の配当性向：全国上場企業
出所：野間・花枝・米澤（1992）p. 115。

きには、配当金総額を増加させて結果として配当率を安定させるようにする。反対に、利益が増加した場合に、利益増に見合った1株当たり配当金を増やそうとしない傾向がある。

2　議決権と株式持合い

　株主は、出資者として株主総会に出席して議決権を行使することができる。この議決権は、株主の有する株式数に比例して与えられる。原則として1株1票制である。そして、出資者たる株主の責任は有限である（有限責任）。株主は、株式金額を限度として、会社に対する支払い義務を負っているに過ぎない。自分の財産についてまでも、会社の債務支払いの責任はない。

　株主総会は会社の最高議決機関であり、株主は取締役の選任および解任など、およそ会社経営の重要事項の決定に参加することができる。しかし、株主総会に提出される議案は、すでに取締役会以下の執行機関ないしは諸委員会に委ねられており、株主総会は単なる形式的な承認機関に過ぎなくなっている。しかも、総発行株式数が広範囲に分散しているような大会社において

は、株主総会に出席して議決権を行使する株主は、きわめて少数に限られているのが実情である。後述するように、株主が総会の場で自由に発言して経営の内容を知ろうとしても、それが必ずしもできない仕組みがわが国の株主総会にはある。

　株主総会の開催の当日に、大抵の場合それに先立って大株主に対して会社側から事前に議案の説明がなされ、了解をとりつけるのが慣行となっている。一般の株主は開催通知の案内と一緒に委任状が同封されており、欠席する株主には委任状による議決権の代理行使が経営者に委ねられる。こうした株主総会の形骸化は、大株主を優遇する企業の経営姿勢にあるといっても過言ではない。

　一方、大株主は日本に特有な「株式持合い制」と大いにかかわっている。ここに株式持合いとは、株式会社同士が相互に株式を保有しあうことである。グループ企業は、たとえば銀行が中核となって取引関係の強い会社同士が、情報や技術、あるいは資金の提供などについて相互に便宜をはかる傾向が強い。

　表Ⅱ-1によると、三菱系の場合、グループ内保有は低下したが、非三菱系を中心とする金融機関による保有が増加した。この結果をみる限り、三菱系金融機関の持株比率は増加したのである。このことは、今日の金融機関の不良債権の増加と関係があるとみることができる。これについては後述する。

　ところで、1980年代において、時価発行増資が国内外において増え続けたときに、グループ企業は証券会社の仲介によって株式の割当てに容易に応じたことはよく知られたことである。エクイティ・ファイナンス（株式発行を伴う資金調達）の代表的な発行形態として、たとえば転換社債とかワラント（新株引受権付き社債）がそうであるが、これの発行は株価が右肩上がりのときになされたため、莫大な含み益が発生したのである。『経済白書』（平成4年版）によると、企業保有の株式による含み資産は1984年において50兆円弱だったが、1989年末には260兆円にまで達した。

　この含み資産は企業の金融的基盤を強化したばかりではない。会社に対す

表Ⅱ-1　三菱系企業の株式保有の変化　　　　　　　　　(%)

	旭硝子	三菱化成	三菱銀行	三菱地所	東京海上	三菱重工
三菱系シェア	25.1 (26.7)	19.3 (21.3)	18.0 (19.8)	22.6 (26.8)	18.4 (18.6)	16.4 (20.9)
金融機関シェア	39.1 (39.1)	41.3 (43.7)	20.2 (19.8)	23.9 (18.9)	19.3 (18.2)	22.9 (21.4)
非三菱金融機関	18.5 (17.5)	22.0 (19.8)	8.3 (9.1)	3.0 (4.6)	6.7 (5.5)	8.0 (5.8)

三菱商事	三菱信託	キリンビール	三菱石油	三菱電機	三菱レイヨン	ニコン
25.4 (32.1)	21.5 (24.9)	13.1 (11.3)	37.1 (13.9)	14.5 (13.5)	17.3 (25.0)	19.9 (36.7)
38.7 (35.7)	12.4 (11.0)	22.9 (15.7)	30.5 (15.3)	25.8 (24.6)	29.1 (35.1)	34.9 (40.1)
16.4 (10.8)	2.6 (0.0)	7.7 (4.0)	10.7 (3.6)	14.5 (13.2)	13.4 (15.7)	15.0 (10.5)

注：カッコ内が1979年のデータ、カッコ外が1992年のデータ。
出所：代田 (1994) p. 103参照。

る監視機能を脆弱にすることにもなった。すなわち、企業が資金的に逼迫するような事態が起きた場合には、含み資産が担保価値となって救済資金を銀行から引き出すことが可能となる。事業会社相互の株式持合いについても、経営者の経営の巧拙に対する監視あるいはモニタリング（monitoring）はどうしても甘くならざるを得ない。否、監視機能は不在という方がむしろ正しいであろう。

3　企業と銀行

　銀行あるいは金融仲介機関は、個人から預金を受け入れ、これを企業や個人にその用途によって貸出する。一般に、個人は余剰資金を銀行に預金したり、あるいはそれを有価証券に運用したりする。銀行への資金の預入れは、欧米と比べてきわめて高い。それだけ日本人の貯蓄率は高いといえるのである。銀行には、都市銀行をはじめとして地方銀行や第二地銀（相互銀行）などさまざまな形態があるが、ここでは詳しくは触れない。要するに、預金として吸収した資金を不足資金の経済主体である企業に、銀行は貸出を行うのである。すなわち、資金余剰主体である個人から資金不足主体である企業に、資金の移動を仲介するのが、銀行の重要な機能とされている。

　さらに、銀行の業務として重要なものに決済手段の供給がある。たとえば、

預金の受入れ（預金業務）は先に述べたが、この他に預金の振替えや送金をしたり（内国為替業務）、円と外国通貨の交換に応じたり（外国為替業務）、あるいは貸出や証券保有によって決済手段を供給する（信用供与業務）など、さまざまな業務を行っている。

この決済手段の業務によって、銀行はいながらにして貸付企業の業務内容を知ることができる。また、企業の方も銀行との関係を長期的かつ円滑に維持していくことのメリットは大きい。これがメインバンク・システムという日本固有の金融システムを生むことになったのである。

4　メインバンク・システム

メインバンクについては、さまざまな定義がなされているが、ここでは以下のように定義しておく。すなわち、メインバンクは、表II-2にみるとおり、取引企業との間に次のような特徴がみられるということである。①当該企業に対して最大の融資残高を持つ、②企業が経営危機に陥ったときには、救済融資をする、③役員を派遣する、などである。

表II-2　メインバンクに対する期待と機能　　（％）

		一部上場企業	非公開企業
期待	有利な条件での資金供給	47 (307)	81 (481)
	安定株主	89	13
	経営危機の際の支援	54	47
	資金調達等の情報提供	38	43
	他の取引先に対する信用度の高まり	15	23
	取引集中による効率化	15	21
	取引先紹介等の情報提供	14	19
	役員等の人材供給	4	5
機能	シグナル機能は確実に存在する	26 (314)	21 (503)
	経営危機に当然支援する	63 (316)	42 (109)
	経営チェックを受けている	27 (318)	32 (512)

注：カッコ内は回答総数。
出所：富士総合研究所（1993）。

第1の最大の融資残高の意義は、当該企業にとって資金が必要なときにはいつでも要請に応じてくれるということで、きわめて大きい。したがって、銀行と企業との間には、長期にわたる信頼関係があり、単に資金の貸借関係を超えた便宜が銀行側から提供されるのである。たとえば、新規事業についての情報やノウハウなどは、情報センターとしての銀行に期待される役割でもある。これは、銀行による情報生産活動の結果が取引企業に情報提供の便益を享受させることになるのである。

　第2は、企業が経営危機に遭遇した場合に、いち早い救済の手を差しのべて企業倒産の危機から脱出することができるのである。このことは、とくにお互いに文書によって一種の契約を交わし確認しているわけではない。だが、メインバンクの責任として当該企業は、とくに中小企業にとってこの期待は大きいといわなければならない。

　第3に、銀行は貸付企業の業務内容を監視する意味でも、その企業に役員を派遣するのである。派遣役員は、その専門的な能力を期待されているだけではなく、企業の事業のなりゆきを逐次銀行に伝達して、経営危機に陥る可能性を小さくするようにしなければならない。

　以上述べたように、メインバンクは情報生産機能と危機処理機能を有している。とりわけ、後者については、企業と取引関係を持っている銀行はメインバンクだけに限られない。メインバンク以外の銀行はメインバンクが取引を継続するか、もしくは貸し渋りをするかを注意深く見守っている。いわば、メインバンクは他の銀行から委任された監視者（delegated monitor）とみられているのである。

　メインバンク・システムは、日本において高度経済成長期に確立したといわれている。都市銀行は全国津々浦々に支店網を拡大し、預金獲得競争を展開した。銀行は初めての取引先に対しては、貸付金の返済能力があるかないかを慎重に審査するが、その審査にあたって貸付金相当額に見合う担保の設定を要求する。担保となるのは、通常は土地や建物あるいは株式のような有価証券といった物上担保（visible assets）であり、アメリカの銀行のように将

来の収益力（invisible assets）を担保にはしない。したがって、土地や株式が右肩上がりの上昇を続けていたときには問題はなかったが、バブルが崩壊してから、こうした銀行融資のやり方が日本経済に重大な危機を招くことになった。これについては後述する。

2　諸状況の変化

1　金融制度改革（日本版ビッグバン）の波紋

1997年6月13日に、金融制度調査会、証券取引審議会、保険審議会が最終報告をそれぞれとりまとめ、その内容を新聞に公表した。21世紀に向けて、日本の金融・資本市場が活性化するための大改革の火ぶたが切って落とされたのである。やや誇張した表現が許されるならば、明治維新、戦後のGHQによる改革に次ぐ3番目の改革といえるかもしれない。折りしも、金融機関の不良債権の処理がまだ済まない中での構造改革であったが、英米に比べて10〜20年以上も遅れているわが国としては、待ったなしの対応が求められたのである。

省みると、橋本龍太郎元首相が1996年11月に提唱し2001年の実現をめざした日本版ビッグバンは、一方でその実現を危ぶむ声がきかれる中、これを先取りする形で実施され、連結会計制度、時価会計の導入など、会計の大改革が断行された。資本主義先進国の中で、すでにイギリスはサッチャー内閣のときにビッグバンすなわち証券市場の構造改革を成し遂げ、シティの復興に成功したことはよく知られている。また、アメリカも株式売買委託手数料の自由化、取引所税の撤廃など、レーガン政権の時代に実施され、その後は銀行、証券、保険の業際の垣根を撤廃する金融制度改革法が成立したのを受け、生保大手のジョン・ハンコックやプルデンシャルが株式会社に転換した。

これに対して、日本の金融制度の改革は、イギリスのビッグバン、アメリカのメーデーに比べて、時期は遅いとはいうものの、グローバル化の進展の

「日本版ビッグバン」で企業も個人も変わらなければ…
FREE・FAIR・GLOBAL

金　融

（検討項目）

企業への円滑な資金供給・効率的運用、市場原理に基づく経営など

銀行・証券・保険分野への参入促進、長短分離等に基づく商品規制の撤廃、証券・銀行の取扱業務の拡大、各種手数料の自由化、為銀主義の撤廃、資産運用業務規制の見直し、ディスクロージャーの充実・撤廃、ルール違反への処分の積極的発動、デリバティブ等の展開に対応した法制度の整備・企業会計制度の国際標準化、グローバルな監督協力体制の確立

企　業

資本市場への資金調達シフト、株主重視の経営姿勢など

個　人

個人金融資産1200兆円の有効的活用、自己責任原則など

図Ⅱ-2　金融村だけに求められる改革でない
出所：『週刊東洋経済』1997年3月号。

中で日本版ビッグバンを進める以外に残された道はなかったと考えられる。前節でも述べたように、高度経済成長期における日本の企業金融は銀行を中心とした間接金融依存の体制であった。そのことが、わが国の証券市場の発達を遅らせ、直接金融に移行しだした1980年代においても資本市場の健全な発展を阻害する多くの要因が存在した。今、ビッグバンの嵐が吹き荒れる中で、企業はその資金運用をも含めて資金調達の政策を見直す好機となったともいえる。同時にまた、日本の企業経営の目標についても株主重視の経営姿勢にシフトしていくことが、グローバル化の進んだ日本企業の今後の重要な経営課題になったといえる。

　図Ⅱ-2は『週刊東洋経済』1997年3月号の「日本版ビッグバンの盲点」からの引用であるが、今回の改革は単に金融制度の改革にとどまらず、企業もそして個人も変わらなければ失敗するとの警報を鳴らしている。たしかに、

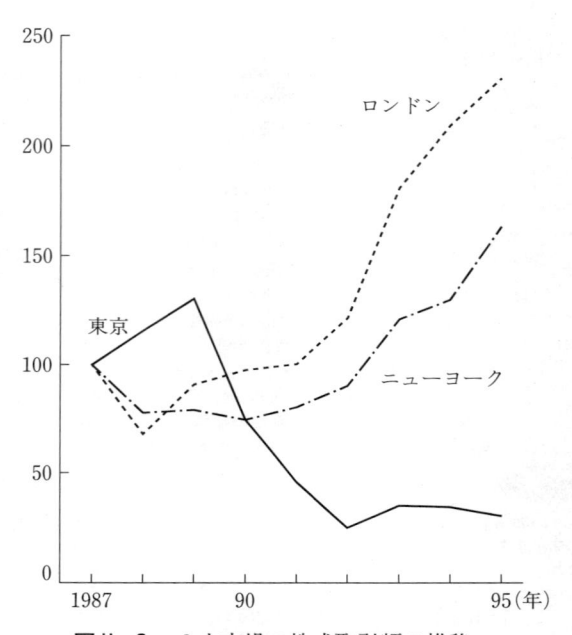

図Ⅱ-3　3大市場の株式取引額の推移
注：各自国通貨建て。1987年を100として計算。
出所：朝日新聞1997年3月7日付。

　この三角形の内部は日本版ビッグバンの主要項目が併記されているが、この改革を受けて企業の経営者や個人投資家の意識がどのように変革されなければならないのであろうか。この問題に直ちに答える前に、さしあたって金融制度改革の中から主要項目に絞り、論点を整理しながら話しを進めていく。
　まず、証券市場改革を実行したイギリス・ビッグバンの例を参考にしながら、日本版ビッグバンの証券市場とその企業金融の問題をとりあげることにしよう。サッチャーが率いる保守党政権は当時、金融界すなわちシティの復権を賭けて3大改革の実行に取り組んだのである。単一資格制度の廃止、証券売買システムの改革、そして国内証券手数料の自由化である。第2の証券売買システムは、情報通信手段の発達によってコンピュータを使っての事務処理が急速に進む中で、場立ちの前近代的取引システムからスクリーン取引

へと脱皮を遂げた。さらに、第3の証券売買手数料が自由化され、その結果手数料の値下げ競争が展開され、資本力のない投資銀行やブローカーが欧米の金融機関によって吸収合併されることになった。むろん、外資による英銀買収を認める法制が認可されたことがその流れを加速したといえる。換言すれば、国内証券・金融機関の経営権を外資に譲り渡しても国際金融センターとしての英国シティの地位を確保することが優先された。その結果、証券の売買高は図II-3に示すとおり飛躍的に増加し、右肩上がりの上昇となったのである。

　これに対して、日本の証券業および金融市場はどのような現状にあるか。証券会社の主要な業務の一つに引受け業務がある。増資の際に発行会社は引受け業務を代行する証券会社に引受け手数料を支払う。この手数料が高い場合には企業の資本コストは高くなり、増資は敬遠され設備投資は抑制されることになる。一方、引受け業務の幹事証券会社は、発行会社と顧客関係になるから株式売買注文、資金運用の受注ならびに財形貯蓄などを独占的に享受することができる。幹事証券会社になるための競争が熾烈になるのはこのためである。1997年11月、山一證券が経営破綻になるまで、引受け主幹事は野村、大和、日興、山一の4社寡占状況にあり、決定される料率も寡占的な水準となっていた。引受け手数料率は、米澤（1995, p. 155）によると1990年以降調達額の2.9〜3.1％の範囲にあるというが、現在はこの水準をさらに下回っていると思われる。

　各引受証券会社は手数料率についてはもはや価格競争をする余地はなく、増資後マーケット・メイクと称して売却される株式を安定株主にはめ込むことによって価格操作・維持を行う。しかし、こうした非価格競争は、規制緩和がさらに進めば引受け本来のサービスによる競争、すなわち発行のタイミングや発行額に関する適切な助言を与えるなどのオリジネーティング・サービスの質の競争に専念せざるを得なくなるであろう。それには、証券会社自体が今後、魅力ある金融商品を企業や投資家などの顧客に提供できるかどうかにかかっている。

次に、株式の委託売買（ブローカー）業務に対して支払う料金が委託売買手数料であり、10億円以上の大口の売買を除いて、引受け手数料は固定されている。証券会社は固定手数料制の下では売買回転率を高めることによって収益を増加することができる。ところで、世界的にみて、手数料は自由化されている。1986年のイギリス、1995年のアメリカ、パリそしてフランクフルトと、手数料は自由化されている。ではなぜ、手数料は自由化されなければならないのか。これまで、各国の証券取引所は手数料を固定化してきたのである。

　そもそも手数料が固定化されるのは、次の2つの理由による[1]。一つは、会員業者の財務的安全性を維持すること。もう一つには、取引コストを同一にして、投資家の投資採算のベースを公平にするためである。第1は会員制度を維持することに目的がある。第2は顧客によって料率に差別をつけないで、市場で価格が公正に形成されるためであるとされる。第1の会員業者の財務的維持については次の問題がある。今日の金融制度改革に向けての動きは、これまでの会員制度の維持に関連した競争の制限がかえって不正な取引を誘発し、結果として価格形成の公正さを歪めてきたことを見逃すことはできない。市場集中義務が撤廃され、会員制度をとらない取引システムが可能となる場合には、この公共的独占の根拠は崩れることになる。

　アメリカではすでに市場集中義務が撤廃され、地方取引所だけでなく、店頭市場、私設市場をも含んだ「市場間競争」の時代に入っているのである。それは、制度上の不都合によって生じた市場取引、技術の進歩により取引の改善や改革を進めようとする内生的な要因から生まれてきたものである。ちなみに、固定手数料に対しては非会員による場外取引、小口取引の非効率性に対しては地方取引所など、それぞれビジネス・チャンスとする新たな参入者、競争者が登場し、取引コストの問題は解決の方向に向かっているといわれている。

2 金融システムの危機

　企業が銀行借入れに依存することのメリットは、何よりも利子を税法上損金として処理しうること、すなわち相対的なコストの低下にある。ところが、先にも述べたように、1980年代においてこの資金調達の階層性（hierarchy）に変化が生じたことである。マサチューセッツ工科大学（MIT）のマイヤーズ（S. Myers）教授の提唱した「ペッキングオーダー理論（pecking order theory of finance）」によれば、最初に選好される源泉は内部留保、次いで安全な負債、それから転換社債やワラントといったハイブリットな社債が続き、そして最後の手段として増資になる。この選好順序は資本コストの相対比較によるだけでなく、資金提供者と資金利用者の利害の不一致に基づいて発生するコスト、すなわち、エージェンシー・コスト（agency cost）に関係があるとされている。詳しい説明は別稿に譲る[2]。

　この考え方によれば、留保利益についで負債の資本コストが自己資本コストを下回ることになるが、1980年代の日本の企業金融は、株価が異常な値上がり傾向にあったため、企業は内外の資本市場で活発な起債や転換社債、時価発行増資を行ったのである。そして、その引受け主幹事が邦銀であったことはよく知られた事実である。要するに、アメリカとは逆に日本の企業金融はディスペッキングオーダー（dispecking order）になっていたのであり、当時の経済情勢からすると理に適ったものと考えられた。何ゆえに大企業において負債調達が忌避されたかといえば、長期資金調達において有担原則と発行手続きの規制などがあり、機動性に欠けていたことである。しかしその後、無担保社債の発行が一部優良企業だけでなく、完全無担保転換社債の適債基準の緩和が進んだのであるが、まだ限定された範囲での進展にとどまっていたのである。そこで、一般事業債の起債はユーロ市場にシフトしていく傾向が一段と強まった。ちなみに、スワップ取引を利用して低コストの資金調達が可能となり、国内資本市場は空洞化の危機に見舞われることになったのである。そこで、日本版ビッグバンは、さらなる規制緩和によってこの空洞化に歯止めをかけようとするねらいがあったといえる。

ところで、今日本の金融システムが未曽有の危機に直面している。日本発の金融恐慌が発生しないように、国の内外から日本政府の適切な対応策が早急に実行されるよう期待されたのである。1998年8月21日、日本長期信用銀行は1998年9月期中間期に7500億円の不良債権処理を柱とする抜本的なリストラ策を正式発表し、資本充実のため公的資金導入を申請することを表明した。そして、4日遅れの8月25日になって、長銀の自己査定（ディスクロージャー）の結果が公表された。不良債権の分類基準である第1分類（健全）、第2分類（要注意）、第3分類（重大懸念、回収不能）のうち、第2と第3分類を合わせた金額が、なんと2兆8200億円にも上ることが明らかになったのである。それにもかかわらず、住友信託銀行との合併を促進し、金融システムを維持するためには、5000億円の公的資金の投入は不可欠との政治判断が先行した。

　そして、政府・日銀がまとめた両行の合併支援策は、当初は「ツー・ビッグ・ツー・フェイル政策」といわれた。金融システムの軸となる大手銀行の経営危機について、日本経済新聞はアメリカの公的支援の例を引いて以下のように注意をうながした（日本経済新聞1998年8月22日付）。すなわち、1984年にコンチネンタル・イリノイ銀行の危機を「ツー・ビッグ原則」に基づき公的に支援後、モラルハザード（倫理の欠如）問題が発生した。公的支援が銀行の放漫経営を増長し、逆にシステム全体を弱体化させるとの批判が起こったのである。この論議を受けて、ツー・ビッグ政策は原則として否定され、例外的にシステミック・リスク（影響が金融システム全体に連鎖すること）の懸念がある場合に大統領が判断する形に修正された。わが邦銀において、金融再編・再生の展望がないまま、大手銀行を破綻させた場合、金融システムの中核全体に連鎖し、破綻前処理と比べものにならない負担を経済全体が背負い込むことを政府は恐れたのである。しかし、日本長期信用銀行はその後まもなく経営破綻に追い込まれ、一時国有化を経て、投資会社リップルウッド・ホールディングスに譲渡（買収）された。

3　金融再編と巨大メガバンクの登場

　金融ビッグバンが進む中、銀行が抱える不良債権の処理が日本経済の再生に向けて最重要課題となった。小泉内閣の標榜する財政構造改革を推進するためにも、景気の回復の足を引っ張るのは、不良債権の1日も早い処理であるが、これが一向に改善の兆しをみせないことから、東京三菱銀行を除く大手都市銀行15行から公的資金の注入の申請を認め、政府は金融再生委員会（現在の金融庁）を通して合計で7兆4592億円の公的資金を導入したのである。

　ところで、金融庁は2000年7月1日、中央省庁再編に先行して、金融再生委員会に置かれていた金融監督庁と大蔵省（現在の財務省）金融企画局を統合して内閣府の外局として設置されたのである。金融庁は、金融制度の企画立案から検査・監督・監視の実施機能までを一貫して行うとともに、金融機能の安定をはかり、2002年4月のペイオフ解禁を控えて揺るぎない金融システムの構築を急ぐ必要がある。そのためには、国民が多様な金融サービスの便益を受けられ、産業に円滑に資金供給ができる金融インフラの整備をはかる必要がある。

　1999年3月期決算で申請15行の不良債権8兆9000億円を処理するとともに、4年間で2万人の行員を削減し、400以上の店舗の統廃合をめざすリストラ策が発表された。それと同時に、同年8月には第一勧業銀行、富士銀行、日本興業銀行の3行統合が発表され、2002年4月から「みずほフィナンシャルグループ」として業務を開始した。これに続いて、大手都銀の再編がいっきに進んだ。すなわち、東京三菱銀行と三菱信託銀行が共同で金融持株会社「三菱東京フィナンシャルグループ」を設立したのをはじめ、住友・さくら銀行連合、三和・東海銀行が合併してできたUFJ銀行の4グループに再編された。

　これによって規模の面からいえば、たしかに邦銀が再び国際舞台で存在感を示す素地は一応できたことになる。問題は量から質への転換である。邦銀は欧米の有力銀行に比べて金融技術と収益力の面ではるかに見劣りがするといわれている。国際競争に生き残れるのは約10行程度であるが、金融派生

表Ⅱ-3　4大メガバンクの比較

(単位：億円)

銀行		不良債権比率	自己資本比率		格付け(S&P)	不良債権処理額	業務純益	業純比率	貸出金増減	預金増減	有価証券含み損益
			株主資本	BIS基準							
三菱東京フィナンシャルグループ	東京三菱	9.03%	3.20%	10.13%	BBB+	64,073	45,756	1.40	−19.20%	0.80%	−1,027
	三菱信託	8.92%	4.40%	11.55%	BBB+						
三井住友銀行		4.94%	3.10%	10.79%	BBB	84,144	45,109	1.86	−16.60%	−15.80%	−7,245
UFJグループ	旧三和	4.36%	3.50%	10.72%	−	80,948	40,852	1.98	−18.30%	−9.4%	−4,542
	旧東海	5.48%	4.30%	11.17%	BBB						
	旧東洋信託	8.28%	5.20%	10.10%	BBB						
みずほフィナンシャルグループ	一勧	7.26%	4.20%	10.99%	BBB	125,283	65,124	1.92	−10.20%	−14.40%	−11,643
	興銀	5.28%	2.70%	11.37%	BBB						
	富士	4.57%	2.90%	9.25%	BBB						
	安田信託	10.87%	2.80%	7.01%	BBB−						

出所：『週刊朝日』2002年3月15日号。

商品（デリバティブ）の開発力、M&A（企業の合併・買収の斡旋）のノウハウを磨くことが何よりも緊急の課題である。

　表Ⅱ-3が示すように、貸出金全体に占める不良債権の割合であるが、この比率が高いほど経営に与えるダメージは大きい。自己資本比率は大半の銀行が4％未満である。不良債権処理額は1995年度から2001年9月中間決算までの処理額をグループごとに合計した数字である。問題なのは、次の「業純比率」、これは不良債権処理額を業務純益で割った数値であり、1を超えて大きければ大きいほど、銀行は過去の蓄積を取り崩して不良債権を処理したことを示す。みずほとUFJは2に近い数値である。「貸出金増減」と「預金増減」は2001年9月中間期と1997年9月中間期との比較、このうち三井住友とみずほの預金減少が目立つ。「有価証券含み損益」は持株会社などの2001年9月中間期連結での株式と債権の含み損益の合計金額である。4大グループの中では、三菱東京グループが良好な成績を上げており、不良債権処理が進んだことが貸出金が最も減少していることからもわかる（『週刊朝日』2002年3月15日号、p. 24参照）。

　三菱東京グループの特徴は、都銀と信託銀行という異業種の組合せにある。すなわち、生損保を含む総合金融化の道を三菱グループの中で模索している点において、グループを超えて結合した他の3グループとは一線を画す明確な戦略といえる（毎日新聞2000年4月20日付社説・毎日の視点参照）。

　一方で、イトーヨーカ堂のコンビニ銀行やインターネットを利用するソニーのネット銀行のような異業種による専門特化型銀行が今後も誕生するであろう。4大メガバンクのような総合金融型と専門特化型のいずれの銀行を選択するかは、利用者がその提供する商品とサービスの質を見極めて決まってくるであろう。

3 現在の問題点とその対応策

1 キャンペーン GM とガバナンス問題

　雑誌『マルチナショナル・モニター』(1996年12月号)によると、そこに掲載された巨大企業200社の大半は、多くの国家よりも経済規模が大きい。ちなみに、三菱の売上高は人口で世界第4位のインドネシアのGDP (国内総生産) を凌いでおり、ゼネラル・モーターズ (GM) はデンマークよりも、フォードは南アフリカよりも、そしてトヨタはノルウエーよりも大きい、という現実に注意することが肝要である。

　1970年代の初めに、アメリカでは「ゼネラル・モーターズ社に責任をとらせるキャンペーン」、略して「キャンペーン GM」という株主運動が起こった。キャンペーン GM は、株主投票という方法を使い、広範な領域の社会問題を GM の株主総会に突きつけた全米最初の運動であった。フィリップ・W. ムーア、ジョセフ・N. オネック、ジェフリー・コーワン、ジョン・エスポジットの4人の弁護士の運動の趣旨は次の点にあった。すなわち、「巨大企業の力は政府の力よりも勝るとも劣らない。その政策決定は、一般の人々の全く感知しないところで、国の政策決定や社会の隅々の人々の生活のあらゆる面に影響を及ぼす。それにもかかわらず、巨大企業は自分たちの作成した政策決定の結果に対して責任をとろうともしない。だから、かれらに責任を取らせるように仕向けなければならないのだ」と (野村, 1998)。

　この4人の弁護士は、さしあたって GM の株式を12株買って GM の株主となり、ジョージ・ワシントン大学のドネイド・シュワルツ教授を顧問弁護士に迎え入れ、株主総会に次の3案を骨子とする議案を提出したのである。①GM の定款を修正し、一般の人々の健康・安全・福祉を企業活動の中核とすること。②企業責任に関する委員会を設置すること。③GM の取締役会の構成員の枠を広げて、「一般の人々の利益を守る」代表を入れること。

　この3つ目の提案は、取締役会のメンバーに外部取締役の一員として、黒

人、女性、少数民族などを代表する人物を加えるという趣旨に他ならない。全米が注目する中、株主総会は1970年5月22日に開催され、100名あまりの報道陣を含む3000人が参加、6時間半の時間を費やして「企業の社会的責任」に関する白熱した討論が繰り広げられた。キャンペーンGMの提起した諸問題が総会の主要テーマになったことはいうまでもない。提案の表決に入ると、予想どおり、キャンペーンGMの提案は大差で否決された。

ところが、総会終了から3ヵ月経過してから、GMの取締役会は公共政策委員会の創設を決定した。そればかりではない。その数ヵ月後、GMは最初の黒人取締役を任命するとともに、大気汚染の専門家であるカリフォルニア大学のアーネスト・スタークマン教授を環境問題担当の副社長に任命したのである。これらの一連の措置は、キャンペーンGMの主張を取締役会が完全に認めたことを意味する。アメリカにおいては、最高経営責任者（CEO）の活動を監視する機能は、制度上は取締役会にあるが、キャンペーンGMの運動はコーポレート・ガバナンスが有効に機能していることを証明した。それは、キャンペーンGMが一般市民を「友軍」として巻き込みながら勝ちとった勝利であった。

ところで、日本の会社の場合にはどうであろうか。残念ながら、大多数の上場会社は、総会屋を排除するために、総会の開催日を6月の特定日に集中する傾向があり、一般株主の総会出席を困難にしているばかりでなく、総会の開催時間もせいぜい1時間半ぐらいで終了するシャンシャン総会になってしまっている。株主総会の無機能化・形骸化を防ぎ、経営者のパフォーマンスを適正に監視できるようにするための措置として、株主の権利強化が残された手段として注目されている。株主提案権と株主代表訴訟がそれである。

株主提案権が成功した事例としては、ブリヂストンのスパイクタイヤの製造禁止の提案がある。また、1993年の商法改正により、一律820円の手数料を支払うだけで取締役や監査役の責任追求ができる道が株主に開かれた。これによって、取締役を訴訟に持ち込むことが容易にはなったが、取締役が果たして訴訟費用の支払いに耐えられるかという懸念が一方に出てきている。

こうした事態を回避するためにも、日本の企業の経営者は株主に対してもっと積極的に情報公開（ディスクロージャー）をしていかなければならない。情報開示は製造業に限らず、今日、不良債権を大量に抱えた大手の金融機関にも要請されねばならず、単に金融システムの維持という名目で公的資金（国民の税金）を安易に投入することは厳に慎まなければなるまい。企業の秘密情報を握った総会屋が株主提案権をうまく利用して、企業に利益供与を迫るような事態を招いているのも、ディスクロージャーに対する経営者の消極的な姿勢の表れである[3]。この点が是正されなくて、「会社は誰のものか」という問いを出しても、空しいの一語に尽きるといわなければならない。

2　メインバンク制と金融システムの安定性

　バブル崩壊後、製造業はリストラクチャリング（事業の再構築）に懸命な努力を払い、自助努力によって人員整理、余剰生産設備の移転・廃棄など、ドラスチックな再建に取り組んだ結果、業績の回復に一応の成果を上げることができた。これに反して、金融機関は大蔵省の護送船団方式の下にきわめて優遇された業種であっただけに、危機意識に弱く自己改革の遅れた業種の筆頭にあげられるであろう。

　近年の厳しい経済環境の中で、日本の銀行はどのような業務の改善に取り組まなければならないか。その答えは、アメリカの商業銀行にその好例をみることができる。商業銀行は1980年代以降、預金を資金源に貸し付けるという伝統的な銀行業務からの収入が低下傾向となり、代って手数料収入が得られる業務へと力を入れるようになった。世界規模での自己資本比率規制（BIS）の導入・強化が、オフバランス業務への関心を急速に高めることになった。貸付債権の売却・証券化、金利スワップなどのデリバティブ取引がこれに含まれる。これらの業務が急拡大し大きな収益源となった。いわゆるディスインターミディエーションへの特化である。このうち、貸付債権の売却・証券化は、銀行の与信機能の分化（アンバンドリング）を意味する。基本的には、貸付契約は銀行と企業との相対取引であるが、商業銀行はその取引

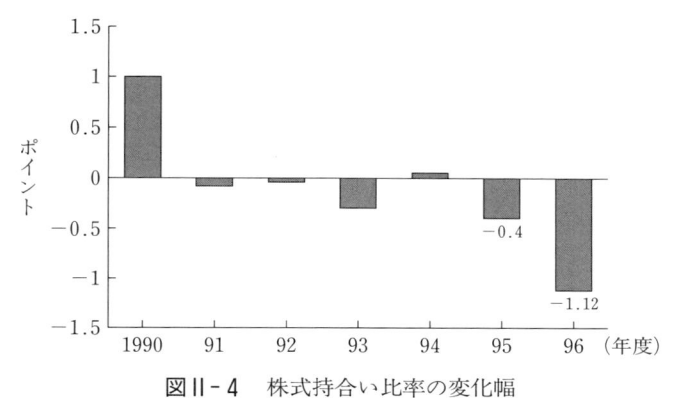

図Ⅱ-4　株式持合い比率の変化幅
注：持合いには信託銀行の保有株を含まず。

関係を分離させて証券や債券取引に似た方式をとる傾向が目立っているという。

　もう一つ、メインバンクとの関係で指摘しておかなければならないのが、先に述べた株式持合い制である。銀行は事業会社の株式総額の5％まで株式保有が認められているが、上場株式の持合い比率は保険会社を含めると、ほぼ半数に達するといわれていた。こうした固定化した株式保有は、資本市場の円滑な資金の流通を阻み、ビッグバンの効果を半減することになる。というのも、メインバンクの株式持合いによる大株主としてのステイタスは明らかに利益相反の問題を抱えている。銀行の持合い株式の解消は決して簡単ではないが、その長所を考慮に入れつつ、段階的な縮小をはかることなくしては、公正で自由な市場を標榜するビッグバンの基盤は根づかないといえる。証券取引委員会の答申では、「銀行があまりに大量の株式を保有することは望ましくない。銀行本体での見直しを期待する」とだけ述べるにとどまっている。

　ニッセイ基礎研究所は、先に「持合い」に関する調査結果をまとめた。それによると、上場・店頭株の発行総額（時価ベース）に対して株式持合い比率は1996年度19.63％となり、前年度比1.12ポイント低下した。事実、その

傾向が強まる傾向が他にも存在する。それは、ビッグバンの一環として外為法が改正されたことに関係がある。というのは、外為法という垣根が取り払われることによって、日本の投資家はこれまで以上にずっと自由に海外の投資機会を利用することができるようになった。投資家を海外に逃がさないようにするには、銀行も企業もこれまでとは違った投資家向きの経営に転換しなければなるまい。金融商品の開発にしてもそうである。クロスボーダーでの資金移動を利用した新しい魅力ある金融商品づくりとなって表れてくるものと思われる。

加えて、日本経済新聞は、ある金融機関関係者の話として、「日本の銀行システムは『石垣』のようなものと表現している」(日本経済新聞1998年8月31日付)。すなわち、金融機関同士が相互の融資先に貸し込みあって支えあう、一種の共同体を築いている。石垣の一部が破綻しても、別の石で埋め合わせれば問題はない。しかし、貸し渋りが続く中で、埋め合わせができないと、他の石にも亀裂が走り、広範な債務者企業(借金の多い会社)の資金繰りに支障をきたす。悪いことに、これらの石垣の接着剤として機能してきたはずの、銀行を安定株主とする株式の相互持合い制度の機能不全も明らかになった。というのも、投機筋に銀行株がねらい撃ちされ、株価総崩れの引き金になっているというのである。

日本経済新聞のこの指摘はまた、1997年度以降にかけて、銀行の企業に対するいわゆる「貸し渋り」が実態経済に深刻な影響を与えていることに注意をうながしている。バブル崩壊により、企業の貸し倒れリスクが増大したため、金融機関の貸出慎重化をもたらしたと考えられる。1997年春以降、企業倒産は前年を上回る水準での増加幅の拡大がみられる。倒産傾向の大きな特徴の一つは、上場企業の倒産が高水準にあることであり、1997年秋に発生した北海道拓殖銀行や山一證券の経営破綻による金融システムへの信頼低下も、景気が停滞した背景の一つにあげられた。金融機関においてもバブル期に不動産関連の融資が大きく伸びたことなどから不良債権が積み上がり、株価の下落とも相まって、金融機関の貸出慎重化をもたらしたのである。

貸し渋りの解消策としては、①金融機関の不良債権の迅速な処理と抜本的なリストラ対策の実施、②遅れがちなディスクロージャーへの前向きな取組みの体制の確立、③審査能力を高めて安易な貸出に走り込まないようにすること、④直接金融市場の整備などを通じて中小企業にも多様な資金調達の手段が与えられるようにすることが、当面の不可欠な課題となるであろう（青木・松尾、1993、p. 43）。

　以上を要するに、規制と保護に守られた邦銀は、業務内容の画一化をもたらし、個性のない銀行、すなわちどの銀行も同じ商品とサービスを提供することで、業界の既得権益を守ろうとしてきた。しかし、21世紀においては、銀行は消費者が本当に望んでいる金融サービスを提供できるように、業務内容をますます特化していかなければならないであろう。一般の事業会社と同じく、長期的視野に立った独自の経営戦略の策定と実行を早急に打ち出す必要がある。

3　ROEの重視と財務戦略

　日本版ビッグバンは金融業のみを対象とした改革ではない。金融村だけの内部の規制緩和をいくら進めたところで、資金調達や運用の主体である企業や個人の意識改革がなされぬことには画餅に帰すだけである。

　よく知られているように、戦後の日本企業は製造業を中心に自動車、電機、工作機械などのリーディング・インダストリーの分野においてめざましい躍進を遂げてきた。先端技術産業分野である半導体、エレクトロニクス、情報通信産業などにおいてアメリカに追い付き追い越す企業が出るに及んで、一躍世界の注目を集めるようになったのである。これに危機感を抱いたアメリカ政府は、レーガン政権の時代に円高ドル安傾向の定着、双子の赤字で苦しむ財政事情の下で、わが国に対して日米包括経済協議において数値目標を要求するなど、管理貿易的色彩を持つようになった。しかし、その後の日本経済は平成不況でいっきに景気が低迷し、企業の業績は一様に悪化の一途をたどった。これに対して、1980年代の日本のバブル経済に酷似しているとの

指摘がある中で、アメリカは、クリントン政権下で未曾有の好景気を持続させ、まさに独り勝ちの様相を呈してきた。ちなみに、1980年代後期の日米企業の全産業と製造業の利益率比較を示したのが表II-3である。

ここに総資本利益率とは、ROIあるいは総資本（総資産）利益率ともいわれており、分子の営業利益（売上高一人件費・材料費・減価償却費など）を使用総資本で割った尺度である。

一方、自己資本利益率は本来、株主資本利益率（ROE）というべきである。その分子は営業利益から借入金利子を引き、さらにその残りから税金を控除した「税引後利益」である。分母は株主から調達した資本金、資本剰余金に年々内部留保された税引後利益を加えた合計である。通常、黒字の企業であれば、総資本利益率は利子率より高くなるので、負債の割合が増えるほど株主資本利益率は高くなる（「梃子の原理」という）。1980年代の日本企業は、直接金融の増大によって自己資本比率（自己資本／総資本）が著しく上昇したが、表II-3をみる限り、日米の総資本利益率は製造業が1ポイント差で縮小しているかにみえる。だが、株主（自己）資本利益率（ROE）では、アメリカの12.3％に対して、日本のそれはわずか2.7％に過ぎないことに注意を要する（青木・松尾，1993, p. 43）。

日本企業のこうしたROEの低下は、内部留保の蓄積、株式資本の調達という資本調達サイドの問題よりは、その資金使途すなわち資産サイドの収益性低下に、実は大きな問題があったことがわかる。日本企業のガバナンスの中核的存在である銀行も製造業同様に、アメリカ、イギリスの銀行と比較するとROEがきわめて低いことが目につく。

図II-5をみてもらいたい。アメリカのシティコープはROEで60％近くあるし、イギリスのロイズ銀行は優に60％を超えている。これに対して、日本の都市銀行は20％に届かないのである。巨額の不良債権を抱える今日の金融機関の現状をみるとき、日本の銀行のパフォーマンスが国際的に何ゆえにかくも劣悪なのかは、多言を要しないであろう。ROE低下の原因は、資本構成（負債／自己資本）あるいは自己資本比率（BIS規制の基準達成）の問題

表II-3　日米企業の利益率比較　　(%)

	アメリカ		日本	
	全産業	製造業	全産業	製造業
総資本利益率	4.1	3.8	1.9	2.8
自己資本利益率	13.0	12.3	7.2	2.7

出所：青木・松尾（1993）。

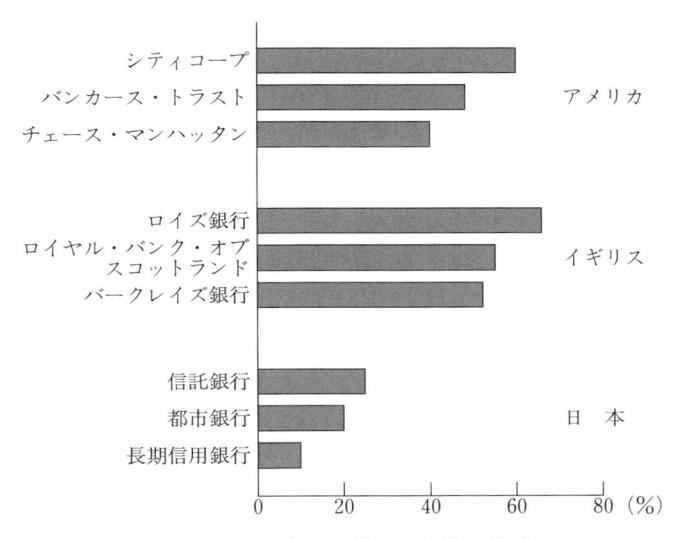

図II-5　日米英の銀行の収益力格差

注：株式資本に占める税引き後総収入の割合。ゴールドマンサックス証券調査。
　　日本は1996年度実績、アメリカとイギリスは1997年度の予測。
出所：朝日新聞1997年3月8日付。

というよりは、投下資本（資産運用）全体の収益性の低下にある、という渡辺（1994）の指摘は正しい。つまり、事業面での収益性の低下、製造業においては投資の領域で問題が発生していたのである。

　ここで注意すべきは、日本の経営者が資金調達コストをどうみていたかである。アメリカの企業のように、投資が超過利潤を上げる見込みがないよう

なら、決してこれを行わないのと違って、日本の企業は増収が見込めるプロジェクト、マーケット・シェアを拡大できることを重視する。だから、経常利益を上げるような規模拡大の投資は、従業員や管理職の給与の引き上げやポスト増を約束するものとして歓迎されたのである。ここで「経常利益」とは、営業収益である売上高から、売上原価、販売費および一般管理費である営業費用を控除した営業損益の部と、営業外利益と営業外損失の差額である営業外損益の部を足し合わせた利益のことである。そこにあるのは、徹底した収益力の分析ではなくて売上収益を第一とする競争優位の戦略に他ならない。経常利益の増加をベンチマークとする長期投資は、資本収益率を低下させ資本の浪費に陥る危険性をはらんでいるのである。

　日本の企業は設備投資の必要最低収益率である資本コストという概念に代えて「資金コスト」という言葉を用いることが多い。たとえば、負債の場合には金利を意味するが、株主資本の場合は配当利回りである。しかも、ほとんどの企業では配当利回りはきわめて低いから、負債の利子率を下回る資金源泉として考えられることが多かったのである。株式発行で得た資金を事業で用いる場合に、配当利回りが必要収益率だと考える企業は少なく、むしろ金利または低配当を支払って残った留保利益が確保できる利益水準、これを必要収益率とみなしているということなのである（井出・高橋，1992, p. 105）。

　1997年6月1日から解禁されたストックオプション（自社株購入権）について一言触れておく。この制度の導入を決めた会社は解禁直後の1ヵ月で30社を突破したといわれている。この制度はアメリカでは古くから経営者報酬の一形態として普及していたものである。わが国では、証券市場での株価の低迷を受けて株価上昇をねらったとの見方もあり、前例のない早さで議員立法による商法改正をした経緯がある。ストックオプションは、企業が役員や従業員に対して一定期間内であらかじめ設定した価格で自社株を購入する制度である。行使価格を上回る水準まで株価が値上がりしたとき、権利行使をして株式を買い市場で売却すると、値上がり分が報酬になる。

　この制度の活用によって自社の業績に関心が集まり、株価重視の経営にな

るといわれている。しかし、ここで注意をしなければならないのは、株価重視と株主重視とは異なることである。この制度が成功する前提として、証券市場の透明性を高め、取締役や従業員によるインサイダー取引の発生を防止するようにしなければならない。また、コーポレート・ガバナンスの主体である取締役会や株主総会のチェックが不十分であれば、役員や社員がこれを自分でお手盛り的に利用しかねないなど、この制度の運用に関しての懸念が指摘されている。

　いずれにしても、規制緩和によって企業は資金調達や資金運用の自由度が拡大された分だけ、利害関係者に向けてのより自発的な開示とルールの遵守がこれまで以上に強く求められていくことになる。1200兆円の膨大な個人の金融資産が、本当に有効活用されるために今何をなすべきか、その課題は大きい。これについてここで詳しく述べる余裕はないが、一言つけ加えるならば、日本版ビッグバンの目玉の一つである業際の自由化に関連する話である。預貯金の最大の受け皿となっている実態が変わらなければ、個人金融資産の有効活用の道は遠い。これまで行われていた元本保証の金融商品の構造を変えるには、業際分野、商品規制の撤廃に焦点が向けられねばならない。今、銀行による投信の窓口販売、証券会社の資金総合口座（CMA）の導入が盛んに行われている。金融商品の開発競争に遅れをとった邦銀は、生き残りを賭けて外資系金融機関との提携合併を今後ますます活発化していくであろう。また、個人投資家も自己責任原則に基づいた金融商品の選別ができるようにするとともに、むろん企業側は自発的情報開示（インベスター・リレーションズ）を一層進め、かつ株主の利益に見合った配当還元努力をしていかなければ、株主離れはますます加速して、投資商品の魅力も高まらないであろう。グローバル化が進む時代に、株主重視の経営をもっと重視して投資家の信頼を得るようにすることが何よりも大切である。それが相乗効果となって金融商品の技術開発が進み、投資家への情報提供によって真の意味でのサービスの向上につなげていく努力が今こそ期待されている。

4 エンロン倒産の衝撃

エンロン社といえば、規制緩和を受けて全米トップの電力および天然ガスの販売業者にまで急成長した会社として有名である。天然ガスパイプラインからスタートし、天然ガスの販売業者を経て、電力産業とガス産業の間には境界があるという一般の通念に挑戦した会社であった。さらに、光ファイバー通信事業、オンラインの電子商取引市場などを次々に展開、6年連続で「アメリカで最も革新的な企業」に選ばれた。ニューエコノミーを旗印に1990年代の世界経済で独り勝ちをしてきたアメリカ市場主義経済の象徴的存在がエンロン社であった。

しかし、エンロン社は2001年12月2日、破産裁判所にチャプター・イレブンすなわち会社更生法の適用を申請し事実上倒産した。経営破綻はデリバティブ（金融派生商品）取引の複雑化、国境や従来の事業形態を超えた企業活動の複雑化に市場の監視が追いつかなかったことを浮き彫りにした（日本経済新聞2002年3月12日付）。そればかりではなく、経営破綻の直前までエンロン株を推奨したアナリストの実態、機関投資家として有名なカリフォルニア州公務員退職年金基金（カルパース）と金融機関が簿外取引に加担して利益をあげていた事実などが明るみに出た。経営破綻の直接の原因はこの巨額な簿外債務にあった。不透明な簿外取引により貸借対照表には載らない負債が2000億ドル以上を抱えての倒産である。しかも、会計監査を担当したのが、世界5大監査法人の一つアーサー・アンダーセンで、この粉飾決算に関与していたのではないかとの疑惑が出ている。

この事件に関連して注意を要するのは、現在、わが国の銀行が抱える巨額の持合い株式が株価の値下がりによって、莫大な評価損を計上せざるを得ず、これが銀行の再生と日本経済へ深刻な影響を及ぼしていることである。2002年3月危機が叫ばれる中で、持合い株式の解消にあたって、その受け皿として「銀行保有株式買取機構」が創設され、2002年2月15日から株式買取りがスタートした。

銀行サイドからみれば、これは貸借対照表の上では「株式」から「買取機

構への出資」への振り替えが起きただけで、一種の「飛ばし」行為と変わらない。加えて、連結範囲の及ばない不透明な世界すなわち時価会計から適用除外された、いわば「連結はずし」であり、エンロンと類似の手法を巧妙に使ったといえなくもない[4]。これでまたもや、日本の金融機関は経営改革を先送りしたといわれても返す言葉がみつからないであろう。

巨大メガバンクと称して金融再編を行っても、それはみせかけの改革に過ぎず、依然としてぬるま湯的体質からいつまでたっても脱却はできず、グローバルな国際競争に打ち勝つことはとうてい難しい。巷間いわれている公的資金の再投入もまた、資本市場の健全な競争環境の育成と金融機関の強力な体質をつくりあげるのとは逆行するものといえよう。国民の血税を金融システムの安定化という美名の下に安易に使うようなことがあってはなるまい。

注
1) 二上季代司編著『日本型金融システムの転換』中央経済社、1994年、が参考になる。
2) 柴川林也「財務政策のヒエラルキーモデル」『一橋論叢』第107巻第5号、1992年参照。
3) 河野昭三「会社は誰のものか」東北大学経営学グループ『ケースに学ぶ経営学』有斐閣、1998年参照。
4) 中島康晴「現実回避の甘い魅力に溺れるな:エンロンと銀行保有株式取得機構」『企業会計』Vol. 54、No. 4、2002年、pp. 92-93参照。

引用文献
青木茂男・松尾良秋『米国企業の競争力を読む』中央経済社、1993年
富士総合研究所『メインバンク・システムおよび株式持ち合いについての調査報告』1993年
井出正介・高橋文郎『企業財務入門』日本経済新聞社、1992年
野間敏克・花枝英樹・米澤康博『企業金融』東洋経済新報社、1992年
野村かつ子「市民が企業社会を変えていく」(船瀬俊介との対談)『世界』1998年9月号
代田純「企業金融の日本的特質」二上季代司編『日本型金融システムの転換』中央経済社、1994年
米澤康博『株式市場の経済学』日本経済新報社、1995年

参考文献

数阪孝志編『日本型金融システムの転機』東京大学出版会、1998年
経済企画庁編『経済白書』〔平成10年版〕大蔵省印刷局、1998年
二上季代司編著『日本型金融システムの転換』中央経済社、1994年
首藤恵・松浦克巳・米澤康博『日本の企業金融』東洋経済出版社、1996年
田島壮幸責任編集『経営学用語辞典』税務経理協会、1997年
東北大学経営学グループ『ケースに学ぶ経営学』有斐閣、1998年
渡辺茂『ROE（株主資本利益率）革命』東洋経済新報社、1994年

第III章

政　府

1　対政府関係

1　企業：政府関係の多様性

　企業と政府の関係は国ごとにさまざまであり、簡単に論ずることはできない。たとえば、日本では 1990 年代の金融不安の深刻化とともに官庁と金融機関が癒着した「古い企業―政府関係」が白日の下に曝されて国民の憤激を買い、市場メカニズムを重視するアメリカ型の「新しい企業―政府関係」への転換が叫ばれた。大蔵省（現・財務省）を中心とする官僚による密室の「行政指導」が企業―政府関係を歪め、問題の解決を遅らせたためであった。

　しかし、たとえアメリカ型の企業―政府関係が、古い日本型はもとより他のどの国のものよりも望ましいとしても、すべての国がアメリカ型に移行すべきか、またすべきだとしてもそれが可能かどうかは別問題である。どの国の企業―政府関係も歴史的経緯を経て形成されたのであり、それなりに存在理由を持っているからである。

　したがって企業―政府関係を一般論として論ずることは難しいが、以下では、まずこの 1 節で資本主義社会における企業―政府関係を「理念型」としてできるだけ一般的な形で示し、次いで 2 節において日本の戦後の企業―政府関係の推移を概観する。最後の 3 節では、今日の日本の企業―政府関係についての問題点を明らかにし、それへの対応策について述べる。

2　社会システムの機能的分化

　機能主義の考え方に従い、社会を一つのシステムすなわち社会システムとみなし、それが成立し存続していくためにはいくつかの要件—機能的要件—の充足が必要であると考えることにしよう。機能主義の代表的な論者であるパーソンズ（T. Parsons）によれば機能的要件は AGIL の４つであり、社会システムを構成する政治システム、経済システムなどの下位システムがそれぞれの充足を担当することになる。

　まず G（Goal-attainment：目標形成）についてみると、これは社会システムの構成員（国民）の生活水準の向上や安全保障などの社会システムの目標を形成し達成することであり、それを担うのが政府、議会、有権者（としての国民）などから構成される政治システムである。

　ところで、政治システムで形成された目標を達成するためには、生活水準の向上の場合には所得、また安全保障の場合には軍備など、有形・無形のさまざまな「財・サービス」が必要となる。それらの財・サービスのうち市場で購入できるもの、すなわち経済的財・サービスを生産するのが A（Adaptation：適応）という機能的要件であり、これを担当するのが経済システムである。企業とは、そのような経済システムの中核となる構成主体であり、生産活動の直接的な担い手となるもののことである。

　これに対し I（Integration：統合）とは社会システム内のさまざまの下位システムや構成主体がバラバラにならないように結びつけることを意味する。社会システムの各構成主体が従うべきルールを決めて争いを未然に防ぎ、争いが生じたときにはそれを解決する役割を担うものである。議会、裁判所などによって構成される司法システムがその担い手である。

　L（Latency or pattern-maintenance：潜在性ないしパターン維持）とは社会システムに制度化された価値（観）の安定性を保つ機能であり、宗教や教育に関する下位システムがこの機能を担当する。世界各地での民族紛争の頻発をみても明らかなように、社会システムが安定的に存続するためには司法機能だけでは不十分であり、国民の価値観にある程度の共通性が必要となる。L が

担当するのはこの局面であり、社会の成立のための最も基礎的な機能である。

以上から明らかなように、企業と政府はそれぞれ経済システムおよび政治システムという異なる下位システムの中核的構成主体であり、担当する役割が基本的に異なっている。しかし、次にみるように、両者の間には一定の関係が存在する。

3 理念型としての企業と政府の関係

企業―政府関係は政治システムと経済システムとの間のより広範な関係の一部分をなすものである。そこで、まず政治システムと経済システムの関係について述べ、次いで企業―政府関係について述べることにしよう。

（1） 直接的関係

政治システムと経済システムの関係は、政治システムの側からみると2つに大別される。先に述べたように経済システムの機能は国民の生活水準の向上に必要な「経済的財・サービス」をつくり出すことであった。政治システムの一つの役割は、そのような経済システムをつくり出し円滑に運営して行くことである。経済システムにはさまざまの形態がありうるが、日本や欧米をはじめとする資本主義（ないし自由主義）経済諸国では市場（経済）システムがとられているので、これに即して考えると、まず市場システム自体を生み出すことが政治システムの重要な仕事であり、一般には憲法や商法などで私有財産制度や私企業制度を定めることによって実現される。

しかし、共産主義経済から市場経済に移行すべく苦闘を続けている旧ソ連や東欧諸国の例をみても明らかなように、それだけで市場システムが円滑に機能しはじめるわけではない。市場での取引や企業間での競争が円滑に進むためにはそれらに関するさまざまのルールが必要であり、それらのルールを定めた各種の法律が必要になる。日本の商法、証券取引法、独占禁止法などはその代表的なものである。

このように市場システム（を中心とする経済システム）は以上のようなさまざまな法律に支えられてはじめて円滑に機能するものとなる。企業とは、その

市場システムの中核的な構成主体であり、生産活動によって社会が必要とする経済的財・サービスを供給する活動主体である。したがって企業はまず、上でみたようなさまざまの法律に従わなくてはならない。企業は法律的には株主の「私的所有物」とされ、利益（利潤）の自由な追求を認められているが、それは勝手に何をしてもよいということを意味するものではない。あくまでも法律で定められたさまざまのルールを守って活動しなくてならないのである。

しかも、注意すべきは、ルールさえ守れば何をしてもよいというわけでもないことである。企業の自由な活動が認められるのは、あくまでもそれが社会全体にとって有用と認められる限りにおいてだからである。逆にいえば、ある種の企業活動がその時点で法律で禁じられていないとしても、社会にとってマイナスになることが明白であればなすべきではない。そのような行動が社会から歓迎されるはずはなく、いずれ法律によって禁止されることになるからである。

（2） 間接的関係

ところで、上述のように、市場システム（したがって経済システム）も社会システムが必要とする財・サービスのすべてをつくり出せるわけではない。それを補うのが政治システムのもう一つの役割であり、「市場の失敗の是正」と「所得の再分配」に大別されるが、このうち企業―政府関係を生ずるのは前者である。

「市場の失敗の是正」のケースはさらにいくつかのケースに分けられるが、主として企業にかかわってくるのは「公害の防除」のケースである。私企業による活動では供給できない財は公共財と呼ばれる。公的教育や公園その他の公共施設、軍備などから得られるサービスがその代表的なものであり、これらは政府によって供給されなくてはならない。公害とは「負の公共財」と呼ばれるものであり、私企業がその活動の結果、社会システム構成員が望まないにもかかわらず、彼らに大気汚染や水質汚濁などの形でマイナスの影響を及ぼすのに、市場システム自体にはそれを阻止する力がないもののことで

ある。このような公害の排除というサービスは公共財と同様に政府によって供給されなくてはならない。

その具体的な供給の方法は、さまざまの法律によって企業の活動に制約を課すことである。たとえば近年では地球温暖化の元凶とされる自動車の排ガス中のCO_2（二酸化炭素）に対する規制が次第に強められているが、これは当然、自動車メーカーにとっては大問題となる。しかし、メーカーは率先してこれらの規制のクリアに努力すべきである。この他、工場の煤煙、排水などについても同様に厳しい規制が課されており、今後もますます厳しくなるであろうが、企業はこれらも守らなくてはならない。

以上の公害関連の法律は生産・販売活動そのものというよりは、それらを行う結果として生ずる問題に関して定められるルールである。したがって、これらから生ずる企業―政府関係を先に述べた直接的な関係と区別して間接的関係と呼ぶことにしよう。

2　諸状況の変化

以上が「理念型」としての資本主義経済における企業―政府関係のモデルだが、現実ははるかに複雑であり、それだけでは今日の企業―政府関係を理解することはできず、問題点への対応策を明らかにすることもできない。そこで次に、以上の理念型を基礎に、現実の企業―政府関係を理解するための枠組みを考え、それに即して戦後日本の対政府関係がどのように推移してきたかを分析することにしよう。

1　企業―政府関係の理念型の修正

（1）　幼稚産業と費用逓減産業の保護・育成に対応する企業―政府関係

先にみた理念型としての企業―政府関係のモデルの問題点の一つは、そこではすべての企業が政府の援助なしに「私的に」つくられ活動することが前提とされているが、これは現実とは異なることである。現実には、ある種の

産業では個人の「私的な」努力に委ねていたのでは企業が成立ないし成長することができず、政府による保護・育成政策が必要になり、これをめぐって密接な企業—政府関係が生まれることになる。

　企業が自律的に成立ないし成長できないケースにはいくつかのものがあるが、代表的なものの一つが「幼稚産業」のケースであり、外国に強力な企業が存在し、それとの競争に勝つことがきわめて難しいケースである。このような産業でも、それが将来育った場合には競争力を持ち社会にとっても有用になると判断される場合には、国が税制や金融面でさまざまの優遇措置を講じて育成しなくてはならない。これが幼稚産業の保護・育成のケースである。

　もう一つは「費用逓減」のケースである。膨大な初期投資を必要としその回収に非常な長期を要する産業では、たとえ長期的には利益が見込まれるとしても、投資しようとする人は出にくい。しかし、その産業の財・サービスが社会にとって非常に有用なものである場合には、国がさまざまの形で援助してそのような産業を成立させることが望ましい。具体的には、先の場合と同様に、企業の初期投資の負担をやわらげるための金融、税制その他の面での助成措置が講じられることになる。これが費用逓減産業のケースである（費用逓減産業と呼ばれるのは、初期投資が巨額なために、つくればつくるほどコストが低下するからである）。

　以上の２つのケースのいずれの場合にも、企業と政府との間には一定の関係が生ずることになる。多くの場合、そのような産業に属する企業は団結して政府にそれらの措置を要求したりすることになる。いわゆる業界団体や財界団体と呼ばれるものが形成されるのは主としてそのためであり、政府にさまざまの施策を要求して実現することを最も重要な使命としている。

　（２）　企業の寡占化に対応して生ずる企業—政府関係

　以上のような政府による産業の保護・育成政策の効果もあって多くの産業が成立し、次第に発展していったとしよう。そうすると、先にみた理念型としての企業—政府関係についてのもう一つの問題点が生じてくる。それは、産業の発展とともに企業間の競争が熾烈になり、それとともに多くの企業が

競争する「完全競争市場」から、少数の企業からなる「寡占（競争）市場」に変質していくのに、先の理念型は完全競争市場を前提としたものでしかないことである。

　もちろん、市場が変質しても企業—政府関係に変化がなければ問題はない。しかし、市場システムの寡占化は、理念型では生ずるはずのないさまざまの問題を生じさせ、それに対応して政治システムによる市場システム（したがって経済システム）への介入が必要となり、ここに複雑な企業—政府関係が生まれることになる。

　問題の根本原因は、寡占化の進展とともに企業が市場支配力を持つようになることである。完全競争市場では売り手が多いために、他の企業より高い値段をつければ製品は売れず、また欠陥商品を強引に売りつけようとすれば消費者は他のメーカーや代替製品に流れるので、そのような行動をとり続けることはできない。これに対して寡占市場では、売り手が少数なために高い製品や欠陥商品であっても消費者は拒否しにくく、ことにすべての企業が共謀ししかもそれが生活必需品の場合には、いやでも買わざるを得ない。このように、消費者の意思に反して彼らに不利になることを押しつける力が市場支配力である。企業の数が少なくなればなるほど共謀は容易になり利益も大きくなるため、市場支配力の行使への誘惑が強まり、実際にもしばしば行使されることになる。

　このような市場支配力の行使が消費者、したがって社会システム構成員にとって望ましくないことは明らかであり、理念型でもこのような状況をまったく想定していないわけではない。先に述べた独占禁止法は、その名も示すように、市場の独占ないし寡占状態や共謀などの行動を排除することを目的としている。

　しかし、巨大企業による寡占化の一層の進展とともに独占禁止法だけでは不十分となり、政府によるそれ以外のさまざまな対策が必要になってくる。そうして形成されるのが消費者保護に関する各種の法律である。企業の横暴に対しては消費者団体の形成や不買運動など消費者自身による抵抗もなされ

るが、巨大企業に対しては十分な対抗力を持ち得ない。そこで登場するのが政府であり、消費者保護の法律をつくりバックアップすることになる。

　なお、以上では消費者保護について述べたが、環境問題などについても同様である。先にみたように公害はもともと市場システムでは処理できず政府が対応すべき問題だが、政府の行動はしばしば遅れ、その間に問題が深刻化することが多い。しかも、企業が寡占的な大企業で市場支配力を持っていればいるほど問題は深刻なものとなり、地域住民の激しい反対運動を誘発することになる。しかし、それらの住民運動には限界があり、ここでも政府によるさまざまな環境規制が必要になる。企業はこれらの法律を当然守るべきであり、またそれ以前に公害を出さないようにできるだけの対策を講じるべきである。

　以上のように、企業の寡占化による市場支配力の増大とともにさまざまな問題が生まれ、政府による規制も強化されていくが、企業はできるだけそのような問題を起こさないように行動すべきであり、政府がそれらの規制を実施した場合には、誠実に対処すべきである。

　また、より理想的には、それらの規制に対しては、他社より一歩でも先に対処すべきである。それにより消費者問題や環境問題に対する先進企業としてのイメージを確立でき、長期的にはプラスに作用するからである。

（3）　通商摩擦に対応する企業―政府関係

　以上では一つの社会システムだけを念頭において考えてきたが、現実にはいかなる国も一国だけでは生きられず、国際社会の中で存続していかなくてはならない。ところが、先の理念型としての企業―政府関係は一つの社会システムについてのものであり、これでは、現実の企業―政府関係の重要な部分を分析することはできない。そこで次に、国際社会の中にあることから生ずる企業―政府関係を検討することにしよう。

　今日の国際経済システムのメカニズムを理解するには、国家を経済主体とみなさない自由貿易の理論よりは、国家を市場の重要なプレーヤーとみる「新重商主義パラダイム」の方が適切であるので、それを用いて説明しよう。

国際経済システムは中枢国と周辺国とからなる階層構造を持った市場システムである。

　ここで中枢国とは、技術水準が高く産業のインフラもあるために企業が高い利潤を上げられる国のことであり、他方、周辺国とはそれらの条件を欠き、原材料を中枢国に供給することによってのみ生存が可能となる国のことである。中枢国と多くの周辺国によって国際経済システムがつくられ貿易が行われるようになると、最初は中枢国が圧倒的に強いため、中枢国はますます強く、周辺国はますます弱くなる。この結果、周辺国にはナショナリズムが生じ、中枢国への排外姿勢が生ずる。またそれとともに、周辺国では政府が競争力の弱い産業の保護・育成に乗り出す。これが先にみた幼稚産業の保護・育成政策であり、税制、金融面からの優遇策を中心にあらゆる施策が動員されることになる。またそれらとともに、外国企業の自国への輸入や資本の直接投資（による国内での生産）などを禁止する強い措置も並行してとられることが多い。

　これらの施策が功を奏し企業が成長してくると周辺国は次第に強くなり、周辺国の中には中枢国と対等ないしはそれにとって代わるほどになる国も生まれてくる。このような力関係の逆転が起きるのは、最初は中枢国が圧倒的に強かったとしても、貿易を通じて技術が次第に周辺国に移転され、それとともに賃金の安い周辺国の方が利潤率が高くなり、資本が流入して発展するようになるからである。

　こうなると、かつてとは逆に今度は中枢国においてナショナリズムが生じ、とって代わろうとする国への「敵意」が生まれてくる。どの国にとっても没落は望ましいことではないからであり、この敵意の具体的な表れが「通商摩擦」に他ならない。といっても、単なる感情だけで摩擦が生ずるわけではない。摩擦のより本質的な原因は、中枢国の多くの産業が周辺国の産業に対して競争力を失い、その結果、それらの産業で失業が増えるばかりか、極端な場合には産業そのものがなくなってしまうことである。こうなると中枢国の政府も黙ってはおらず、周辺国に対して直接的な輸入規制をしたり、周辺国

の政府に対し、その国の企業に対して輸出の自主規制を行政指導するように要求したりすることになる。

　こうして生ずるのが通商摩擦関連の企業—政府関係である。それは自国の企業—政府関係だけでなく、他国のそれも含むことになるが、企業は双方に対して適切に対処しなくてはならない。最も重要なのは、急激な輸出の増大は、相手国の産業、したがって雇用に大きな影響を与えるので避ける必要があることである。場合によっては、個々の企業ないし業界レベルでの輸出の自主規制も必要である。また、中枢国政府からの要請を受けて自国政府が輸出の自主規制を要望してきた場合には、原則としてこれを受けなくてはならない。それらにより、できるだけ摩擦を避けることが望ましい。

2　日本の企業—政府関係の推移

　次に、以上の枠組み（および1節で述べた理念型）に即して、戦後の日本の企業—政府関係の特徴を要約しよう。戦後の初期に最も重要だったのは、政府の幼稚産業の保護・育成政策に対応した企業—政府関係であった。敗戦によりほとんどの産業が壊滅状態となり、しかもアメリカ企業の競争力が圧倒的だったため、政府の保護・育成政策なしには日本企業の成立や成長は困難であった。

　そこでとられた政府の政策は、一方では保護貿易政策によって外国企業による対日直接投資や外国製品の輸入をできるだけ防ぐとともに、他方では、財政、金融、税制面でのあらゆる施策によって企業の育成をはかることであり、いずれも成果をあげた。

　しかし、これらの政策が成功し多くの産業が力をつけてくると、幼稚産業の保護・育成政策のウエイトは次第に低下し、むしろ強くなった日本企業が摩擦を起こすようになっていった。周辺国たる日本から中枢国たるアメリカ市場への「集中豪雨的輸出」が主たる原因であった。集中豪雨的輸出とは、ある企業が輸出に成功すると、同じ業界の他のほとんどの企業もそれを模倣してまさに集中豪雨のように同種の製品を相手国に「流し込み」、しばしば

現地のメーカーを倒産に追い込んで根絶やしにしてしまうような現象を意味する。実際に、日本企業のそのような行動によってアメリカのテレビ産業は消滅してしまい、またそれほどではないが、鉄鋼、自動車、半導体など、戦後アメリカを追いかけて強くなった多くの産業でも似たような現象を引き起こしたのである。いずれの場合にも、それらの産業の声を受けたアメリカ政府が数量制限を設けて日本からの輸入を規制し、あるいはアメリカ政府の要請を受けた日本の業界の自主規制により当面の摩擦の解決がはかられている。

　企業規模の拡大と寡占化の進展は、通商摩擦に加えて消費者問題や公害問題を引き起こしていった。これらについては、まず被害を受けた住民や消費者が企業の責任を追及したが、市場支配力を持つ企業はそれを認めようとしなかった。そこで住民や消費者がとった手段が裁判所への企業の告発であり、裁判所が訴えを認めてようやく救済に道が開かれたのであった。それとともに、その後政府が重い腰を上げてそれらの問題に関する規制を立法化することにより、より本格的な解決への道が開かれていったのである。

　公害問題としては四日市の大気汚染や水俣の水銀中毒などがよく知られているが、公害対策基本法ができたのは1967年であった。また、消費者問題に関しては1973年の石油危機時に石油会社の便乗値上げが国会でとりあげられて国民の厳しい批判に曝され、これを受けて独占禁止法が強化改正された。また近年の動きとしては、各種製品の複雑化、高度化に対応して、消費者被害の救済のために1995年に製造物責任法（PL〔Product Liability〕法）が制定されている。それ以前には、消費者は企業の過失を証明しない限り欠陥製品から受けた被害に対して損害賠償を請求できなかったのに対し、製品の欠陥を立証しさえすれば過失がなくても賠償を請求できるようにしたものである。

　以上の他、費用逓減産業に対する政府の援助政策もしばしばとられた。最もよく知られているのは半導体産業における超LSI（大規模集積回路）研究開発組合の例である。半導体産業では研究開発と設備投資に巨額の資金を必要とするため、政府が音頭をとってエレクトロニクスメーカーに共同研究・開

発をさせたものであり、これによって日本の半導体産業はアメリカをも凌駕する地位を築いたのであった。

3 現在の問題点とその対応策

1 古い体制の残存

　最後に現時点での問題点のいくつかを明らかにしよう。一つは、バブル崩壊後の金融不安があらわにしたように、金融業界をはじめとするいくつかの産業ではまだ古い体制が残っていることである。バブル崩壊に伴い日本経済は戦後最悪の不況に苦しむことになり現在でも続いているが、そのプロセスで明白になったのは、金融業界を中心に古い企業—政府関係が残存しており、これがマイナスに作用したことであった。

　金融業界は戦後大蔵省の強いコントロール下に置かれ、いわゆる護送船団方式によって育成されてきた。戦後の日本では経済の崩壊による資金不足もあって産業としての体をなさないため、大蔵省が全面的に指導して育成する方針がとられたのである。具体的には、大蔵省の指導の下に日銀が銀行に資金を融資し、それをもとに銀行等の金融機関が企業に貸し出すという、いわゆる間接金融方式がとられた。企業としては株式や社債を発行して資金を調達する直接金融方式を基本とすべきだが、民間に資金が極端に不足している状況では、間接金融に頼る他はなかったのである。この方式は高度成長期には有効に機能し、企業と産業、したがって経済の発展に大いに貢献した。これが護送船団方式と呼ばれるものであり、スピードの遅い（効率の悪い）最後尾の船（金融機関）にペースを合わせ、全船（全金融機関）を守りつつゆっくり進んで行く方式であることから名づけられたものである。

　しかし、企業の発展によって資金が蓄積されていくにつれて直接金融も徐々に可能になり、間接金融の必要性は低下していった。これとともに金融機関や大蔵省のあり方は変化すべきであったが、なされることはなかった。護送船団行政の時代に大蔵省のいいなりに行動する習性が身についた金融機

関は自分の頭でものを考えることができなくなり、また大蔵省も天下り先の確保のためもあって金融業界への行政指導をやめようとしないため、両者の癒着の構造が残存したのであった。このような時代錯誤の企業―政府関係が表面化したのが、バブル期とその後の不況期であった。

　銀行はバブル期には「他行がやるから」と無責任な横並びで十分な審査もせず担保もとらずに貸出競争に狂奔し、大量の不良債権を抱え込んでしまった。しかも、バブル崩壊後もそれらの不良債権を自己の責任で早期に処分せず、ひたすら景気の回復を待つだけの無策に終始し、いたずらに不況を長期化させた。そのあげく不況の深刻化がきわまると、「金融業界がつぶれれば国の経済が崩壊する」という開き直りと脅しで国から公的資金を引き出し、それでも「横並びで」トップがまったく責任をとらず行員の給与水準もほとんど引き下げないという破廉恥さを曝したのである。

　今、国民もようやくこのような金融業界の惨状に目覚めたが、個々の金融機関には「お上（政府）頼み」から脱却し、自己責任でそれぞれ独自の戦略を立てて歩んでいくことが求められている。それなしには日本の金融機関は、国際競争からは取り残されるばかりとなるであろう。

2　環境問題の深刻化

　今後の企業にとって最も重要な問題の一つは環境問題である。ことに地球温暖化、産業廃棄物による環境汚染などが大きな問題となっている。地球温暖化に関しては、国際的な協定がつくられ、CO_2を排出する権利を取引する市場もつくり出されようとしているが、この問題は自動車産業に限らず、どの産業にとっても非常に重要な課題となっている。また、産業廃棄物には自動車、家電製品などの製品はもとより、生産工程で必要になる洗浄剤その他、ありとあらゆる物質が含まれ、それらが環境の美観を害し、またダイオキシンなどの有害物質を発生させて土壌や水を汚染することが大きな問題となっている。

　これらの問題はあまりに重大で企業だけに責任を負わせることはできない

ので、政府が環境規制を次々に導入しているが、企業はそれらを遵守しなくてはならない。しかし、より重要なのは、単にそれらを遵守するだけでなく、むしろ率先してそれらに先駆けなくてはならないということである。もちろん、環境対策は大きな投資を必要とするので、あまりに先をいく必要はないが、常に他社よりも一歩先を行くことが望ましい。これによって環境意識の高い企業という評価を確立することは、長期的には企業とって大きなプラスになるはずである。

3 通商摩擦問題

今後、企業にとって重要さを増すもう一つの問題は通商摩擦の問題である。先に述べたように、近年は日本経済の不調もあって日本企業の競争力が失われ、アメリカ市場に集中豪雨的に進出して摩擦問題を引き起こすという例は少なくなっている。また、過去の教訓から、鉄鋼や半導体などの産業では、日米の企業間での提携が広範になされるようになっており、単純な日米の対立という現象はやや減少している。

しかし1990年代末の鉄鋼についてのアメリカ鉄鋼業界の批判のように、雇用への悪影響のおそれがあればすぐに摩擦が生ずる構図は変わっていない。鉄鋼摩擦の場合には、アメリカの大手メーカーは日本のメーカーと提携関係にあるために、批判の先頭に立ったのは中堅メーカーだったが、不況により日本からの鉄鋼輸入が急増したのが問題の原因であった。このような例は今後どの産業でも生じうるものであり、企業は注意しなくてはならない。

すでに述べたように、日米をはじめとする国家間の競争力の強弱は変化するのが普通であり、互いに強くなったり弱くなったりするのは不可避である。これは、競争力の基礎となる技術進歩がすべての国で同じテンポで生ずることはなく、ある時代にはある国で、また別の時代には別の国で急速な進歩が生ずるのが普通だからである。

このように、通商摩擦自体は不可避の現象だが、企業はできるだけそれを抑えなくてはならない。具体的には、自国が強い場合には「安くてよいもの

が売れてなぜ悪い」といった態度はとるべきではなく、相手国を思いやって集中豪雨的輸出などは避けなくてはならない。横並びの企業行動は避け、自らのオリジナリティを生かした独自の製品で競い合う行動へと転換すべきである。

　逆に自国が弱い場合には、国家が技術革新の促進のためにさまざまの政策措置を講ずるのでそれらを十分に活用すべきだが、より重要なのは、できるだけ政府に頼らずに自らの努力で競争力を強化していくことである。その一環として、業界レベルでの企業間の協力によって競争力の強化をめざすことも時に必要になるであろう。

　最後に一つ付け加えれば、今日では政府が企業の活動に介入せずに企業自身の自主性に委ねる「規制緩和（ディレギュレーション）」の必要性が強く叫ばれているが、これまでみてきたところから明らかなように、ことはそれほど単純ではない。規制緩和が原則として望ましいことは確かだが、環境問題、消費者問題などを考えれば、政府の介入の必要な領域が多いことは明らかである。したがって、企業の自主性の重要性を認めつつも、より慎重に深く考える必要がある。

参考文献
河合忠彦他『経営学』有斐閣、1989年
坂井正廣他『経営学入門』有斐閣、1979年
櫻井克彦『現代の企業と社会』千倉書房、1991年
横浜国立大学経営研究グループ『現代経営学への招待』有斐閣、1993年
恒川恵市『企業と国家』東京大学出版会、1996年

第Ⅳ章

労 働 組 合

1 自由経済社会における労働組合との関係

1 市民法と団結禁止

　近代的な自由経済社会では、労働者の団結する権利および団体行動（団体交渉、争議など）の権利が認められている。しかし、西欧では市民社会の成立から200年ほどの間は、むしろ労働者の団結を禁止するのが一般的であった。これは、市民法の下では、労働者と使用者とは対等の当事者として自由な雇用契約を結ぶべき関係にあるので、労働者の団結は、市民法の基本原則と抵触すると考えられたためである。

　資本主義が最も早く発達したイギリスにおいては、18世紀の初めから1世紀あまりは、地方的な団結禁止法（combination acts）によって、労働者の団結が禁止されていた。とくに、1799年には、フランス革命の波及を恐れて、一般的団結禁止法（Combination Act）が制定され、1824年の団結禁止法撤廃法（翌1825年同修正法）まで禁止が続いた。しかも、実際にはコモンローによる共謀理論が引き続き適用された。イギリスにおいて、労働組合の刑事免責が認められたのは、ようやく、1875年の「共謀罪および財産保護法」「雇主及び労働者法」の制定によってであり、民事免責が認められたのは1906年「労働争議法」によってである。

　フランスでも1791年のル・シャプリエ法や1810年刑法による団結禁止が解かれたのは、1864年改正刑法および1884年職業組合法によるものであり、ドイツ（プロイセン）でも1845年産業法による団結禁止が解かれたのは、

1869年北ドイツ連邦工業条例によってであった。また、アメリカでは、労働組合運動は18世紀の末から19世紀にかけて生まれてきたものの、長くイギリスのコモンローの共謀理論が適用され、しかも1890年シャーマン反トラスト法が制定されてからは、州際通商を阻害するストライキなどの争議行為に対して差止め命令（injunction）が頻繁に発動されるようになったために、労働組合活動は大きな制約を受けた。アメリカでは、ルーズベルトのニューディール政策の中で1935年に制定された全国労働関係法（ワグナー法）によって、初めて労働組合の権利が連邦法上、明確に認められた。

わが国では、1889（明治22）年帝国憲法29条は「言論著作印行集会及結社ノ自由」を認めていたので、西欧諸国のような団結禁止の時代はなかった。わが国最初の労働組合である労働組合期成会を解散に追い込んだ1900（明治33）年治安警察法17条は、それ自体としては労働者の団結やストライキを禁止したものではなかったが、組合の結成や争議行為に際しての暴行、誘惑、煽動などを処罰するものであった。それは、法律的には、イギリスの1825年団結禁止法撤廃法修正法と同趣旨のものと解釈されている。

1925（大正15）年に治安警察法は廃止され、労働争議調停法が制定されたが、前年には男子普通選挙権の実現と並んで治安維持法が制定された。1912（大正元）年には、鈴木文治の率いる大日本労働総同盟友愛会が結成され、1919（大正8）年から1931（昭和6）年にかけては、農商務省、内務省社会局などによって、いくたびか労働組合法案がつくられたが、戦前には、ついに成立するに至らなかった。わが国では、第2次世界大戦後、1945年12月の労働組合法によって、初めて、労働組合活動に対する刑事免責と民事免責が認められ、さらに1947年5月3日から施行された日本国憲法28条で労働者の団結権、団体交渉権、団体行動権（争議権）のいわゆる労働三権が保障された。

2 市民法から労働法へ

産業革命によって女子や年少労働者が大量に工場労働に使用されるように

なってみると、伝統的な市民法に基づく自由な労働契約の下においては、女子や年少者の酷使を防ぐことはできないことが明らかになった。また団結禁止の下では、成人男子労働者に関してさえ、労働市場における実質的に平等な取引関係を維持することができなかった。労働力の売り手である労働者は、働いて賃金収入を得る以外には生活を維持する手段を持っていない。他方、使用者は、多額の資産を所有しているので、企業活動を一時的に停止しても生活に困ることはない。労働市場においては、こうした交渉上の地位の不平等が初めからつきまとっているからである。

　そこで、西欧諸国では、19世紀の前半にまず工場法を制定して女子・年少労働者の保護をはかった。さらに、19世紀の後半から20世紀の初めにかけては、労働者災害補償保険法、職業安定法、失業保険法などの労働保護立法を制定すると同時に、前述のように労働組合法を制定し、労働者の団結を法的に認める方向に国の政策が根本的に転換された。

3　産業民主主義

　アダム・スミス（A. Smith）は、団結禁止法が広く行きわたっていた時代に、その主著『国富論』（第1編第8章）の中で、使用者は数も少ないので自然に団結するのであるから、労働者にも団結の自由を認めるべきだと、主張した。イギリスでは、その後、19世紀の半ばごろから新型の職能別労働組合が発達し、19世紀の末には、フェビアン社会主義者であったウェッブ夫妻（S. Webb and B. Webb）などが、労働組合運動を擁護する議論を展開した。彼らは、労働組合による賃金や労働条件の標準化が企業の最適立地への移動や、新生産方法の採用などをうながし、低賃金・長時間労働に依存した寄生的な産業の淘汰をうながすので、国民経済的にもプラスであると主張した。ウェッブ夫妻は、『産業民主制論』（*Industrial Democracy*, 1897）において、労働組合は民主的な制度であり、それを認めることは、産業における民主主義として、政治的民主主義（普通選挙権）と並ぶ民主主義の基本的な柱であると、主張した。

新古典派経済学の始祖の一人であるマーシャル（A. Marshall）は、『経済学原理』(初版1890年；第8版1920年) の中で、ウェッブ夫妻の唱えるような効果を一面では認めながら、他面では、労働組合の職能の縄張り争いが、しばしば産業効率を阻害することがあることを指摘した。労働組合の制限的労働慣行が産業効率を阻害することは、1960年代の末にイギリスの王立ドノバン委員会の報告書でもとりあげられたが、十分な解決をみず、ついに1980年代にサッチャー首相の下で、本格的な労使関係制度の改革をみるに至った。
　わが国では、前述のように、産業民主主義の思想は、大正デモクラシーの中である程度進んだが、その本格的な定着は、第2次世界大戦後の改革を待たなければならなかった。

4　労働組合の法的保護

　労働組合を国が法的に保護する基本的な方法は、刑事免責と民事免責を認めることである。刑事免責とは、団体交渉その他の「労働組合」の「正当な行為」に対しては、刑事罰を適用しないということである (労組法1条2項、刑法35条)。民事免責とは、使用者は正当な争議行為によって被った損害に対しては賠償を請求できないようにすることである (労組法8条)。
　このような法的な保護を受けることができるのは、法が定める条件を満たした正当な労働組合でなければならない。労働組合法2条は、「この法律で『労働組合』とは、労働者が主体となって自主的に労働条件の維持改善その他経済的地位の向上を図ることを主たる目的として組織する団体又はその連合団体をいう」と規定している。ただし、①企業の役員や使用者の利益を代表するもの（監督者など）の参加を許すもの、②使用者から経理上の援助を受けるもの、③共済事業など福利事業のみを目的とするもの、④主として政治運動または社会運動を目的とするものは、法的な労働組合とは認められない (労組法2条但書)。また、労働組合の活動であっても、暴力の行使は、いかなる場合においても「正当な行為」とは解釈されない (労組法1条2項)。
　労働組合法のこの定義は、ウェッブ夫妻が『労働組合運動史』の中で下し

た労働組合の定義、すなわち「労働組合とは、賃金労働者が、みずからの労働生活の諸条件を維持または改善するための永続的な団体である」という定義とよく一致している。

わが国では、労働組合法の上記のような保護規定に加えて、憲法28条において、「勤労者の団結する権利及び団体交渉その他の団体行動をする権利は、これを保障する」と規定している。憲法で、このような労働基本権の保護を明記している国は、他にはない。

5　正当な争議行為

憲法や労働組合法で認められている争議行為とは、あくまで「正当な争議行為」に限られる。これは、争議行為があくまで労使対等の団体交渉を確保し、交渉の行き詰まりを打開するための手段だからである。したがって、争議関係者の生命・健康の擁護は、当然の前提であり、暴力行為、生産設備の破壊、山猫スト（労働組合本部の指令に基づかない争議行為）、政治ストなどは正当とは認められない。

6　争議行為の制限

さらに、国民生活の利益（公共の福祉）を守るために、一部の産業分野では、争議行為が制限を受ける。電源ストや電力の送電を阻害するようなスト、保安要員の引揚げなど炭鉱の保安を脅かすような争議行為は、とくに禁止されている（1953〔昭和28〕年電力・石炭争議行為規制法）。

また、1946（昭和21）年に電力産業労働者の大規模争議に対処して制定された労働関係調整法は、工場事業場の保安業務の停廃や妨害を禁止し（労調法36条）、公益事業（運輸、郵便・通信、水道・電気・ガスの供給、医療または公衆衛生の事業、および総理大臣が国会の承認を経て、業務の停廃が国民経済を著しく阻害し、または公衆の日常生活を著しく危うくする事業を、1年以内の期間を限り公益事業として指定した事業〔労調法8条〕）に関して、10日前までの争議行為の予告義務（労調法37条）を課するとともに、国民生活に重大な支障をもたらすおそれのあ

る場合には、総理大臣は中央労働員会の意見を聞いたうえで、緊急調整を発動できる旨定めている（労調法35条の2）。緊急調整が発動されると、50日間は争議行為が禁止され、中央労働委員会は、他の事件に優先してその斡旋、調停、仲裁などの手続きをとり、処理しなければならないことになっている（労調法38条）。ただし、これまで緊急調整が実際に発動されたのは、1952（昭和27）年の炭労ストのときだけである。

7 公務員の争議行為の禁止

　第2次世界大戦直後、しばらくの間は、公務員であっても、警察官吏、消防職員、監獄勤務者以外の者は、団体交渉やストライキを行うことができた。1946（昭和21）年10月に、電力産業のストライキに際して急遽、勅令をもって施行された旧労調法は、さらに「行政又は司法の事務に従事する官吏その他の者」（いわゆる非現業）の争議行為を禁止した。しかし、郵政、国鉄などの現業職員や教員は団体交渉権、争議権を持っていた。実際、1947（昭和22）年2月1日の2・1ストは、公務の労働組合（全官公共闘）を主力とするものであったが、これは直前に連合軍総司令官マッカーサー元帥の中止指令によって中止された。

　さらに、1948（昭和23）年7月には、再び官公労働者の争議行為が大規模化する危険が生じたため、再び、マッカーサー書簡およびそれに基づく政令201号によって、すべての公務員の争議行為が禁止され、現業公務員については団体交渉権のみが認められた。これらの規定は、1948年12月の改正国家公務員法に引き継がれ（地方公務員法も同様）、国鉄などの公共企業体に関しては、同年12月の公共企業体労働関係法（その後、1952〔昭和27〕年公共企業体等労働関係法、1986〔昭和61〕年国営企業労働関係法に改正）に引き継がれた（地方公営企業に関しては、地方公営企業労働関係法による）。

　争議行為の禁止に対しては、その代償措置として、非現業の国家公務員に関しては人事院（地方公務員に関しては地方人事委員会、または公平委員会）の給与勧告制度が、国営企業に関しては中労委の強制調停・強制仲裁制度が設けら

れている。

1985年には電電公社および専売公社が、87年には国鉄が民営化され、これに伴って、これらの企業の職員は、労働組合法の適用を受けることになったので、当然に争議権を回復された。

8　不当労働行為制度

労働組合法は、以上の他に、とくに不当労働行為制度を設けて、団結権、団体交渉権に対する使用者の不公正な侵害行為を禁止している（労組法7条）。すなわち、①労働組合の結成、加入または正当な組合活動を理由とする解雇、あるいは不利益取扱いの禁止。または、組合に加入しないこと、もしくは脱退することを雇用条件とすること（黄犬契約）の禁止。②正当な理由なく団体交渉を拒むこと。③労働組合の結成、運営に対する支配介入の禁止。労働組合運営のための経費援助の禁止。④労働委員会への申立てや証拠提出、発言などを理由とする報復的な不利益取扱いの禁止。

不当労働行為制度は、アメリカの全国労働関係法の制度をまねて導入されたものであるが、アメリカでは、戦後の法改正によって、労働側の不公正行為や使用者の言論の自由などが認められているのに対して、わが国では、そのような制度は設けられていない。また、アメリカの制度は、排他的代表制度を前提としているが、わが国では少数派の団結権を強く保護しているので、多数決原理はアメリカほど尊重されていない。

2　対立から協調へ

1　労働運動とイデオロギー

労働運動は、西欧でも日本でも、当初は市民社会の中で市民権を得られなかったので、その創始者たちは社会の中の支配的なイデオロギーと戦いながら、その権利を獲得しなければならなかった。このため、労働運動は、さまざまの社会思想と結びつきながら発達してきた。

わが国では、明治20年代の末から明治30年代の初めにかけて、初めて労働組合運動が起こったが、その指導者たちには、片山潜、大杉栄、荒畑寒村など、当初はキリスト教人道主義の立場から労働運動に入った人々が多かった。また、それを支援した知識人の中にも、安部磯雄、賀川豊彦などのクリスチャンが少なくなかった。1912（大正元）年に労働総同盟友愛会を起こした鈴木文治も、東京帝国大学出身のユニテリアン派のキリスト教徒であった。

その後、明治の末から大正期にかけて、フランスの無政府主義やドイツ社会民主主義の影響が広まったが、1917年のロシア革命後は共産主義の影響が強まり、労働運動のイデオロギーによる分裂が繰り返された。その伝統は、第2次世界大戦後にも引き継がれ、改良主義の社会民主主義に立つ総同盟と、共産主義革命をめざす産別会議との対立が続いた。冷戦の激化に伴って、アメリカ占領軍の対日占領政策に変化が現れると、労働運動の内部にも民主化運動が起こり、1950（昭和25）年にはそれらの勢力によって総評が結成されたが、朝鮮戦争、対日講和条約の締結をめぐって全労系の組合が分裂、1954（昭和29）年には全労会議を結成、1962（昭和37）年には同盟会議、1964（昭和39）年には同盟となって、路線の対立が続いた。電機労連などは、両者の間にあって1956（昭和31）年に中立労連を結成、産別会議の分裂後、総評からも脱退した新産別とともに、労働4団体の時代が続いた。

その後、昭和30年代後半から40年代にかけて労働戦線統一の試みが繰り返されたが、昭和50年代になると、鉄鋼労連、電機労連、全繊同盟、自動車総連、電力労連など民間主要単産を中心に統一推進の動きが強まった。1982（昭和57）年12月にはこれらの組合によって全民労協が結成され、1987（昭和62）年11月には民間労組の統一体「連合」（全日本民間労働組合連合会）が結成された。国際的にも、1989年11月にはベルリンの壁が撤去され、1990年10月30日にはドイツが統一、翌1991年12月にはソ連邦が解体するなど、歴史的事件が相次いで発生した。ここに戦後の冷戦体制は終焉し、中国の市場経済化も進められて、世界は新たな大競争時代に突入した。

こうした背景の下で、1989年11月には官・民統一の日本労働組合総連合

会（略称は「連合」を踏襲）が結成されて、800万人を結集した。しかし、統一労組懇などこれに反対する勢力は、全国労働組合総連合（全労連）を、また旧国労などの勢力は全国労働組合連絡協議会（全労協）を結成して、対抗している。

2 労使協調

　労働運動のこのような流れを反映して、昭和20年代から30年代にかけては、労働運動に対する社会主義や共産主義の思想的影響が強く、それが企業の生産現場にまで及んで、炭鉱、鉄鋼、私鉄などの一部の職場を中心に、反合理化の職場闘争が盛んに行われたところも少なくなかった。

　しかし、1955（昭和30）年に石坂泰三、郷司浩平らによって日本生産性本部が設立され、総同盟は当初からこれに参加したが、総評系の多くの組合は参加しなかった。しかし、昭和30年代半ばに貿易・資本の自由化が進むにつれて、生産性向上への労使協力の考え方が次第に強まり、産業の国際競争力を強化することへの労使合意が広まった。とくに、1964（昭和39）年にわが国の輸出産業の中心である金属関係の諸単産が集まって国際金属労連・日本協議会（IMF・JC）が結成された頃から、多くの民間労働組合は労使協議による問題解決を重視するようになった。

　他方、国鉄や郵政では、主流派組合の中にまだ生産性向上反対運動（反マル生闘争と呼ばれた）が根強く、現場管理職との衝突が繰り返された。郵政では全逓が1980年頃までに路線を転換したが、国鉄では1987年4月の分割・民営化をめぐって、多数の労働組合が分立、きびしい労労対立が絡んで緊張した労使関係が続いた。国鉄の分割・民営化にあたっては、大量の余剰人員を整理しなければならなかったために、JRへの採用をめぐって不当労働行為事件が頻発した。

3 労働組合組織率の低下

　わが国の労働組合は、第2次世界大戦後、占領軍の民主化政策の中で急速

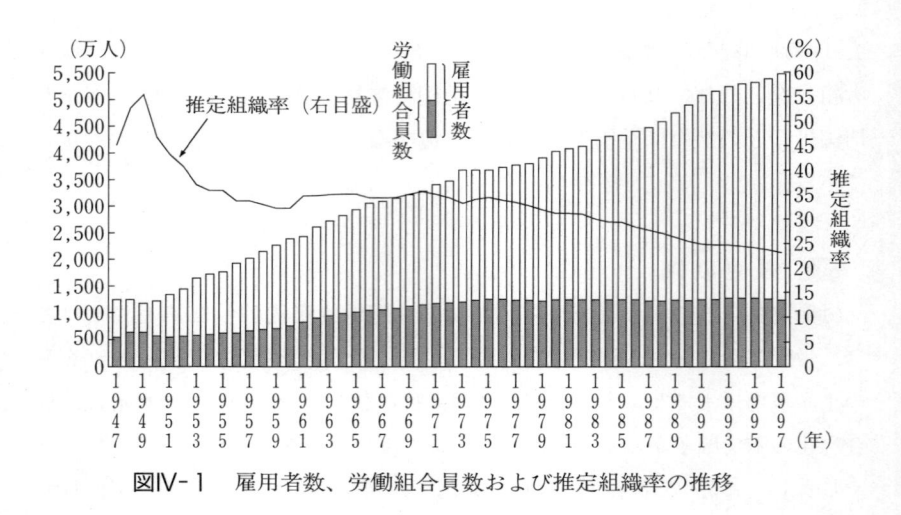

図Ⅳ-1　雇用者数、労働組合員数および推定組織率の推移

に発展し、1949年には、労働組合組織率は55.8％にまで達した。その後、高度成長期を通じて、30〜35％の水準を維持していたが、第1次石油危機後、1970年の34.4％を境にして低下趨勢が強まり、1997年6月には22.6％、2001年にはついに20.7％にまで低下した（図Ⅳ-1）。

　これは、産業構造・就業構造の変化による部分もあるが、全体としては、雇用の伸びに対して、組織化が追いつかなかったためである。すなわち、構造的な要因としては、①これまで労働組合勢力の強かった製造業の比重が低下し、サービス経済化が進んだこと、②学歴水準の上昇につれてホワイトカラー化が進み、③女性のパートタイム労働者が増加したこと、④もともと労働組合勢力の及びにくい中小企業の雇用が増加したことなどが影響している。⑤管理職の比重が増加したことも響いている。さらに、主体的な要因としては、⑥もともと、わが国の企業別労働組合は大企業のユニオンショップ制度（従業員は組合員でなければならないとの労使協定）に依存して、正社員だけを組織するものが多いこと、⑦ユニオンショップの認められていない公務員などでは、社会思潮の変化によって、教員などの新規採用者が労働組合に加入しなくなったこと（たとえば、日教組の新規採用職員組織率は、1960年の78％から、1997

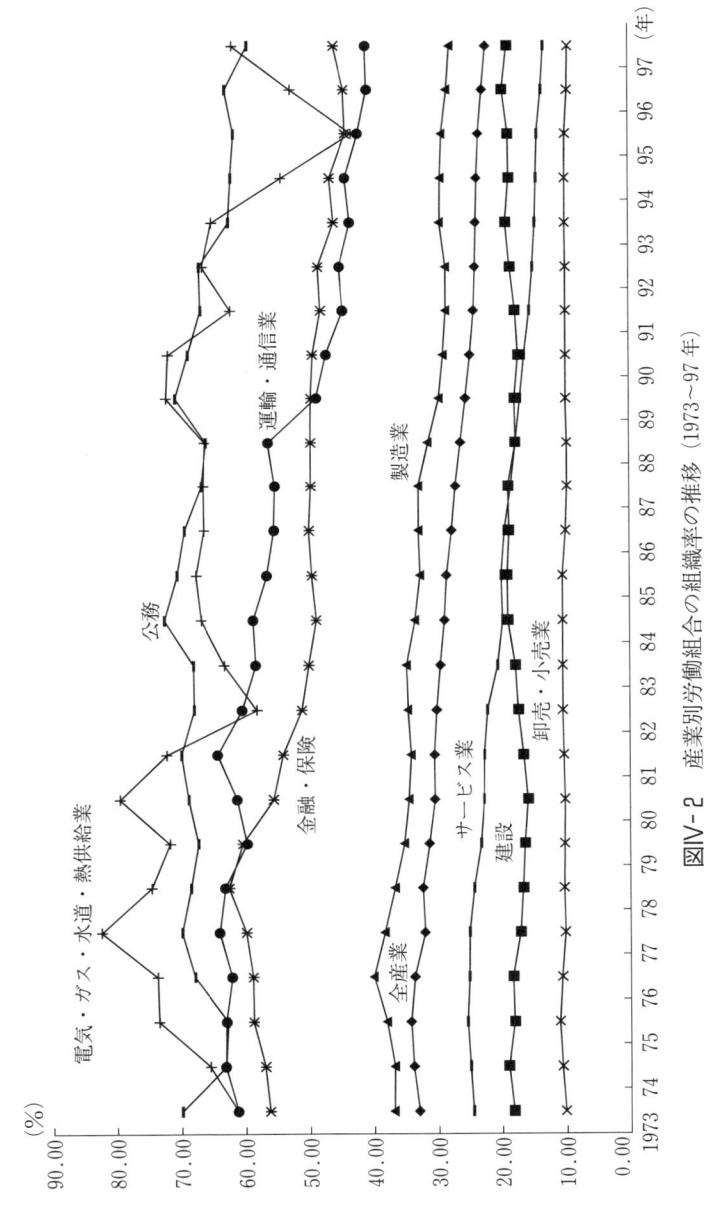

図IV-2 産業別労働組合の組織率の推移 (1973~97年)

表IV-1　OECD主要国の労働組合組織率の推移（1970～88年）

国名および 1988年の順位		1989年の組合 員数[1]（千人）	民間雇用者数に対する組織率（%）[2]				
			1970	1975	1980	1985	1988
スウェーデン	①	3,415	74.2	82.1	89.5	94.2	96.1
デンマーク	②	1,731	60.0	67.4	76.5	78.3	73.2
ベルギー	③	1,567	46.0	55.3	56.5	54.3	53.0
オーストラリア	⑪	2,536	—	51.0	49.0	46.0	42.0
イギリス	⑫	9,214	44.8	48.3	50.7	45.5	41.5
イタリー	⑬	5,817	36.3	47.2	49.3	42.0	39.6
カナダ	⑭	4,031	*31.1	34.4	35.1	35.9	34.6
ドイツ	⑮	8,082	33.0	36.6	37.0	38.4	33.8
日本	⑰	12,230	35.1	34.4	31.1	28.9	26.8
オランダ	⑲	1,351	37.0	38.4	35.3	28.7	25.0
アメリカ	㉒	16,960	—	22.8	23.0	18.0	**16.4
フランス	㉑	1,970	22.3	22.8	19.0	16.3	12.0

注：1）雇用されている組合員のみ。つまり退職組合員を含まず。
　　2）＊は1971年分、＊＊は1989年分。
出所：OECD, *Employment Outlook*, July 1991, p. 101より抜粋。なお、最近の数字については、労働省『海外労働白書』参照。

年には19.4％にまで低下した）など、さまざまの理由が絡んでいる。

　産業別にみると、公務や電力・ガス・水道・熱供給業、運輸・通信業などはまだかなり組織率が高いが、製造業の組織率はすでに3割を切っており、雇用の伸びの大きいサービス、卸・小売業などでは、もともと低かった組織率がさらに低下している（図IV-2）。大企業のリストラが続き、パートなど非正規社員の比重（1997年の総務庁『就業構造基本調査』によると、正規従業員の比率は70.1％にまで低下した）が増え続ければ、今後も組織率の低下は容易に止まらないであろう。もっとも、組織率の低下は、一部の北欧諸国を除くと、欧米でも共通にみられる傾向である（表IV-1）。

4 経済環境の変化への対応

（1） ケインズ主義と福祉国家

　第2次世界大戦後、1960年代半ば頃までが、欧米諸国において労働組合の影響力が大きかった時代であった。その後は、北欧など一部の国を除いて、ストライキと団体交渉を武器とする労働運動は、次第に経済の実態にそぐわないものになってきた。その最大の理由は、第2次世界大戦後の欧米諸国は、戦前までと違って、ケインズ政策による完全雇用と福祉国家を両輪とする「修正資本主義」となり、かつては「弱者」として国家の保護を必要とした存在から、政府のマクロ経済政策などの運営に大きな影響を及ぼしうる強大な存在に変わったことがあげられる。

　すなわち、一つにはケインズ主義の処方箋によって総需要がコントロールされて、労働需要が常に高めに維持される傾向が生じたこと、いま一つには社会保障による種々の所得保障が過剰な労働供給を抑制するようになったために、労働市場の需給関係が常にタイトになりやすくなったこと。そのうえに、労働組合の組織力・発言力が増して、賃金・付加給付などの大幅な改善と労働時間の短縮が進み、労働費用が上昇した。もしも労働生産性がそれを補うだけ十分に上昇すれば問題は起こらないが、そうでないと、単位労働費用の上昇が生産コストの上昇を招き、それが経済全体に及んでコストプッシュ・インフレーションを誘発するようになった。

（2） 所得政策の失敗と変動相場制への移行

　1950年代から60年代にかけてのイギリス、1960年代から70年代にかけてのアメリカは、まさにそのような形でコストプッシュ・インフレが昂進し、政府は所得政策（incomes policy）を導入してそれを抑制しようとしたがあまりうまく行かなかった。しかも、第2次世界大戦で疲弊したドイツ、日本などの国際競争力が急速に伸び、英米をしのぐようになってきた。それは、英米の国際収支を悪化させた。その結果、まず1950年代にポンドが基軸通貨の地位を降り、次いで1971年8月にはドルも金との交換性を失ってブレトンウッズ体制は終焉し、1973年2月には変動相場制へ移行した。

1970年代から80年代にかけて、西欧世界を中心とした国際競争が激化する中で、アメリカやイギリスでは強い労働組合の存在が、ミクロ的にもマクロ的にも国民経済の効率を阻害する傾向が目立ちはじめた。それは、ウェッブ夫妻などが予想しなかった事態である。1980年代のサッチャー政権によるイギリス労使関係の大改革、およびアメリカのレーガン政権による規制緩和は、こうした戦後社会体制を打破しようとするものであった。

(3)「日本的経営」の黄金時代

この時代に、わが国の労使関係は、前述のように輸出産業の民間大企業労組を中心とする労使協調体制の推進と、第1次石油危機後の「経済整合性路線」による自主的な賃上げ抑制とによって、労働生産性の向上と賃金コスト上昇の抑制とに成功し、欧米諸国から「日本的経営」「日本的雇用慣行」の素晴らしさが賞賛されることになった。もしもバブル経済の発生があれほどすさまじい規模にならず、またもしもバブル崩壊後の金融不良債権の処理や経済運営がこれほどお粗末な形にならなければ、この「黄金時代」は、いま少し長く続いたかもしれない。

3 現在の問題点とその対応策

1 大競争時代の到来

アジアの工業化、共産圏の崩壊、中国やベトナムの市場経済化は、変動相場制の下での貿易・資本の自由化の進展とあいまって、国際競争を激化させた。今や多国籍企業は、国境を越えて、世界中に生産拠点を持ち、世界中から資源・部品を調達している。福祉国家を完備した先進国の労働費用は相対的に著しく割高になり、先進国の労働組合は、失業の増加、外国人労働力の流入などの新たな競争上の脅威にさらされている。

2 年功賃金・終身雇用制度の修正

わが国の場合、それはさらに大企業を中心とした終身雇用（雇用保障）、年

功賃金体系の大幅な修正という圧力になって、労使はそれへの対応を迫られている。正規従業員の労働費用が割高になったために、固定的な労働費用のかからないパート、派遣労働、有期雇用契約などの非正規雇用が急速に増加している。正規雇用に関しても、これまでのようなシステムを維持しにくくなり、裁量労働制や能力給化（査定幅の拡大）、年俸制の拡大など、多くの改革が進められている。

3　マクロ経済の低迷と雇用不安

　1991年の春にバブル経済が崩壊し、1400兆円を超す資産価値が泡となって消えた。そのかなりの部分が金融不良債権となって、自由化を控えたわが国の金融・証券・保険業界を襲い、とくに1997～98年には、政府のマクロ経済政策の失敗（とくに財政再建優先の増税）と重なり、著しい金融の収縮を招いた。このため、1998年には失業率が4.3％にまで上昇した。さらに、2001年12月には史上最悪の5.5％にまで上昇した。雇用不安の増大は、賃金交渉のあり方（鉄鋼労連はすでに隔年交渉に切り替えた）をはじめ、あらゆる分野で、これまでのような労働組合運動の対応を困難にしている。2002年春には、ベースアップ・ゼロ、定昇削減の企業が相次いだ。

4　高齢化社会の挑戦

　1997年1月に発表された厚生省の新しい人口推計は、5年前の推計に比べて出生率の著しい低下、高齢化・少子化の進展を示した。このままでは、2025年から2050年にかけて、わが国は世界一の高齢国家となることが予想された。このため、公的年金の給付水準（現役世代の賃金に対する年金給付額の割合）の見直し、あるいは保険料率の上昇抑制が必要となった。1999年の年金財政再計算において、具体的にどのような改革をすべきか、厳しい論争が行われた。

　わが国の公的年金の給付水準は、1973年に物価スライド制と賃金スライド制とを合わせて導入したために著しく改善され、今日では、40年加入の

平均的な年金給付額は、月額23万円、平均標準報酬の68％（年収の62％）という、国際的にみてもきわめて高い水準に達した。この68％という給付水準をそのまま維持すると、将来の現役世代の保険料負担は、現在の17.35％（労使折半）から、34％台にまで引き上げなければならないと予測された。公的年金は、世代と世代の助け合いによるものではあるが、現役世代の負担があまりに高くなり、また年金と現役の手取り賃金とのバランスがあまりに均衡を失し、世代間の負担の不平等があまりに大きくなることは、避けなければならない。

　また、増大する高齢者の雇用機会をいかにして拡大するかも、大きな課題である。1998年4月からは、改正高年齢者雇用安定法の施行によって、60歳定年制が法的に義務づけられ、65歳までの雇用が努力義務とされたが、雇用情勢が悪化する中で、60〜64歳の失業率は2桁台に上昇している。すでに、老齢基礎年金の支給開始年齢は、男子については2001年（女子については2006年）から、3年に1歳ずつ段階的に引き上げて2013年までには65歳とすることが決まっている。それまでに、年金と雇用がうまく接続できるようにしなければならない。さらに、現在はまだ60歳から支給されている厚生年金の「別個の給付」（報酬比例部分）についても、2013年から2025年までに65歳支給とすることが決定された。2002年4月からは65〜69歳層にも在職老齢年金制度が適用された。なお、2002年1月の将来人口推計では、長期の出生率が1.39（中位）にまで低下することが予想され、少子・高齢化の一層の進展が見通されている。

5　個別的労使紛争処理

　わが国の労働法制では、これまで労働組合を相手とする集団的な労使関係を中心に労使関係が処理されてきた。その中で、苦情処理制度など、本来は、集団的な労使関係の下で労働協約の解釈や適用をめぐって生ずる組合員個人の権利保護の制度がおかれているにもかかわらず、実際にはそれらの制度がうまく機能していないという問題があった。これは、管理職や監督者が部下

との人間関係を重視し、非公式な形で部下の不満や悩みに対処しているからだという面もある。しかし、苦情の申立てそのものがトラブルメーカーとしてマイナスの評価につながることを恐れて、制度を利用しないという面があることも無視できない。

　雇用形態が多様化し、裁量労働制などの就労形態の多様化が進むと、個別的な労働契約をめぐる労働者個人と使用者との間の個別的紛争が増加することが予想される。現状では、労働委員会への不当労働行為申立ての中に、かなり実際には個別労使紛争に類する事件が混じっている。また、地方自治体の行っている労働相談や、労働基準監督署への訴え、職業安定所での離職求職者に関する処理などを通じて、実態的に処理されているものもある。そこで、2001年からは新たに各都道府県に厚生労働省の地方労働局が設置され、個別労使紛争処理に取り組むことになった。その他にも、民事調停制度の設置や労働委員会制度の改組によって、個別労使紛争の専門的処理機関を設けることが、検討されている。

参考文献
厚生省年金局監修『年金白書』〔平成9年度版〕社会保険研究所、1998年
神代和欣『日本的雇用慣行の今後』東京都労働経済局労政部労働組合課、1996年
神代和欣編『労働経済論』八千代出版、1997年
神代和欣・連合総合生活開発研究所編『戦後50年産業・雇用・労働史』〔第2版〕日本労働研究機構、1996年
白井泰四郎・花見忠・神代和欣『労働組合読本』〔第2版〕東洋経済新報社、1986年
菅野和夫『労働法』〔第5版補正2版〕弘文堂、2001年
菅野和夫『新・雇用社会の法』有斐閣、2002年

第Ⅴ章

顧客、供給業者

1　対カスタマー関係と対サプライヤー関係

1　取引の相手：カスタマーとサプライヤー

一般の企業にとって、利益は取引の中から生まれてくる。すなわち企業は、自身の保有する商品を顧客の持つ貨幣と交換することによってはじめて、その企業の存続のために必要な収益を得ることが可能となるのである。

また同時に企業は、他の企業の顧客として行動することもある。原材料や部品や各種のサービスなど、企業が自らの商品をつくり出すために、他の企業から調達しなければならないものは多い。いってみれば企業とは、市場における取引の網の目の中で活動する存在なのである。

（1）取引の参加者

取引が成立するためには、商品の売り手と買い手が参加する必要がある。一般の企業は、そのどちらにもなることができる。そして実際に、企業は売り手と買い手の両方の顔を持って取引に参加している。

こうした取引関係の大まかなイメージをつかむために、商品をつくることを専門とする製造企業（メーカー）の場合をみておくことにしよう。まず、商品をつくるために必要な原材料や部品がある。たとえば、自動車の組立てを行う自動車メーカーであれば、自動車のボディをプレスするための大きな鉄板から、シートベルトの締め金や配線のコードといった小さな部品に至るまで、それこそ数え切れないほどの原材料や部品を準備しなければならない。また、商品をつくるための機械や設備も用意する必要がある。もちろん、そ

```
        ┌─────────────┐    ┌─────────────┐      サプライヤー
        │原材料・部品などの│    │各種サービスの│        ↑
        │  サプライヤー   │    │  サプライヤー │        │
        └──────┬──────┘    └──────┬──────┘        │
               │                   │               │
               └─────────┬─────────┘               │
                    ┌────┴────┐                    │
                    │ 製造企業 │                    │
                    └────┬────┘                    │
                    ┌────┴────┐                    │
                    │ 流通企業 │                    │
                    └────┬────┘                    │
               ┌─────────┴─────────┐               │
          ┌────┴────┐          ┌────┴────┐         │
          │ 消費者  │          │ 産業用  │         ↓
          │         │          │ 使用者  │     カスタマー
          └─────────┘          └─────────┘
```

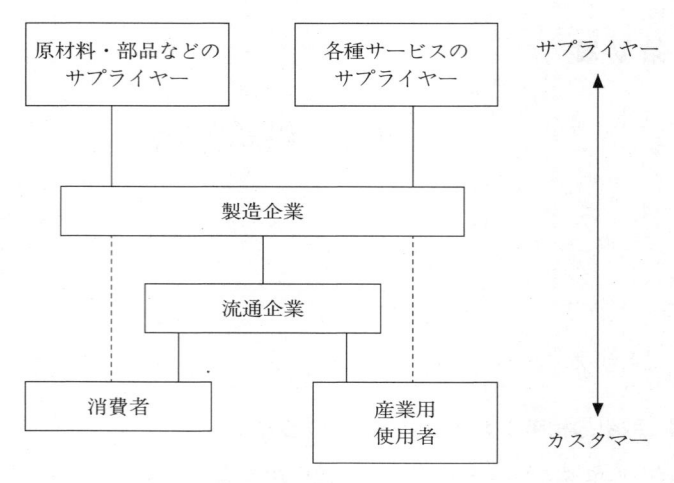

図V-1　製造企業の取引関係

　れらをすべて自前でつくるのは不可能であり、どこかから買ってこなくてはならない。その場合の取引の相手、つまり企業が原材料や部品などを調達する相手先を供給業者（サプライヤー）と呼ぶ。
　さらには、そのような物理的資源の調達先の他に、商品の広告作成を引き受ける広告代理店のような、サービスを供給するサプライヤーがいることにも注意しておきたい。市場調査、金融、保険、運輸など、企業の活動には、こうしたサービスのサプライヤーも大きな役割を果たしている。とくに近年では、コストの低減や業務水準の向上をめざして、積極的に外部のサプライヤーに業務を委託（アウトソーシング）するという傾向が強まっている。
　一方、製造企業がつくった商品は、適切な価格をつけて誰かに販売しなければならない。そうでなければ、企業経営はたちどころにおかしくなってしまう。こちら側の取引の相手、つまり商品の販売先となるのは顧客（カスタマー）である。カスタマーには、一般の消費者、商品の再販売を目的としている流通企業、企業活動のためにその商品を使用する産業用使用者が含まれる。自動車メーカーで組み立てられた自動車は、自動車ディーラーという流

通企業をとおして、消費者や産業用使用者へと販売される。たしかに、自動車メーカーにとっての最終的なカスタマーは消費者や産業用使用者である。しかし、取引の相手先という意味で考えれば、自動車メーカーの最初のカスタマーはあくまでも自動車ディーラーなのだ。逆に、自動車ディーラーにしてみれば、自動車メーカーがサプライヤーであり、カスタマーは消費者や産業用使用者である。また同時に、自動車メーカーは部品メーカーの産業用使用者として行動しているということにもなる。

（2） 取引の流れ

このように取引は、企業を挟んで、サプライヤーからカスタマーへという一連の流れの中でつながっている。このつながりは、川の流れになぞらえて表現されることがある。川上にたとえられるのがサプライヤーであり、川下側にあたるのがカスタマーである。

さらに取引の流れは、そこに何が流れているのかといった観点から分析されることも多い。商品の売買取引と貨幣の流れである商流、商品の物理的な流れである物流、取引にかかわるさまざまな情報の流れである情報流という3つの流れがある。これら3種類の流れは、必ずしも一致しているとは限らない。

取引が円滑に進むということは、川の流れが穏やかな状態を保っていることを意味している。しかし、ひとたび上流あるいは下流との関係がおかしくなるとどうだろう。川の流れがどこかで堰き止められてしまうようなものである。すぐに川は干上がってしまったり、途中で溢れ出して思わぬ大洪水を引き起こしてしまったりするにちがいない。それはすなわち、カスタマーに販売するための必要な量の商品をつくれなくなったとか、せっかくつくった商品が売れ残って在庫の山を築いてしまったというような事態である。実際にこのようなトラブルはしばしば発生し、場合によっては新聞の経済欄などをにぎわせることになる。近年の例では、1997年2月にトヨタ自動車系の有力部品メーカーが工場火災を起こし、その部品を使っている自動車の生産ラインが全面的にストップしてしまうということがあった。減産規模は10

万台を超えたという。にわかには信じられないような事件であるが、こうしたことも現実には起こりうるのである。

　企業にとって、準備した商品に売れ残りが生じることは大きな損失である。なぜ売れ残りが発生するかといえば、それは規模の経済を追求したことの副作用である。規模の経済とは、商品を一度にできるだけたくさんつくるようにした方が、原材料や部品の調達、生産管理、輸送などの側面でコストの抑制が可能になるということを意味している。コストの削減は、商品の競争力や利益の確保に大きなメリットをもたらす。したがって企業は、市場やカスタマーの動向を予測し、将来の需要を見込んで、商品の生産計画や流通計画を立てることになるのである。もちろん、この計画は予測に基づくものであり、市場に不確実性がある以上、予測が外れることも決して少なくはない。そうして商品が売れ残ると、いろいろな損失が生まれることになる。生産あるいは仕入れに要したコストが回収できないのは当然であるが、輸送や倉庫の代金といった物流費用も忘れるわけにはいかない。

　しかし同時に、売りそびれによる損失も見逃すわけにはいかない。本来なら売れていたはずの商品が、たまたま在庫を切らしていたばかりに売れなかったような場合である。こうした売りそびれによる損失を、販売機会を逃したという意味で機会損失と呼ぶ。この機会損失も、予測が外れることから生じてくる損失である。売れ残りは目にみえる損失であり、損失の程度も比較的容易に把握できる。一方、機会損失は直接みることができないため、どれだけの損失があったのかをとらえるのが難しい。これは機会損失が、売れたはずの商品を売ることができなかったというだけのものではなく、他の企業に顧客を奪われたり、さらには企業の信用を落とすといった危険性を伴う損失だからである。

　こうした売りそびれによる損失を回避するためには、しかるべき量の在庫を常に確保して、不確実性に備えるバッファー（緩衝装置）を設けておく必要がある。しかし現在は、多くの企業が激しい競争を繰り広げているという時代である。商品が陳腐化していくことを考えれば、必要以上のバッファー

在庫を持つことは、過剰在庫の危険を増大させることになってしまう。

　売れ残りによる損失も、売りそびれによる機会損失も、取引の失敗から生じた損失であることに変わりはない。こういった問題が起こるのを防ぐためにも、企業には取引の流れをしっかりと認識することが要求される。それも、川上側もしくは川下側のどちらか一方だけでなく、その両方を見据えた関係性の構築が求められるのである。企業とカスタマーとの関係、企業とサプライヤーとの関係を理解することの重要性は、まさにこの点にあるのだといってよい。

　以下では、取引の流れの参加者のうち、製造企業、流通企業、消費者を主としてとりあげ、その3者の関係がどのようなものであるのかを順番にみていくことにする。とくに、取引の流れの中で製造企業と流通企業が、サプライヤーあるいはカスタマーとして果たす役割に注目しておきたい。そしてそのうえで、近年の目立った動きである流通企業の大型化と情報技術の高度化が、それらの関係にどのように影響し、それらの関係をどのように変化させることになったのかを展望することにしよう。

2　流通企業と消費者との関係

（1）　流通チャネルの存在

　商品をつくり出す立場にある製造企業と、その商品を購買、使用、消費する立場にある消費者との取引関係は、間接的なものであることが多い。

　たとえば、ある消費者（仮にA君としておこう）が、お菓子とペットボトル入りの清涼飲料水を買ってきたとしよう。さて、A君はどこでそれを買ったのだろうか。おそらく、近所のコンビニエンスストアあるいはスーパーマーケットや大学生協で買ってきたというのが現実的な答えになるはずである。

　別の角度からみると、このことは消費者にとっての直接の取引相手が製造企業ではないことを表している。ごく普通の消費者にしてみれば、菓子をつくった企業や清涼飲料水をつくった企業の工場を訪問し、商品を直接買ってくるという行動は、あまり一般的ではないのである。

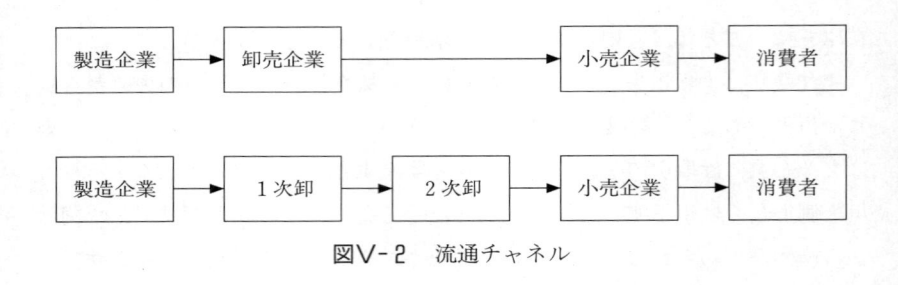

```
製造企業 → 卸売企業 → 小売企業 → 消費者

製造企業 → １次卸 → ２次卸 → 小売企業 → 消費者
```

　　　　　　　　図Ⅴ-2　流通チャネル

　逆に、多くの製造企業にとっても、Ａ君のような個人を相手に取引を行うということは、それほど得意なことではない。むしろ、こうしたことは、専門の流通企業に任せてしまうのが普通である。つまり、取引の流れという点でいえば、製造企業と消費者との関係は、途中にいくつかの流通企業を挟んだ形になる。こうした製造企業から消費者へと至る道筋を、まとめて流通チャネル（流通経路）と呼んでいる。

　流通企業にはいくつかのタイプがある。消費者と直接接触する小売企業と、製造企業と小売企業とをつなぐ卸売企業が代表的である。さらに、卸売企業の段階は、１次卸、２次卸、３次卸と呼ばれるような複数の段階に分かれていることが多い。

（２）　生産と消費のギャップ

　それではなぜ、流通企業が必要になってくるのだろう。

　消費者は、近所のベーカリーに出来立てのパンを買いに行ったり、商店街の豆腐屋に豆腐や油揚げを買いに行ったりすることがある。この場合、製造企業と消費者は、直接の取引関係にあるといえる。

　しかし多くの場合、製造企業と消費者とがこうした直接の取引関係を持つことはない。流通懸隔というハードルが途中に横たわっているからである。流通懸隔とは、生産と消費の間にある不一致のことをさす。まず、生産と消費の空間的な不一致がある。製造企業の工場は、いくつかの限られた場所に置かれている。それに対して、消費の行われる場所は地理的に幅広く分散している。製造企業が取引のために消費者に接触しようと思えば、しかるべき

数の取引のための窓口を準備しなければならないだろう。仮に全国規模でビジネスを行おうと思えば、そうした窓口も全国に配置しなくてはならなくなる。これは非常に大きな負担である。一方、消費者サイドからしても、製造企業の取引窓口を個別に訪問してまわることは、手間の面からも時間の面からも相当な重荷になるはずである。

　次に、時間的な不一致がある。製造企業の生産スケジュールは、工場が効率的に稼働することを目標に決められるはずである。そのため、商品をある時期にまとめて生産してしまうといったことも行われている。しかし、それが消費のタイミングと一致するとは限らない。生産は一時期に集中するかもしれないが、消費の方は年間を通してまんべんなく行われるかもしれないのである。逆に、季節性のある商品のように消費の時期が偏るということもある。その場合でも、工場の稼働率を一定に保つために生産のタイミングを分散するという判断がなされるかもしれない。

　3番目の懸隔は、情報の不一致である。どの消費者が商品を欲しているかということは、製造企業にはなかなかわかりにくいものである。また、消費者にとっても、買いたいと思う商品がどこで入手できるのかわからないことがある。つまり、取引相手についての情報が不十分なのである。そのため、取引を行おうと思っても、めざす取引相手がなかなかみつからなかったり、交渉に必要以上の時間がかかったりするようになってしまう。

　4番目に、製造企業が出荷する単位と消費者の購買する単位が大きく食い違っているということがある。取引の量の不一致である。製造企業は、できるだけ大きな単位で取引を行おうとする。しかし、そんなに大きな単位で商品を買うことができる消費者はそれほどいないはずである。逆に大量生産を行っている製造企業にとって、わざわざ消費者の購買単位にあわせて取引を行うことは、規模の経済のメリットを放棄することになってしまうだろう。

　これらの流通懸隔は、消費者の近所にあるベーカリーや豆腐屋であれば、ほとんど発生することはない。だから、直接取引が成立するのである。しかし、これがトイレットペーパーや洗剤、あるいは洗濯機や冷蔵庫だったらど

うだろう。流通懸隔が、大きな壁となって現れてくるはずである。この懸隔をあえて乗り越えて取引を行おうとすれば、取引の当事者には、それなりのコスト負担が要求されることになる。

　流通企業の役割は、これらの懸隔を埋めることにある。つまり流通企業は、遠方にある製造企業の商品を、消費者の欲する時期にあわせて、消費者の買いやすい単位に小分けして販売する。製造企業にしてみれば、多数の消費者との取引を、比較的少数の流通企業との取引によって肩代わりしてもらうことができるわけである。

　さらに消費者との関係でいえば、流通企業の品揃え形成と呼ばれる活動が重要な意味を持つようになってくる。品揃えというのは流通企業が販売する商品の構成のことであり、どの製造企業の、どの商品を取り扱うかということである。たとえば、家電量販店の店頭に行けば、複数の製造企業のつくったテレビやビデオデッキが並んでいる。薬局に行けば、いろいろな種類、いろいろなブランドの薬が揃っている。消費者は、複数の製造企業のつくった複数の商品を、一度に比較検討したうえで購買できるようになるのである。

（3）　小売企業の業態と品揃え

　製造企業のつくり出す商品の種類は、全体ではかなりの数にのぼることとなるだろう。したがって、一つの流通企業がすべての種類の商品を取り扱うというのは無理である。また、すべての流通企業がまったく同じ品揃えをしているわけでもない。品揃えのありようは、流通企業がめざす方向性やターゲットとするカスタマーによって変化するものなのである。

　とくに小売企業の場合には、どのような品揃え形成を行っているかによって、店舗の営業形態（業態）が大きく異なってくることになる。一般商店、専門店、食品スーパー、総合量販店（GMS）、百貨店、コンビニエンスストア、ディスカウントストア、ホームセンターといった具合に、小売企業の業態は実にさまざまである。これら業態ごとの品揃えの特徴は、幅と奥行きという2つの側面からとらえることができる。

　まず、取り扱う商品分野が多いか少ないか。これが品揃えの幅を決めるこ

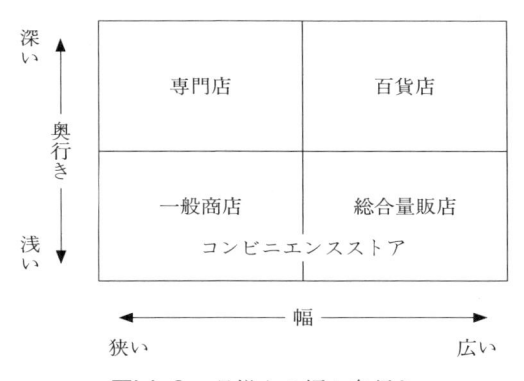

```
            深
            い
             ↑  ┌──────────┬──────────┐
                │          │          │
             │  │  専門店   │  百貨店   │
          奥 │  │          │          │
          行 │  ├──────────┼──────────┤
          き │  │          │          │
             │  │  一般商店 │ 総合量販店 │
             ↓  │          │          │
            浅  │     コンビニエンスストア    │
            い  └──────────┴──────────┘
                  ←────────  幅  ────────→
                  狭い                   広い
```

図V-3 品揃えの幅と奥行き
出所：矢作（1996）p. 165 の図をもとに作成した。

とになる。百貨店や総合量販店であれば、衣食住すべてにわたって、取り扱う商品の種類は膨大な数になってくる。広い品揃えを持つ業態の典型である。一方、一般商店や専門店の場合には、それほど多くの分野の商品を取り扱うことはしない。こちらは狭い品揃えを行っている業態なのである。

品揃えの奥行きは、扱う商品分野における品目数によって決まってくる。ブランド、色、サイズ、販売単位などの異なる商品を、どれだけ多く取り扱っているかということである。たとえば、雑誌や文庫本やコミックだけを販売する品揃えの浅い書店がある。一方で、さまざまなジャンルの専門書も多く取り揃えた品揃えの深い書店がある。また、同じ食料品や衣料品を扱うという場合でも、百貨店と総合量販店とコンビニエンスストアでは、それぞれ独自の奥行きを持った品揃えを行っているはずである。

このように多種多様な幅と奥行きを持った業態がある。最終的なカスタマーである消費者が何を求めているのか。それを最もよく知りうる立場にあるのが小売企業である。小売企業の業態の違いは、その企業が消費者に提供しようとする便益や、消費者にアピールするポイントの違いを反映しているといえるのである。コンビニエンスストアや駅の売店のような利便性を訴求す

る業態には、それにふさわしい品揃えがある。品揃えの幅は過不足のないことをめざすが、店舗が狭いため品揃えの奥行きは非常に浅くなる。他方では、かつての百貨店のように品揃えの幅と奥行きの両方を追求した業態もある。ディスカウントストアなどの場合には、品揃えの奥行きを犠牲にすることで販売コストを引き下げ、低価格の魅力を保とうとすることもある。

（4） 卸売企業の果たしてきた役割

製造企業と消費者とが直接の取引関係を結ぶことは困難である。流通企業が存在する必要性もそこにあった。しかし、そのためには小売企業だけあれば十分ではないか。そのような疑問も生まれるかもしれない。それでは、なぜ流通チャネルは多段階になっているのだろうか。どうして製造企業は、卸売企業を通して（しかも場合によっては何段階もの卸売企業を介して）、小売企業との取引関係を結ぶようになったのだろうか。

実は、製造企業と小売企業との間にも流通懸隔は存在するのである。小売企業は地理的に広く分散して存在している。また、多くの小売企業は比較的小規模であり、販売できる数量にも在庫できる数量にも制約がある。そのような小売企業と直接取引を行うことは、製造企業にしてみれば、依然として大きな負担となるのである。卸売企業が存在し、しかもそれが多段階となっている理由は、このように流通企業の規模の問題と密接な関係がある。

これまで述べてきたとおり、小売企業は自らの品揃えを形成するために、複数の製造企業がつくったさまざまな商品を取り扱う必要に迫られる。しかし、流通懸隔がネックとなって製造企業と小売企業との直接取引はスムーズには進行しない。ここでポイントとなるのが、卸売企業の品揃え形成である。このことは図V-4のような形に表現することができる。簡略化のために、製造企業3社と小売企業4社がいるという状態を考えてみることにしよう。ここでもし、製造企業と小売企業とが直接取引を行っていたとしたら、その取引の総数は $3 \times 4 = 12$ である。

しかし、そこに卸売企業が参加し、複数の製造企業の商品を取り扱うことによってネットワークを整理していったとしたらどうだろう。それだけで、

（1） 直 接 取 引　　　　　　　（2） 間 接 取 引

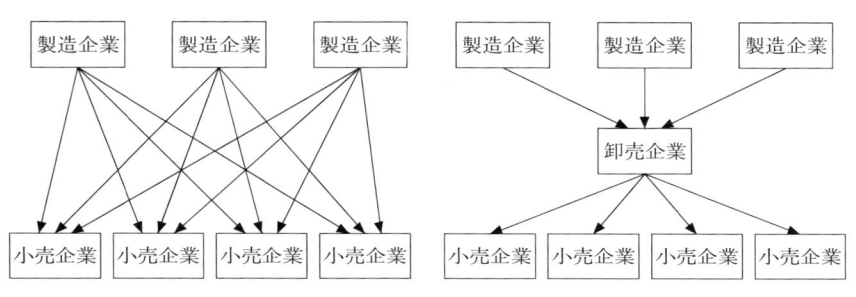

図Ⅴ-4　取引数単純化の原理

取引の様子はだいぶ変わってくる。先ほどの例で、卸売企業1社が加わった間接取引の状態を考えてみよう。この場合の取引の総数は3＋4＝7となる。直接取引の場合と比較して、取引数が極端に減っていることがわかるだろう。また、それに応じて取引に要するコストの低減も期待できるようになる。これを取引数単純化の原理という。現実の取引には、多数の製造企業と小売企業が参加している。しかも、それらの企業が取り扱う商品の種類はさまざまであり、それらの企業は空間的にもかなりの広がりを持って存在している。したがって、どのくらいの数の卸売企業が必要で、それがどのように配置されるのが望ましいのかを判断することは容易ではない。しかし、いずれにしても取引を効率化させることのできる範囲内であれば、卸売企業を介した間接取引を行った方が都合がよいということがわかる。

逆にいえば、こうした事情が変わってくれば、卸売企業の置かれる立場も変化してくることになる。小売企業の大型化や情報技術の高度化による取引の電子化は、流通懸隔のハードルを低める方向へと作用している。それが卸売企業にどのような影響を与えつつあるのかは後で説明することにしよう。

3　製造企業と消費者との関係

ここからは、製造企業と消費者との関係をみていくことにしよう。

これまで述べてきたとおり、商品と貨幣の取引において、製造企業と消費者との間に直接の接点はほとんどない。製造企業にとっての最初のカスタマーも、消費者の取引相手もともに流通企業なのである。その流通企業の活動の焦点は、製造企業と消費者の双方を、流通懸隔からもたらされる取引のわずらわしさから解放することにあった。消費者の身近にある店舗にさまざまな商品を取り揃えておくという品揃え形成活動は、消費者が買い物に要する時間と労力を大幅に軽減することになる。また、多くの消費者の需要をとりまとめ、一括して取引にあたる流通企業は、製造企業にとってはまさに消費者の代理人といえるような存在である。このように、消費者との取引を流通企業にまかせてしまうことは、製造企業にとってメリットが大きい。しかし、同時にそれはデメリットとしての側面も持っている。消費者との取引の主導権を、流通企業に奪われてしまうことになるからである。

　流通企業の力が強くなれば、それに対抗して製造企業も、さまざまな手段を用いて消費者へのはたらきかけを行おうとする。マーケティングと呼ばれる活動である。

（1）プッシュ戦略とプル戦略

　たとえば、ここにBさんという消費者がいたとしよう。Bさんは風邪薬を買いたいと考えて、近所の薬局まで足を運んだとする。問題は、その薬局の店頭でいったいどのようなやりとりが行われるかということである。Bさんは行きつけの薬局の店主のことを非常に信頼している。そのため、店主にすすめられた薬をそのまま買ってくることが多い。時には、店主がいくつか薬を取り出してきて、「のどが痛いならこれがいい」「鼻水や鼻づまりならこちらの方がいい」といった具合にそれぞれの薬の特徴を説明してくれることもある。Bさんは、症状を思い起こしながら、最も効き目のありそうなものを選ぶわけである。このようなBさんと薬局の店主とのやりとりは、他の業種の小売店の店頭でも、かなりありふれたシーンといえるだろう。

　こういった取引に対して、製造企業の入り込む余地は残っていないようにみえる。しかし、ある医薬品メーカーが、その薬局に対して自社の商品を強

く推奨してくれるように頼んでいたとしたらどうだろうか。自社の風邪薬をたくさん販売してくれることを前提に、取引の条件を薬局側に有利なように変更するのである。たとえば、取引数量に応じて割引を行う数量リベート（割戻金）のような条件を提示するのである。

仮にそうした医薬品メーカーからのはたらきかけがうまくいったとしたら、薬局の品揃えや消費者との取引についても、実は医薬品メーカーが何らかの影響力を行使できたということになる。そして現実に、こうしたケースは非常に多くみることができるのである。こうしたやり方を、製造企業のプッシュ戦略と呼んでいる。商品を、流通チャネルを通して押し出すというイメージである。

次に、Bさんの友人であるCさんの場合を考えてみよう。このCさんは、Bさんとはまったく逆の行動をとる。つまり、薬局に出向くと特定のブランドの風邪薬を指名し、それ以外の風邪薬は買わないというそぶりをみせるのである。なぜなら、Cさんはその薬の成分や効能をうたったテレビコマーシャルが大いに気に入っており、その薬を飲みさえすれば、すぐに風邪も治るのではないかと考えているからである。

この場合も、医薬品メーカーはCさんと薬局との取引に直接かかわってはいない。けれども、医薬品メーカーの行動がこの取引に影響をもたらしたことは明らかであろう。効果的なテレビコマーシャルという手段によって、Cさんに指名買いという行動をとらせることに成功したのである。もし、多くの消費者が指名買いをする魅力的な商品であれば、流通企業は、その商品を自らの店頭に並べておきたいと考えるだろう。たとえ製造企業との取引条件がよくなかったとしても、売れ行きのよい商品については、多少のことは目をつぶらざるを得ない。そうしなければ、消費者から「あの店は品揃えが悪い」といわれて、そっぽを向かれてしまう危険性があるからである。

このように、消費者に直接はたらきかけることによって自社の商品の指名買いをうながすことも、製造企業にとっては有効な方策となりうる。これを製造企業のプル戦略という。流通チャネルの先端から、商品を引っ張り出す

という意味合いの込められた言葉である。

　（2）　製造企業のマーケティング活動

　繰り返しになるが、多くの製造企業は、流通企業を間に挟む形で消費者と間接的な取引を行っている。だがしかし、流通企業にも独自の論理があり、それは品揃え形成という活動を通して表現される。すなわち、流通企業の店頭にどういった商品が並ぶのかを決めるのは、あくまでも流通企業自身なのである。そしてこのことによって、製造企業は、つくった商品の売れる保証がどこにもないという何とも不安定な状態に置かれることになってしまう。

　すなわち、製造企業には消費者との直接の取引関係はなく、流通企業と消費者との取引関係に介入することも基本的には不可能である。製造企業にとって流通企業はカスタマーであるが、どんな商品でも無条件に買ってくれるわけではない。消費者に再販売できる予測の立たない商品は、流通企業の品揃えからは除外されてしまうだろう。消費者との取引の主導権は、流通企業の側にあるのである。

　先に説明したプッシュ戦略やプル戦略のねらいは、消費者との取引の主導権を製造企業側に引き戻すことにある。そうすることによって、消費者との間接的で不安定な取引関係を、より安定的で確実なものにしていくことができると考えたのである。

　このように製造企業は、川下に向けられた取引の流れを円滑に保つために、単に商品をつくるという以上の活動を行っている。これがマーケティングという企業活動である。プッシュ戦略やプル戦略は、製造企業がマーケティング活動を実施するための代表的な戦略指針だったのである。おそらく、現実の企業が行うマーケティング活動は、プッシュ戦略的な要素とプル戦略的な要素を融合したようなものになってくるだろう。

　（3）　マーケティングミックス

　企業のマーケティング活動は、その目標を達成するために、いろいろな手段や道具立てを組み合わせて実施するのが普通である。その組合せをマーケティングミックスという。流通企業へのはたらきかけがあったかと思えば、

テレビや雑誌に広告を打つというように、マーケティングミックスの構成要素は実にバラエティに富んでいる。そうした多様な道具立てを整理する枠組みとして、マッカーシー（E. J. McCarthy）の4Pと呼ばれる考え方がよく用いられる。製品（product）、価格（price）、販売促進（promotion）、流通チャネル（place）という4つの側面から、マーケティングミックスのあり方をとらえようとするアプローチである。

製品とは、企業の生産物のことをいう。これが取引の文脈に置かれると商品と呼ばれるようになる。企業のマーケティング活動は、カスタマーとの取引のためにどのような商品を準備するかということから始まる。取引をスムーズに進めるためには、何よりも消費者が買いたいと思う商品、消費者にとって価値のある商品を用意しなければならない。そうでなければ、消費者の支持すなわち指名買いを期待することはできないだろう。また、流通チャネルへのはたらきかけを行おうにも、競争力のなさそうな商品を品揃えしたいと考えるチャネルメンバーは、おそらくいないはずである。

マーケティングの理論では、製品のことを「便益の束」と表現することがある。これは、商品の価値が、商品そのものにあるわけではないことを意味している。たとえば、携帯型MDプレーヤーは、それ自身では金属とプラスチックでできた小さな箱でしかない。一般の消費者にとって、携帯型MDプレーヤーの価値とは、高品位の音楽をどこでも気軽に聴くことができることにある。つまり、商品を保有したり、使用したりすることによって得られる便益が、商品の価値を決めることになるというわけである。

ある商品が独自の価値を持つようになることを差別化という。たとえば、デザインがよかったり、音質が優れていたり、電池が長持ちしたり、小さくて持ち運びが楽であったりすることが、他の商品とは異なっているという状態である。こうして商品が同質的でなくなり、差別化が行われるようになると、その商品が他とは違うということを表現する手段が必要になってくる。それがブランドである。消費者による指名買いは、差別化された商品であることを、ブランドが表示することによって初めて可能となるのである。

商品が差別化されるようになると、特定のブランドの商品に消費者の支持が集中することも起こるようになってくる。そうなれば、それ以外の商品は取引の流れから排除されることになってしまう。大量生産が一般化し生産能力が過剰になっている多くの商品分野で、商品の差別化は競争を乗り切るための必要な手段であった。しかし、そのことが新しいリスクを生み出す要因となったのである。製造企業のマーケティング活動は、取引の流れをつくり出し拡大することが主な目標となるが、それは同時に、企業間の競争を意識したものであることを要求される。

　取引を促進するためには、準備した商品の対価としてどのくらいの価格を設定するのかといったことも重要である。仮に利益を得るためだけなら、できるだけ高い価格づけを行えばよいのかもしれない。しかし価格は、金銭を支払うという意味で負の側面を持っている。むやみに高い価格づけを行うことは、取引の進展を阻害するにちがいない。ただし場合によっては、価格が品質の代理指標として機能することもある。高価な商品の方が価値があると判断してしまうような場合である。とくにこれは、消費者が価格以外に品質の判断基準を持っていないときに顕著に現れてくる。価格設定は高すぎてもいけないが、低すぎてもいけないのである。

　まったく新しいタイプの商品を市場に送り出す場合には、価格づけの問題はとくに深刻になってくる。利益の確保と市場の拡大という、2つの異なった目標が与えられることになるからである。その商品の開発資金をできるだけ早く回収することを考えれば、当初の価格設定は高めにならざるを得ない。先進的なマニア層にターゲットを絞れば、少々高価であっても取引は成立するようになるだろう。これを上澄み価格政策という。一方、できるだけ安く価格づけを行い、商品の急速な普及をはかることもある。市場が拡大すれば、規模の経済がはたらくようになり、コストの削減が期待できる。また、家庭用ゲーム機のように、ハードの市場規模が広がるとソフトの本数が増え、ソフトの本数が増えることによってハードの市場規模が広がるといったネットワーク外部性の正の循環が生まれることもある。こちらの価格政策は、浸透

価格政策と呼ばれている。

　商品の準備ができ、価格づけの作業が終わっても、そのままでは取引は成立しない。消費者がその商品の存在を知らなかったり、価値がわからなかったりする場合があるからである。販売促進という活動は、消費者へのコミュニケーション手段として重要な意味を持つ。商品の存在を広くアピールするためには、テレビや雑誌などのマス媒体を用いた広告を利用するのが普通である。新聞や雑誌で記事としてとりあげてもらうこと（パブリシティ）も効果がある。また、取引そのものを後押しするためにセールスプロモーションと呼ばれる手法を用いることもある。クーポンやサンプル（試供品）の配布や、景品を用意してのキャンペーンなどがそれにあたる。一般に、広告はブランドイメージの形成に役立つといわれ、長期的な観点での活用が重要視される。セールスプロモーションは即効性が高いが、その効果は短期的であることが多い。

　販売促進活動は、消費者に対してのものだけではない。本来の目的が消費者向けの活動であったとしても、販売促進が強化されることで、消費者の指名買いが期待できると判断して品揃え形成を変更する流通企業も現れてくる可能性がある。積極的な販売促進活動が、流通企業へのアピールに結びつくこともあるのである。

　最後に、取引が成立するためには、商品が消費者にとって入手可能であることが絶対の条件となる。その意味で、消費者にとっては商品の入手経路であり、製造企業にとっては商品の販売経路である流通チャネルは、取引の成否を左右する重要なポイントなのである。もちろん、通信販売や訪問販売のようなダイレクトマーケティングを行うこともできる。しかし現時点では、ダイレクトマーケティングに適した商品も、ダイレクトマーケティングに関心を示す消費者の数も限られている。マーケティング活動を実効性のあるものにするためには、やはり流通企業に協力を求めたり、流通企業を管理しようといった努力が不可欠となる。この問題については、以下でもう少し詳しくみていくことにしよう。

4 製造企業と流通企業との関係

　製造企業と流通企業は、基本的には相互に独立して存在している。しかし、両者は取引の流れでつながっているため、互いの能力や行動に依存するという局面は決して少なくない。カスタマーへと向かう取引の流れが途絶えることがあれば、それは製造企業にとって命取りとなる事態である。商品の販売力という意味で、製造企業は流通企業の協力をあおぐ必要に迫られることとなる。

　一方、流通企業の観点からいえば、製造企業は商品のサプライヤーとして位置づけられる。流通企業が消費者に販売する商品は、すべて製造企業から供給されてくる。したがって、流通企業の品揃え形成能力は、製造企業とのパワー関係によって決まってくるのである。流通企業のパワーが相対的に強ければ、品揃え形成に主導権を発揮することは容易であろう。しかし、製造企業のパワーが強い場合には、製造企業の影響力が流通企業の品揃え形成にも及ぶこととなってくる。

（1）流通チャネル政策

　製造企業のつくった商品は、流通チャネルを通って消費者のもとへと到達する。流通チャネルにもいろいろなタイプがあり、製造企業にとってどのような流通チャネルを経由させるのが適切かは、その商品の特徴に応じて決められることとなる。

　自動車や家電製品のように商品が複雑な場合には、小売企業の店頭で消費者への適切な情報提供やアフターサービスが求められるようになる。あるいは、高級ファッションブランドのような商品においては、高いブランドイメージを維持するために、小売企業の店舗の外観や販売方法などにも注意を払わなくてはならない。これらのことを満足させるためには、製造企業による小売企業の管理が必要であり、その商品を取り扱う小売企業の数を限定してしまうことが得策となる。これを選択的流通チャネル政策という。また、それを進めて、それぞれの地域で一つの小売企業だけに販売店舗を絞り込む排他的流通チャネル政策がとられることもある。選択的あるいは排他的な流通

チャネルでは、商品を取り扱う企業数が比較的少数のため、一般に流通チャネルは短めになる。

　一方、食料品や日用雑貨のような商品であれば、とにかくたくさんの消費者に手にとってもらうことが商品の売れ行きを左右する鍵となるだろう。その商品がどこででも目につき、どこででも手に入るというのが理想である。そのためには、商品を取り扱う小売企業には制限を設けずに、結果としてできるだけ多くの小売スペースを確保することが必要となる。これを開放的流通チャネル政策という。多くの小売企業への到達をめざすため、長めの流通チャネルが必要となってくる。

（2）　流通系列化

　マーケティング活動を効果的に実施するためには、流通企業の協力が不可欠である。とくに、差別化された商品を生産する製造企業は、自社の商品を優先的に取り扱ってくれる流通企業を探すようになる。そこで求められるのは、製造企業のマーケティングミックスに合致した品揃えを形成すること。もちろん、その行動の対価は準備されるだろう。リベートのような金銭的報酬が与えられる場合もあるだろうし、排他的流通チャネル政策によって地域内で商品を独占的に取り扱う権利となるかもしれない。いずれにしても、製造企業と流通企業の相互の合意の下で、緊密な取引関係が結ばれるのである。こうした取引関係を持った流通企業は、特定の製造企業の商品を優先的に販売するという意味で、その製造企業の系列店と呼ばれるようになる。

　流通系列化は、自動車、家電製品、化粧品などの商品分野でとくに進行した。製造企業から卸売企業、小売企業までが系列として結ばれたのである。また、食料品や日用雑貨などの分野では、特約卸や販売会社という形をとって卸売企業までの系列化が行われた。

　流通系列化が進んだ理由は、取引の複雑さからくるコストにある。取引相手の情報が不足していたり、商品が複雑である場合には、適切な取引相手を探すのが難しくなる。取引相手がみつかっても、交渉が有利に進むよう互いに駆け引きを行ったり、相手の行動を監視しなくてはならないということも

ある。こうしたことによって取引コストが高まってきたときに、それを軽減するための措置として系列化が進行することになったのである。

（3）　サプライヤーの系列化

　流通企業を系列化するというのは川下企業の系列化であった。これとは逆に、川上側に向かって行われるサプライヤーの系列化がある。

　サプライヤーの系列化は、とくに製造企業の間で進行した。たとえば自動車の場合、どのような自動車をつくるか企画し、デザインや仕様を決め、最終的に自動車を組み立てる企業がある。しかしこのような自動車メーカーも、すべての部品を自らつくりあげているわけではない。たとえば、ライト類を専門とする部品メーカーがあり、変速機を生産する企業がある。他の多くの部品も同様である。自動車をつくるということは、そういった部品メーカーのつくった膨大な数の部品を一つにまとめあげることなのである。

　こうした部品メーカーは、世の中には数多く存在している。また、部品メーカーが必要とする「部品の部品」をつくる企業もあるだろう。とくに日本では、さまざまな業界で、完成品メーカーの求める部品をつくることで成長してきた数多くの系列部品メーカーがある。それらの企業群は、完成品メーカーを頂点に置き、下請けの部品メーカー、下請けの下請けとなる孫請けの部品メーカー、さらにその下請けとなる企業というようなピラミッド型の系列構造をつくりあげてきたのである。

　このように多くのサプライヤーを従えて、完成品メーカーの製造プロセスは成り立っている。その製造プロセスを極限まで効率化させたのが、トヨタ自動車が先鞭をつけたカンバン方式（ジャスト・イン・タイム）と呼ばれる生産と物流の様式である。これは、生産ラインに余分な在庫を持たない仕組みだと表現される。つまり、生産ラインでは、必要な部品を必要な数量だけ逐一補充することになる。必要な種類と数量の部品が、サプライヤーから適切なタイミングで配送されてくるようにしておくのである。このような仕組みを上流までどんどん広げていくと、途中の段階にほとんどバッファー在庫が置かれなくなるため、上流での部品の生産も、最終的な生産ラインの動向にあ

わせて進められることとなる。そうすることによって、グループ全体でのコストを削減し、さまざまな種類の自動車を、消費者の需要にあわせて柔軟につくり出せる生産システムを構築したのである。この章の冒頭で紹介した部品メーカーの工場火災事故は、バッファー在庫を持たないというこの生産システムの特徴と、その背後にある弱点を端的に示すものだったのだ。

　こうしたサプライヤーの系列化は、流通企業によっても進められてきている。小売企業のめざす品揃えを実現するために、卸売企業や製造企業を系列化するという場合である。さらには、コンビニエンスストアにおける弁当や惣菜のように、カンバン方式と類似したシステムをとり入れて効果的な生産と流通の仕組みをつくりあげることに成功した流通企業も出てきている。

2　諸状況の変化

　これまでは、製造企業、流通企業、消費者の相互の取引と、取引の流れの中でこれらの参加者が果たす役割について述べてきた。しかし、そうした伝統的な役割分担に変化が生じてきているのも事実である。以下では、その変化についてみていくことにしよう。

1　小売企業の大型化

　近年の日本で、最も顕著に進んだことの一つが小売企業の大型化である。巨大なショッピングセンターのような業態の店舗が増えただけではない。コンビニエンスストアや総合量販店に代表されるような、大規模なチェーン店組織という形で大型化が進行したケースも多い。一つ一つのチェーン店はそれほど大きくなくても、チェーン本部を中心にまとまることによって、大きな組織として取引が行えるようになったのである。

　小売企業の大型化が取引の流れにもたらした影響は、家電業界に典型的な例をみることができる。家電業界では、松下電器を筆頭に全国の小規模の電器店を囲い込むという形で流通系列化が進行していた。これらの系列店は、

家電メーカーの販売力を支える基盤だったのである。そこに登場してきたのが家電量販店である。系列店と量販店とでは、品揃えの面において大きな違いがある。量販店は特定の製造企業との取引関係にしばられない。そのため、奥行きの深い品揃えが可能となる。また、販売規模が大きいため、価格を低めに設定することも可能となる。となれば、消費者の支持が量販店の方へとシフトしていくことは想像に難くない。家電メーカーは、販売力のある量販店と取引しないわけにはいかないが、体力の弱い系列店を切り捨てるわけにもいかないというジレンマを抱えることとなったのである。

小売企業が大型化することによって、製造企業と小売企業とのパワー関係は大きく変化することになった。取引関係においては、取引相手への依存度が、自らのパワーを規定することが知られている。系列化の進んでいた時代のように、小売企業の規模が小さく、店舗の品揃えが特定の製造企業に大きく依存していれば、製造企業はその小売企業に対してパワーを持つことができるようになる。その製造企業の商品力が強ければ、小売企業は依存度をますます高めていくことになるだろう。それとは逆に、小売企業が大型化し、複数の製造企業の商品を品揃えするようになると、特定の製造企業に依存する度合いは少なくなり、結果として製造企業のパワーは低下することになる。

一方、小売企業のパワーの源泉は販売力である。製造企業が多数の小規模小売企業と取引を行っている状態では、特定の小売企業の販売力に頼ることは少ないため、小売企業が強いパワーを持つことはできない。しかし、小売企業が大型化し、販売力の面で無視できない存在となると、その小売企業が製造企業に行使できるパワーは強まっていくことになる。

近年の日本で起こってきたことは、これまで百貨店法や大店法などの法律によって長期にわたり実施されていた小売店舗の規模の規制が緩和されつつあることである。また、独占禁止法の運用強化によって、製造企業が小売企業と結ぶ取引契約の制限が強められることになった。製造企業が小売企業の品揃えや販売方法を管理することは、従来と比較して難しくなってきたのである。そこから、製造企業が強いパワーを保持していた状態から、小売企業

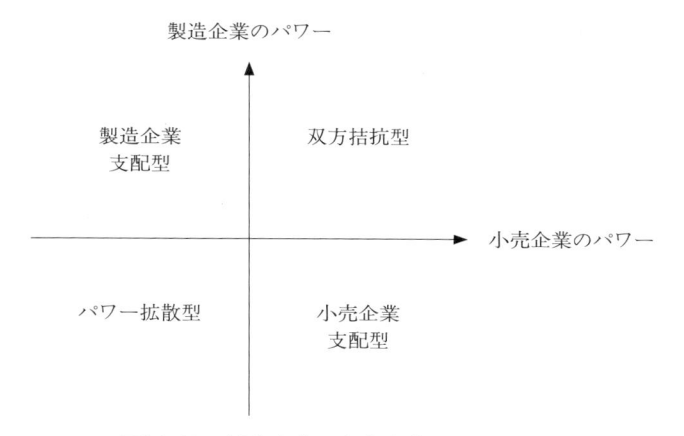

```
            製造企業のパワー
                ↑
      製造企業   │   双方拮抗型
      支配型    │
               │
   ────────────┼────────────→ 小売企業のパワー
               │
      パワー拡散型│   小売企業
               │   支配型
```

図V-5 製造企業と小売企業のパワー類型
出所：田村（1996）p. 130 の図をもとに作成した。

がパワーを行使したり、双方のパワーが拮抗するような状態への動きが生まれてきた。

2 取引における情報技術の高度化

小売企業の大型化と並んで見逃せないのが、情報技術の高度化をベースとした取引の電子化である。この取引の電子化をリードしてきたのは、いうまでもなくコンビニエンスストア業界である。

最もなじみ深い例は、POS（Point of Sales：販売時点情報管理）システムの導入であろう。レジに備えつけられたバーコードリーダー（スキャナー）を使って、店頭における商品の動きが単品レベルで精密に管理できるようになったのである。日本では、食料品や日用雑貨などにJANコードと呼ばれる13桁（短縮型は8桁）の統一されたバーコードがつけられている。JANコードに対応するPOSシステムは、1979年には1店舗3台だけだったのが、1980年代後半から急速に普及し、2001年までに34万7000店舗82万7000台が導入されたという（流通システム開発センターの推計による）。このPOSシステムは、小売企業の情報化の核であるが、その導入によって、小売企業と川上

側のサプライヤーとの取引関係にも劇的な変化がみられるようになったのである。

　まず、EOS（Electronic Ordering System：オンライン発注システム）の拡充である。EOS は、POS に先立って運用が始められたシステムであり、たとえば、それぞれのチェーン店とチェーン本部とを電話回線で結んで電子的に受発注を行うという仕組みとして整備された。EOS が導入されると、それまでの紙の伝票を用いて受発注を行う場合と比較して、受発注にかかる時間とコストを大幅に少なくすることができる。この EOS が POS と連動することによって、発注精度の向上が期待できるようになった。

　1980 年代に、通信分野の規制緩和によってデータ通信が自由化されると、小売企業と卸売企業を接続するといった複数の企業間を結んだ EOS が普及するようになる。しかし、EOS は個別の取引関係に特有のシステムである。複数の企業との取引を EOS 化しようとすると、すべて方式が異なり、コスト面での負担が大きくなるという問題が無視できなくなる。そこで、企業間のデータ交換の方式を統一しようという動きが出てくることになった。それが EDI（Electronic Data Interchange：電子データ交換）と呼ばれるものであり、参加した企業の間を電子ネットワークで結んで、受発注データなどを交換しようというシステムである。この EDI は、小売企業と製造企業とを低いコストで直接結ぶことを可能にした。つまり、それまでは卸売企業を通して製造企業と間接取引をしていたのが、直接の取引関係を持つことができるようになったのである。卸売企業は今や取引のすべてにかかわる存在ではなく、極端な場合、商品の物流上の通過点という役割だけを果たす存在になってしまうこともある。

　POS をはじめとする情報システムの導入は、在庫の圧縮を可能とし、コスト削減へとつながっていく。POS データは、何が売れ、何が売れなかったかを正確に記録する。そのため需要の予測が高精度に立てられるようになり、商品補充が無駄なく行えるようになったのである。こうした効果的なデータ交換を用いた受発注システムの改善は、小売企業とサプライヤーの間だ

けでなく、完成品メーカーと部品メーカーとの関係などにも普及するようになってきた。このような、川上から川下に至るまでの関係を密接にすることによって取引の全体的な効率化をめざす方法は、サプライチェーンマネジメント（supply chain management）と呼ばれ、近年とくに注目されるようになってきている。

3 投機型システムと延期型システム

　それではなぜ、EOS や EDI のような頻繁なデータ交換が取引関係の中でみられるようになってきたのだろうか。これは、製品の形態や在庫量を確定する時期の問題に関係する。

　すでに述べたとおり、企業にとって取引は利益の根幹を左右するインパクトを持っている。とくに、過剰在庫と機会損失という2種類の損失は、時に企業経営をひっくり返すほどの影響を及ぼすことがある。

　大きな単位で取引を行うことは、規模の経済によるコスト競争力へとつながるため非常に魅力的なことである。大量生産を行えば生産に伴うコストが減少する。大きな単位で取引を行えば、取引にかかわるコストや、商品を運ぶための物流コストの削減が期待できる。しかし、大きな単位での取引は生産や流通に要する時間を多く必要とするようになってしまう。サプライヤーに発注して納品されるまでに要する時間をリードタイム、納品からカスタマーへ販売するまでの時間を在庫時間と呼ぶ。このリードタイムと在庫時間の合計が、流通の時間的サイクルを規定するのだが、それが長くゆっくりしたものになってしまうのである。流通のサイクルが長くなることによって、どうしても多くのバッファー在庫が必要となり、見込み生産や見込み流通を行うことになる。そのため、過剰在庫や機会損失が発生する危険性は、どうしても避けられなくなってしまうのである。バックリン（L. P. Bucklin）の延期―投機の原理ではこうした大量生産、大量流通を前提としたシステムを投機型のシステムと呼んでいる。市場の動向を予測して、生産量や流通量を決めてしまうことが投機的であると考えたのである。

	生 産	流 通
延 期	受注生産	短サイクル
投 機	見込み生産	長サイクル

図Ⅴ-6　延期―投機の原理と生産・流通システム
出所：矢作（1996）p. 161。

　投機型の反対が延期型のシステムである。これは、生産量や流通量の決定をできるだけ後に先延ばししようというものである。もっとも延期が進んだ場合、注文を受けてから商品をつくり始める受注生産という方式になってくる。この場合、見込みが外れるという心配からは解放されるが、規模の経済は完全に捨て去ってしまうことになる。また、納期の面で折り合いのつかないカスタマー、すなわち早く商品を入手したいというカスタマーからは敬遠されてしまうことになるだろう。

　投機型のシステムと延期型のシステムで、どちらが優れているかを判断することは不可能である。商品のタイプに応じて、適切な方法を用いるしかない。しかし、取引の電子化は、延期型のシステムを効果的に運用できる仕組みを整える方向へと作用している。サプライチェーンマネジメントあるいはQR（Quick Response：クイックリスポンス）やECR（Efficient Consumer Response：効率的消費者対応）といった名前で導入が進められつつあるシステムである。それらのシステムでは、店頭での商品の売れ行きに対して適切に生産量と流通量を調整できる体制を整えておく必要がある。小さな単位で生産や流通を行い、リードタイムを短縮することが求められるようになるのである。POSやEOSやEDIの普及によって、小売企業の販売実績などの情報は、ネットワークを介して即座にサプライヤーに伝達できるようになった。その情報を物流を担当する企業にも共有できるようにしておけば、サプライ

ヤーで準備された商品は時間を置かずに小売企業の店頭へと配送できるようになる。こうしてリードタイムが短くなった分だけ、店頭の在庫量は適正化され、在庫時間も短縮される。流通の時間的サイクルを、全体として短く高回転にすることができるようになるのである。

さらに、大量生産によるコスト削減と、延期化による在庫圧縮を同時に実現するシステムの構築をめざす試みも行われてきている。大量生産のメリットを残しながら、製品の形態の確定をぎりぎりまで遅らせようという生産方式である。たとえば、部品をある程度まとまったモジュール（機能部品）に仕立てておき、適切なモジュールを組み合わせることによって製品を完成させるというようにしておけば、仮に受注生産を行っていたとしても納期は大幅に短縮できる。たとえば、パソコンは高性能なものから低価格なものまでいろいろなタイプがあり、市場のトレンドが次から次へと高性能なものへ進んでいくことで、商品の陳腐化が早いという特徴を持っている。したがって、完成品の状態で在庫を持っておくことは、製造企業にとっても流通企業にとっても、過剰在庫の危険にさらされ続けるということを意味するのである。その中でデルコンピュータは、通信販売を主な販売ルートとし、完全な受注生産でカスタムメイドのパソコンを生産している。パソコンの内部は標準化されたモジュールの組合せであるため、受注されたパソコンは即座に組み立てられ出荷される。こうした生産方式によって、在庫の圧縮や技術革新にあわせた頻繁なモデルチェンジが可能となり、低コストで高性能のパソコンをつくり出すことができるのである。同様の生産システムは、日本のスポーツ用自転車メーカーなどにもみることができる。このような考え方を、大量生産によりながら、それぞれの消費者の要求に適合した商品を提供するという意味でマスカスタマイゼーション（mass customization）と呼んでいる。

3　現在の問題点とその対応策

小売企業は、大型化することによって強大な販売力を獲得し、製造企業と

対抗できるだけのパワーを保持するようになった。そうした小売企業の強みは、何よりも消費者との直接の接点を持っていることである。つまり、消費者の需要やニーズについての情報を、いち早く知ることができるところに位置しているのである。それらの情報は、新しい商品を企画開発したり、店舗の品揃え構成を改善したり、取引を効率化したりするうえで、非常に価値がある情報だといえるだろう。企業にとって、こうしたニーズ情報をうまく活用することができるかどうかは、他の企業との競争の中できわめて重要な課題となってくる。

　そうした状況を踏まえて、流通企業と製造企業の間で、長期的で継続的な取引関係を結ぼうとすることが増えてきている。消費者のニーズ情報と強い販売力をあわせ持つようになった小売企業と、高い技術力や商品開発力を備えた製造企業が、戦略的なパートナー関係を築こうとしているのである。しかもそれは、アメリカでのウォルマートとプロクター・アンド・ギャンブル（P&G）の提携や、日本におけるジャスコと花王の提携のように、強者連合が多くみられることが特徴的である。製販統合と呼ばれるこれらの動きは、小売企業と製造企業が、単に商品の取引を行うだけの関係にあるのではなく、緊密な情報交換を行うことによって、物流の効率化と在庫圧縮によるコスト削減や、あるいは消費者のニーズによりよく適合した商品開発をめざす行動といえるのである。

　また、複数の企業の商品を共同で配送するという試みも出てきている。これは、大手のコンビニエンスストアが、取引相手となる卸売企業を集約しようとしたのがきっかけである。コンビニエンスストアというシステムがうまく機能するためには、流通の延期化を可能とする多頻度少量配送という仕組みをつくりあげる必要があった。しかし、製造企業ごとに別々の系列卸売企業を通して商品が納品されているという状態では、商品を受け入れる店舗側の荷受け作業がきわめて繁雑なものになってしまう。そうした手間を少なくするために納品を担当するサプライヤーを、いくつかの卸売企業に集約しようというのである。現在では、このような小売企業主導型の共同配送だけで

なく、製造企業が主体となって行う共同配送も進められるようになってきている。当初は日用雑貨メーカーが中心であったが、化粧品やカメラなどの業界でも共同配送の動きは広がってきている。また、共同配送は物流コストの削減効果だけでなく、必要なトラックの数を減らすことになるため、環境問題に配慮するという側面もあわせ持っている。この共同配送はたしかに効果も大きいが、受発注の方式を統一するなど、実施のために乗り越えなくてはならない壁も多い。その意味でも、共同配送は小売企業、卸売企業、製造企業の長期的な取引関係の構築がなければ成立できない方法だといえるだろう。

　こうした長期的な取引関係を求める考え方は、企業間だけでなく、対消費者という面でも進められてきている。基本的に企業と消費者との関係はきわめて流動的であり、消費者は市場にある商品や店舗を自由に選ぶことができる。さらに、企業間の競争が激しければ、他の企業が行う消費者へのはたらきかけも無視するわけにはいかない。そうした中で新規顧客を開拓し続けようとすれば、いろいろな努力が必要となってくるのである。しかし、すでに取引のある消費者をカスタマーとして維持し、継続的な取引を行っていくことができれば、消費者へと向かう取引の流れも安定したものとなってくるにちがいない。よくいわれる経験則として、2割のカスタマーへの売上げが、売上げ全体の8割に達するというものがある。この上位2割のカスタマーを維持することが重要だというわけである。そこで注目されるようになったのが、カスタマーが取引の成果に満足しているかどうかということであった。もし良好な顧客満足が得られれば、次に取引の機会があったときに取引相手として選ばれる可能性は高まるだろう。逆に、カスタマーが不満足にある状態を放置しておけば、既存のカスタマーを逃がしてしまうだけでなく、不平不満が口コミによって広がることにより、商品や店舗の信頼をいっきに落としてしまうことも起こりうる。

　この消費者との関係を、長期にわたって継続していくために用いられるようになったのがデータベースを用いた顧客管理のシステムである。たとえば、POSシステムと顧客カードを組み合わせることで、その消費者の購買履歴

を把握することができる。そうすることによって、それぞれのカスタマーにあわせたサービスを提供したり、販売促進活動を行うことができるようになる。あるいは、インターネットを用いて、製造企業と消費者が直接コミュニケーションをはかることもできるようになった。EDIが製造企業と小売企業を結んだように、インターネットの普及は、企業と消費者を近づける方向へと作用している。消費者の意見を直接聞くことができれば、商品の開発や改良にきわめて有効にはたらくこととなるだろう。また、迅速な対応をすることによって、顧客満足を高めることも期待できるようになる。

　この章の冒頭でも触れたように、企業は、サプライヤーとカスタマーに挟まれて、取引の流れの中で活動している。その取引は、一度限りのものもあるだろうが、長期間にわたって何度も繰り返し行われるものもある。仮に商品や店舗が差別化されていない同質的な市場があるとすれば、取引相手との関係に注意を払う必要もない。しかし現実は、商品も店舗も差別化が進んでおり、他の企業との競争の中で取引が行われるという状態にある。取引の流れをスムーズに保つためには、どうしても、取引相手との良好な関係が求められるわけである。近年、サプライヤーあるいはカスタマーとの取引関係を検討し直すことが強調されるようになったのは、そうした現実を反映しているのである。

引用文献
田村正紀『マーケティング力』千倉書房、1996年
矢作敏行『現代流通』有斐閣、1996年

参考文献
嶋口充輝・石井淳蔵『現代マーケティング』〔新版〕有斐閣、1995年
田島義博・原田英生編著『ゼミナール流通入門』日本経済新聞社、1997年
矢作敏行『コンビニエンス・ストア・システムの革新性』日本経済新聞社、1994年
和田充夫・恩蔵直人・三浦俊彦『マーケティング戦略』〔新版〕有斐閣、2000年

第VI章

情報環境

1 はじめに

　企業の情報環境における最近の顕著な展開は、コンピュータとその情報ネットワークによる情報のシステム化や、インターネットを基盤とした新しいビジネスの展開にある。この展開では、企業の情報環境が企業の選択を変える側面と、企業の選択が情報環境を変える側面とが、相補的に生じている。たとえば、インターネットの出現で、一方では、顧客に問屋を通さず直販する企業が出現するという側面があり、他方では、安全な取引のために、インターネット上で暗号や認証が整備されるという側面がある。この意味で、企業の情報環境における環境は、企業にとって所与のものではなく、複雑なものとなっている。

　企業の情報環境を広くとらえれば、情報や知識の交換や蓄積を行う主体や主体間の関係、情報や知識のメディア、情報や知識の内容など、多くの側面で論じることができる。

　情報や知識の交換や蓄積に関する環境については、企業の利害関係者の集合や、企業内部や外部の公式的非公式的情報チャネルについて論じられている。ここで、企業の利害関係者の例としては、顧客、取引業者、株主、従業員、労働組合、金融機関、地域社会、政府・行政体、業界団体などの各種団体、マスコミなどをあげることができ、これらの利害関係者間で交換される情報や知識が、企業の行動や戦略にもたらす影響は、いまさら論じるまでもないほど、多くの議論がなされている。

情報や知識のメディアに関する環境については、文字などの記号をはじめ、印刷物、電話、ラジオ、テレビ、コピー機、ファクシミリ、コンピュータなど数多くの媒体や関連する技術をあげることができる。ことに、印刷技術は、現代に至るまで、情報や知識の普及や蓄積に大きく貢献したことは、つとに指摘されているところである。

そこで、この章では、最近展開の著しいコンピュータとその情報ネットワークによる情報のシステム化を中心に、企業の情報環境を論じることとする。コンピュータは、サイモン（Simon, 1996）も指摘するように、人間の思考を表現することのできる機械であり、情報の知的な処理を可能にしていること、通信のネットワークとの結合でインターネットを実現していることなどに着目して、考察を進めることとする。

2 情報インフラの発展

今日の企業におけるコンピュータを核とした情報システムは、一朝にして成立したわけではない。処理対象となる業務や処理内容は、業務や人員配置の再編などを伴って、技術の発展とともに拡大している。ことに、インターネットの発展は、事業自体の消長はもとより、新しい事業の成立をもたらしている。どのような変遷があったのであろうか。

■1 企業内情報システムの効率化

経営における情報の処理は、商業や産業の発生以来行われてきている。帳票類の処理において、人力のみに依存する処理から、算盤程度の補助用具を援用する時代が続いた。PCS（Punched Card System）が出現することによって、統計計算や経理計算などの事務機械化が実現した。1880年頃には、パンチカード会計機がつくられ、アメリカの国勢調査の集計に使われた。

1950年代の初めに、真空管式の計算機が出現し、次いでトランジスタ式計算機が1960年代に登場し、EDP（Electronic Data Processing）が本格化する。

この世代の計算機はプログラムを内蔵することや、OS（Operating System）による制御を実現することで、電動式計算機の計算速度やPCSの事務処理量をはるかに凌駕するものであった。

　経営情報システム（Management Information System：MIS）は、1960年代半ばから構想され、管理者に意思決定のための情報を、必要なとき必要な形で提供するためのシステムとして提案された。コンピュータの処理能力は、増大していたものの、実情は、購買、生産、販売、財務・会計、人事・給与などの職能に関して、それぞれコンピュータによる処理が可能な部分につき、実績情報の要約を中心とした処理を行うシステムにとどまった。構想と実情のギャップについては、エイコフ（Ackoff, 1967）にもあるように、管理者の意思決定や管理者の必要とする情報についての理解が不十分であることが指摘されている。この頃から、生産管理については、原材料や部品の所要量を計画するMRP（Material Requirements Planning）やCAD／CAM（Computer Aided Design／Computer Aided Manufacturing）のシステムが構築されはじめている。

　意思決定支援システム（Decision Support System：DSS）は、1970年代の初めから構想され、主として、半構造的な問題解決における意思決定者を支援するシステムとして提案された。また、コンピュータの小型化に伴って、オフィス・オートメーション（OA）の構想が提案された。ミニ・コンピュータ、オフィス・コンピュータ、さらにはパーソナル・コンピュータが市場に出回るとともに、オフィス業務の生産性向上や、個人の情報処理能力の向上がはかられた。

　戦略情報システム（Strategic Information System：SIS）は、1980年代半ば頃から、市場における優位の確立をはかることを目的として構築され、顧客の囲い込みなどの効果をもたらした。この情報のシステム化は、企業内部での効率化を志向していた従来の情報システム化に転換をもたらすものとなったが、この構想自体は、インターネットによりオープン化の時代が到来すると、再検討を迫られるものとなった。

企業の情報システムは、通信プロトコルである EDI（Electronic Data Interchange）や EDIFACT（Electronic Data Interchange for Administration, Commerce and Transportation）などの国際的標準が整備されることによって、企業間の情報交換ないし連結が促進されている。販売時点管理システム（Point of Sales：POS）や、電話やファクシミリに代わる EOS（Electronic Ordering System）が導入されるようになった。

エンタープライズ・リソース・プランニング（Enterprise Resource Planning：ERP）は、1990年代の半ば頃から、企業内に散在する情報の統合をはかり、効果的なバックオフィスを構築するシステムとして構想された。ERP は、企業の持つ機能に対応したサブシステムを構成要素とするパッケージ・ソフトとして提供される点に特色があり、企業は、必要に応じてカスタマイズをすることとなる。ERP 導入の促進要因としては、企業独自の情報システム開発費用が、大きな負担となってきていることや、ビジネス・プロセス・リエンジニアリング（Business Process Reengineering：BPR）がアメリカで盛んに行われたことなどをあげることができる。

企業の情報環境は、このように企業内部の事務機械化から始まり、管理者の意思決定のための情報提供システムという構想を経て、企業間ないし企業と顧客を結ぶオープンな情報ネットワークへと発展してきた。現代企業の情報環境は、インターネットによって、B to B（Business to Business）、B to C（Business to Consumer）、G to B（Government to Business）という情報流通のネットワークに結びつけられている。

2 インターネットの出現

企業と顧客間ないし企業間の情報システムは、コンピュータ間の通信プロトコルが標準化されたことによって、急速に普及した。業界内部でのデータ通信の例としては、国際的な金融ネットワークである SWIFT（Society for Worldwide Interbank Financial Telecommunications）が、1973年に発足しているが、現在の電子ビジネスの興隆は、インターネットの出現にあるといって

過言ではない。

　インターネットは、1960年代の後半、そのプロトコルが、アメリカの国防総省高等研究計画局（DARPA）の研究用パケット交換ネットワークであるARPANETで開発されはじめたことに端を発している。また、インターネットの利用は、ブラウザ・ソフトが開発されたことによって、文字、音声、画像などのマルチメディア通信が容易になり、急速に普及した。

　インターネットの特色は、基本的には、コンピュータ間のオープンな接続を可能にしていることにある。また、インターネットの発達は、企業の情報環境を、時間的空間的に拡大するとともに、ネットワーク型に変化させている。この変化は、新たな企業形態の発生をもたらしており、企業や個人におけるビジネス・チャンスの拡大となって現れている。従来のブリック・アンド・モルタル企業に対して、クリック・カンパニー、クリック・アンド・モルタルないしクリック・アンド・ブリック企業と呼ばれる企業群の出現である。

　クリック・カンパニーの例では、書籍などを販売するAmazon.comのように、インターネットのブラウザに商品を並べ、インターネットを介して注文を受ける企業や、オークション・サイトを開設して、売り手と買い手を仲介するebay.com、楽天市場、priceline.comなど、企業、店舗を持たずにバーチャル・モールなどを通じて商品を販売する企業などが出現している。ネット販売では、購入の手間を省くワン・クリック特許や逆オークションの特許などが、また、金融業では、ハブ・アンド・スポーク投資法などが、それぞれアメリカで特許を認められている（幸田, 2000）。ビジネス方法特許がアメリカで認められたことは、ビジネスの方法が知的財産権としての保護の対象となるという意味であり、ビジネス・モデル開発の重要性を示している。さらに、デルコンピュータのように、インターネットのブラウザを大口顧客ごとにカスタマイズして受注し、顧客への直販システムを確立している企業もある。シスコのように、顧客間での情報交換により、顧客が自ら問題解決できるサイトを運営している企業（Seybold and Marshak, 1998）もある。また、

シスコは、製品の受注と同時に、生産を委託している企業に情報を伝達して製品を製造し、その企業から発注者に製品を納入するという仕組みを構築している（Bunnell, 2000）。

3 ソーシャル・コンピューティング

　現代のコンピュータは、計算機というよりは、情報メディアである。コンピュータは、演算、処理、記憶、伝達などの機能を備えた情報メディアであり、情報空間を形成するものとなっている。コンピュータは、通信システムへの接続によって、情報メディアとして、マスメディアとは異なる情報の伝達媒体となるとともに、情報の蓄積の場ともなっている。人々は、デスク上のコンピュータから、LAN（Local Area Network）あるいは電話回線を利用して、インターネット上にホームページを開設し、情報発信をすることができる。現在のホームページの1ページを、書籍の1ページに換算すれば、年々膨大な量の出版がなされていると考えることができる。試みに、ある検索エンジンで、経営情報システムをキーワードとして検索を行うと、約9000件のサイトが抽出されるほどである。

　インターネットは、情報共有を容易にしている。コンピュータの利用が、人々の間の協業関係や社会的関係に、新たな形態を生じている。たとえば、**CSCW**（Computer Supported Cooperative Work）、**SOHO**（Small Office Home Office）などの仕事の形態である。人々は、電子会議室の利用や、情報ネットワークを介して個人のファイルを共有することにより、時間的あるいは空間的な制約を克服することができる。また、インターネット上に、情報や知識の集積サイトを構築し、共有することによって、サイバー・コモンズ（cyber commons：Ohta and Ishida, 1998；Ohta, Ishida and Okada, 2001 b）、すなわち情報のコモンズを形成することができる。このような情報システムは、マスメディアなどの一方向的な垂直的な情報システムとは異なり、水平的な情報の連鎖を形成する。インターネットは、新たな情報流通のシステムとして、社会情報システム（太田他, 1996, 1997；Ohta, Ishida and Okada, 2001 a）の基

盤となっている。

　このような情報環境の変化は、なぜ組織が必要なのか、あるいは、組織の構造や過程は、どのような意味を持つのかについての考察もうながした。典型的には、組織と市場を対比することにより、新たな情報環境がもたらす可能性を生かす方策や、新たなビジネス・モデル構築の課題についての検討となって現れている。企業間の情報ネットワーク化は、また、組織間の関係に変化をもたらしている。

　企業の情報環境の変化は、製品やサービスの生産過程全体を、一つの企業レベルに限定することなく、企業間の連携や同盟によって実現することを可能にしている。また、別の面では、情報の処理や意思決定における仲介的機能の重要性（Lin and Ohta, 1997；林・石田, 1998）を明らかにしている。この過程の形成やそこでの調整構造について、コミュニケーション・チャネルをモデル化し、操作的に解明することを試みることとする。

3　競争の多様化と激化

　企業の情報環境は、競争の多様化と激化に対して、どのような影響を持つのであろうか。規制緩和や技術革新が、産業にまたがる企業間の競争をもたらすことは明らかである。最近の事例では、銀行、証券、保険などの間にあった規制の緩和や、デジタルカメラの生産などに、それらの例をみることができる。情報環境の場合は、どうであろうか。

　情報技術の進展に伴う新たな情報環境は、取引費用を変化させたり、新たなビジネス・モデルを出現させたりする。そこで、この節では、競争における基礎的要件としての取引形態について、調整構造の観点から組織と市場と対比し、次節では、インターネットなどの情報システムを戦略的に利用するビジネス・モデルについて、それぞれ考察する。

　取引費用は、探索費用、契約費用、調整費用に分類することができる（Karakota and Robinson, 2001）。探索費用は、代替案の探索や吟味に要する費

用であり、時間や資源の消費による費用である。たとえば、供給業者が信頼のおける業者であるかどうかを見極めるためには、情報探索が必要である。契約費用は、価格や納入条件などについての契約を締結するために要する費用である。調整費用は、資源や製品やサービスの生産から提供までの一連の過程を調整するのに要する費用である。これらの費用は、組織と市場とで、どのように異なるのであろうか。取引費用に基づく組織理論は、ウィリアムソン（Williamson, 1975）などで理論化されているが、ここでは、コミュニケーション・チャネルの構造に着目したモデルをとりあげて議論する。

1 インターネット情報環境下の組織形態

情報技術の発展による新たな情報環境下では、どのような組織が出現するのであろうか。21世紀型の組織について、MITのCCS（Center for Coordination Science）は、2種類のシナリオを描いている（Laubacher et al., 1997）。その一つは、疑似国家的な大組織が出現するというシナリオであり、他方は、小規模組織の大規模ネットワークが構築されるというシナリオである。

第1の疑似国家的な大組織は、バーチャル・カントリーであり、大規模な地球規模のコングロマリットで、従業員を揺りかごから墓場まで面倒をみる組織であると特徴づけられている。一方、第2の小規模組織の大規模ネットワークは、企業のさまざまなネットワークによる一時的連結で、実時間ベースの情報交換を行う組織であるとされている。ここでのネットワークは、映画の製作を例として示されているが、創造型、あるいは芸術志向など、高度な知的活動に適した組織化の形態であるということができる。疑似国家的な大組織は、社会的な機能まで包含する組織体であるのに対して、小規模組織の大規模ネットワークは、専門的な機能を持つ小規模組織が、適宜専門的な機能を調達する形で、組織を形成することによる組織体である。このことからすれば、2つのシナリオは、単純化すると、組織と市場とを対比するものともなっている。

組織や市場を対比するとき、それらの構造は、構成要素間のコミュニケー

ション・チャネルを用いて表現することができる。この単純化は、意思決定の不確実性と情報処理負荷に基づいて組織構造の設計論を展開したガルブレイス（Galbraith, 1977 ; 1978）においてもなされている。そこで、コミュニケーション・チャネルに着目し、第1に、組織と市場の構造を単純化することによって対比し、第2に、インターネットの持つ企業の情報環境における意味を考察してみよう。この検討は、バーチャル組織の設計を考える場合、その編成や評価についての基礎的な知見ともなっている。

2 調整の構造

情報技術の企業経営へのインパクトは、理論的には、取引費用の低減に伴う効果が重視されている。組織の必要性に関する考察は、市場的取引に対して組織を形成する方が有利であるとする考え方に基づいている。少し長くなるが、マーロン（Malone, 1987）に基づいて、組織と市場を対比し、調整構造の特徴と情報技術のインパクトについて考察する。

組織は企業目的達成に必要な課業を遂行する行為者、ないしはその集団によって構成される。組織は行為者や集団を統合する調整の構造を持つ。調整の構造は、意思決定とコミュニケーションのパターンである。また、市場の形態には、これとよく似た構造を持つものがある。これらのパターンは、代表的な4つの代替的な調整構造にまとめることができる。これを図VI-1に示す。

これらの構造は、製品別階層、職能的階層、分権的市場、集権的市場の4つである。図VI-1中の記号で、△、○、□は、それぞれ機能の異なる課業プロセッサであり、たとえば、設計、製造、販売などの機能を果たすと考える。◇は、職能管理者を示している。職能管理者は、課業プロセッサを統括する役割を担っており、設計部長、製造部長、販売部長などに対応する。◎は、製品管理者を表している。製品管理者は、製品を設計し、製造し、販売するのに必要な機能全体を統括する。典型的には、製品ごとの事業部長に対応する。

製品別階層

分権的市場

集権的市場

職能的階層

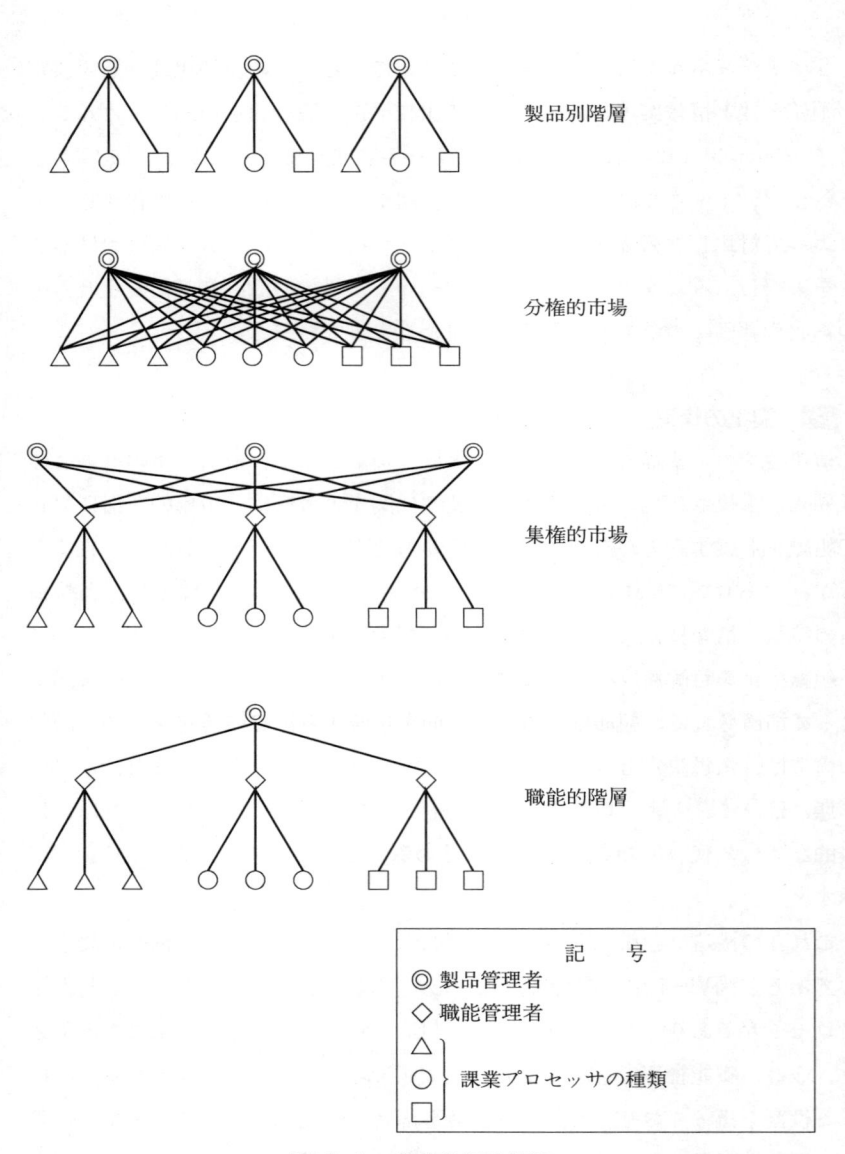

記　号
◎ 製品管理者
◇ 職能管理者
△ ○ ｝課業プロセッサの種類 □

図VI-1　代替的調整構造

出所：Malone（1987）．

それぞれの調整構造は、どのようなメカニズムで調整を行っているのであろうか。また、その過程で、コミュニケーションは、どのような役割を担うものとしてモデル化されるのであろうか。以下では、各々の調整構造の特色を明らかにするため、表Ⅵ-1に示すとおり、①製品間での課業プロセッサの共有の有無、②行為者間、すなわち製品管理者や課業プロセッサなどの間の連結数、③課業配分の開始から完了に至るまでの過程で交換を要するメッセージ数、④故障や失敗の帰結、すなわち、課業プロセッサ、職能管理者、製品管理者が、それぞれの意思決定で失敗したり、コンフリクトを生じたりした場合の帰結について、それぞれの調整構造の特色を対比した。
　このモデルでは、製品数、すなわち生産する製品の種類の数を n、課業の種類、すなわち職能の数を k、各職能に属する課業プロセッサの数をそれぞれ m とおく。
　今、記述を簡明にするため、課業プロセッサについては、1種類の職能にのみ注目する。

（１）　製品別階層

　製品別階層では、製品管理者が、製品を生産するために必要な、タイプの異なる職能別課業プロセッサを、それぞれ抱えている。製品管理者は、いわば事業部の長である。
　製品管理者は、各々の製品を生産するために必要な課業を、それぞれの課業プロセッサに割り当て、課業の進行状況などについて報告を受ける。製品管理者は製品の数だけ存在する。

①製品間で課業プロセッサは共有されていない。これは、製品別管理者が率いる集団は、お互いに独立で、集団間に相互作用がないためである。
②製品管理者と課業プロセッサとの間の連結数は、各製品管理者がそれぞれ課業プロセッサを必要とすることから、課業プロセッサの数に一致する。ここでは、1種類の職能にのみ注目しているので、行為者間の連結数は m となる。
③製品管理者と課業プロセッサとの間のコミュニケーションは、課業配分

のときに生ずる。このコミュニケーションは、課業の割当てと課業の完了に関するメッセージの交換である。したがって、課業配分に必要なメッセージの数は、2である。すなわち、製品管理者が、課業プロセッサに課業を割り当てるときに1、課業プロセッサが課業の完了を報告するときに1であり、合計2である。

④課業プロセッサが故障したり、意思決定に失敗したりした場合、製品間でのプロセッサの共有ができないので、その製品の生産が中断する。すなわち1製品の生産が中断する。製品管理者の失敗も1製品の生産の中断を招く。しかし、この中断は、残りの $n-1$ の製品管理者には影響しない。

（2） 職能的階層

職能的階層では、職能タイプの同じ課業プロセッサが職能別の部門にまとめられており、各々の部門に職能管理者が置かれている。職能管理者は、職能部門の数だけ存在し、職能部門は、タイプの異なる職能の数だけ存在する。

職能管理者を統括するのは、製品管理者である。職能的階層の製品管理者は複数の製品を担当する。そこで、この管理者を執行部と呼ぶことにする。

執行部は、すべての製品をつくるために必要な課業を、それぞれの職能管理者に割り当て、その割当てを受けた職能管理者は、さらに、それぞれの課業プロセッサに課業を割り当てる。課業の完了した課業プロセッサは、職能管理者に完了の報告を行い、次いで、職能管理者は、執行部にその完了を報告する。職能管理者は、部門内部の課業プロセッサの負荷や能力を把握する必要がある。

①製品間で課業プロセッサは共有されている。これは、職能管理者が同種の職能に属する課業プロセッサを統括しているためである。このため、たとえば、そのうちの一つのプロセッサに過負荷や不都合が生じた場合、課業を他のプロセッサに再配分することが可能である。

②行為者間の連結数について、まず、課業プロセッサと職能管理者の連結数は、1種類の職能の課業プロセッサに注目しているので、m である。

次いで、この職能管理者と執行部の連結数は 1 であるので、全体としては $m+1$ の連結があることになる。

③課業配分のコミュニケーションで交換されるメッセージの数は、まず、執行部から職能管理者に対して課業のニーズが伝えられ、次いで職能管理者から課業プロセッサへ課業の割当てが行われるので、伝達されるメッセージ数は 2 である。さらに、課業の完了に伴う完了報告が、課業プロセッサから職能管理者へ、さらに職能管理者から執行部へと、それぞれ送られるので、伝達されるメッセージ数は 2 加わる。したがって、メッセージの数は 4 となる。

④行為者の失敗に伴う製品の生産への影響は、以下のとおりである。まず、課業プロセッサの場合は、割り当てられた課業の振替が可能であるので、課業の再配分が行われる。次いで、職能管理者の場合は、その職能全体の機能が中断するので、全製品の生産が中断する。最後に、執行部の場合は、n 製品全体の製品管理者であるので、全製品の生産が中断する。

（3） 分権的市場

分権的市場では、売り手は課業プロセッサで、買い手は製品管理者である。すべての買い手が、すべての売り手との間にコミュニケーションのリンクを持っている。このリンクを通じて、課業のニーズ、割当て、完了通知に関するメッセージが交換される。

ある製品の生産を目的とする製品管理者は、すべての課業プロセッサとメッセージの交換を行い、最も条件のよい課業プロセッサに課業の割当てを行い、必要な課業の達成をはかる。一方、課業プロセッサは、製品管理者からのメッセージに応札し、課業の割当てを受けると、課業を遂行し、課業の完了通知を製品管理者に対して行う。

①各製品管理者は、すべての職能のすべての課業プロセッサとリンクを持っているので、製品間で課業プロセッサは共有されている。

②課業プロセッサと製品管理者との間の連結数は、すべての課業プロセッサとすべての製品管理者との間にリンクがあることから、これらの数の

積 mn である。

③課業配分に要するメッセージは、まず、製品管理者から課業プロセッサへの課業のニーズの伝達であり、次いで、課業プロセッサからの応札となるので、1種類の職能に注目すると、その数は $2m$ である。さらに、製品管理者は、最も条件のよい課業プロセッサに課業割当てのメッセージを送り、課業プロセッサは課業完了のメッセージを製品管理者に送付するので、新たに2メッセージが加わる。したがって、交換されるメッセージの数は、合計 $2m+2$ である。

④課業プロセッサの失敗の場合は、製品管理者による課業の再割当てが可能である。次いで、製品管理者の失敗の場合は、1製品の生産の中断となるが、残り $n-1$ の製品管理者には影響しない。このタイプの調整構造には職能管理者に相当する行為者は存在しない。

（4） 集権的市場

集権的市場では、売り手と買い手の間に仲介者が存在する。したがって、売り手はすべての買い手に接触する必要はないし、買い手も同様である。この仲介者は仲買人であり、同じタイプの課業プロセッサをとりまとめている。仲買人はタイプの異なる課業プロセッサの数だけ存在する。仲買人は、売り手である課業プロセッサと、買い手である製品管理者との間に、それぞれコミュニケーションのリンクを持つ。

ある製品の生産を目的とする製品管理者は、仲買人に課業のニーズを伝える。仲買人は、課業プロセッサに課業を割り当て、課業完了の通知を受け取り、製品管理者に対して、完了の通知をする。

①課業プロセッサは製品間で共有されている。これは、仲買人が課業プロセッサをとりまとめているためである。

②製品管理者と仲買人との間の連結数は、1職能当たり n であり、仲買人と課業プロセッサとの連結数は、同様にして m であるので、合計した連結数は $n+m$ である。

③課業配分に要するメッセージは、まず、製品管理者から仲買人への課業

表VI-1　調整構造の特徴

調整構造	製品間でのプロセッサの共有	行為者間の連結数	課業配分に要するメッセージ数	故障ないし失敗の帰結		
				課業プロセッサ	職能管理者	製品管理者
製品別階層	無	m	2	1製品中断	—	1製品中断
分権的市場	有	mn	$2m+2$	課業再配分	—	1製品中断
集権的市場	有	$m+n$	4	課業再配分	全製品中断	1製品中断
職能的階層	有	$m+1$	4	課業再配分	全製品中断	全製品中断

注：m＝職能別課業プロセッサの数、n＝製品数、連結数＝職能ごとの必要数。
出所：Malone (1987).

のニーズの伝達であり、次に、仲買人から課業プロセッサへの課業の割当てであるので、その数は2である。さらに、課業プロセッサは課業の完了を仲買人に通知し、仲買人はこれを製品管理者に通知するので、新たに2メッセージが加わり、メッセージ数は合計4である。

④課業プロセッサの失敗の場合、仲買人による課業の再配分が可能である。仲買人の失敗の場合、その職能全体が中断するので、全製品の生産が中断する。製品管理者の失敗の場合、その製品のみの生産中断となり、1製品の生産の中断となる。

これらの結果をまとめて、表VI-1に示す。

3　調整構造の比較

このモデルに基づいて、調整構造間の比較を行い、各々の調整構造を特徴づけてみよう。この比較では、生産コスト、調整コスト、脆弱性コストを用いる。ここで、生産コストは、生産能力のコストや課業遂行における待ちのコストであるとする。調整コストは、行為者間のコミュニケーションの連結を維持するコストと、これらのつながりを用いて交換されるメッセージのコストであるとする。さらに、脆弱性コストは、行為者の失敗、すなわち意思決定の失敗や命令実行の失敗などに対して組織が適応するまでに要する不可避なコストであるとする。

表VI-2　調整構造間の比較

調整構造	評価基準		
	効率	柔軟性	
	生産コスト	調整コスト	脆弱性コスト
製品別階層	H	L	H′
職能別階層	L	M⁻	H⁺
集権的市場	L	M⁺	H⁻
分権的市場	L	H	L

注：1) L＝低コスト、M＝中コスト、H＝高コスト。
　　2) 行間比較のみ有効。
出所：Malone（1987）．

　生産コストは、生産能力の大きさと課業の待ち時間に比例するので、負荷の平準化のできない製品別階層が最大の所要時間を要すると考えられるので、最もコストが高いと考えられる。なお、ここでは、ある調整構造における処理能力は、生産能力と待ち時間のコストを最少にするように選ばれていると仮定する。

　調整コストは、行為者間の連結数と課業割当てに必要なメッセージ数とに比例する。各々に単価を設定することができると仮定すると、調整コストは、製品別階層、職能別階層、集権的市場、分権的市場の順で高くなる。

　脆弱性コストは、課業プロセッサ、職能管理者、製品管理者の失敗の確率や各々の失敗のコストに比例する。コストは、課業再配分、1製品中断、全製品中断の順で高くなるものと仮定する。この他確率についての仮定が必要であるが、分権市場よりも製品別階層の方がコストが高く、分権的市場よりは集権的市場が、さらに集権的市場よりは職能的市場の方がコストが高い。

　これらの結果をまとめて、表VI-2に示す。なお、この結果によれば、分権的市場は、調整コストが最も高くなっているが、太田・國米（1993）によれば、平均稼働率の点では有利であることがわかっている。

　これらの他にも論点はあるが、このモデルは、コミュニケーション・チャネルの構造が、行為者間の調整の構造と密接に結びついている様子を明らか

にしている。このモデルは、コミュニケーション・ニーズの発生や、意思決定システムに関する基本的で操作的なモデルである。

4 インターネットとバーチャル組織

　分権的市場は、インターネットのようなネットワークが存在する場合、他の3つの調整構造よりも優れている。これは、表VI-1で明らかなように、行為者間の連結を維持する費用や、課業配分に要するメッセージ数に比例する費用が、著しく低下するためである。この費用の著しい低下の例として、データ通信回線の利用料をあげることができる。データ通信回線は、従来は、専用回線の利用に限られていたが、インターネットの普及によって、公衆網回線の利用が可能となっているため、データ通信回線の利用料は、著しく低下している。この他の費用要因である製品間でのプロセッサの共有や、故障ないし失敗の帰結について比較しても、分権型市場は、製品別階層や集権的市場に比較して優れている。

　ところで、インターネットを利用した原材料や部品の調達は、分権的市場での調達に対応する。この調達での費用について、組織内部で調達する場合、すなわち、製品別階層や職能的階層における調達の場合の費用と比較すると、その差は縮まることとなり、このモデルでは、分権的市場型の調達は、現実的な代替案となっていることがわかる。

　インターネットを介した調達先が信頼できるのかどうかという問題は解決しなくてはならないが、この問題は、最近のインターネットにおける認証局やエスクロー・サービスの整備や評判に関する情報の利用可能性が高まれば改善されることになり、分権的市場型の調達が現実味を持つことになる。

　一方、応札者からすれば、同じような専門的能力を持つ者が、競合する相手となる。オークション方式で受注することとなると、競争の激化は避けられない。他方、調達者側からすれば、応札者の集合は、自身に備わっていない能力を、必要に応じて調達できる相手の集合となる。このような能力の調達の仕方は、調達者にとって、バーチャル組織に可能性を開くものである。

インターネットによる情報環境の特色を、組織と市場の対比のモデルに基づいて考察すると、分権的市場の持つ有効性が明らかになる。この結果は、バーチャル組織の成立とよく対応することがわかる。

このようなインターネット情報環境の特徴は、どのような戦略的利用形態があるのであろうか。この点について、次節では、伝統的経済とインターネット経済を対比し、情報環境の整備や戦略的利用について考察を進めることとする。

4　情報システムの戦略的使用

最近の企業は、激変する市場、世界的競争、技術革新サイクルの短縮化に直面している。また、企業における情報環境の整備は、市場での成功や長期的な存続のため、不可欠な活動となっている。このため、企業は、情報や知識の持つ意味や、情報技術を援用した情報のネットワーク化や知識の体系化、新たな事業編成などを模索している。

企業は、従来の情報メディアに加えて、インターネットを活用することによって、新たなビジネスの方法を開発することができる。この変化は、インターネット経済、デジタル経済、グローバル経済、モバイル経済などと呼ばれている。インターネット経済は、収穫逓増の経済、範囲の経済、経路依存性などという特徴を持つ（Arthur, 1994；U. S. Department of Commerce, 2000）。また、経済活動では、資本集約的な経済活動から、知識集約的な経済活動への移行（Means and Schneider, 2000）が指摘されている。

この経済は、どこが、従来の経済と異なるのであろうか。また、このような差異は、なぜ生じるのであろうか。また、企業にとって、どのような課題があるのであろうか。

1　インターネット経済

インターネットに象徴される新たな経済は、産業や競争環境についての伝

統的な仮定やモデルにおける変化をもたらしている。たとえば、オンライン・マーケットは、価格や商品の入手可能性についての情報を公開している。このような情報は、従来は、企業の内部では知ることができるが、外部からのアクセスは限られていた情報である。オンライン・マーケットでは、企業のパートナーはもとより、競争相手さえも知ることができるようになっている。インターネットを介した取引は、新しいビジネス・モデルに基づくものであり、スピードや費用の面で優位に立つ一方、認証やセキュリティなどの課題を抱えているなど、既存の取引形態にはない可能性と問題を生じている。

　情報システムの戦略的利用を考察するためには、企業の情報環境が大きく変化していることから、企業活動の基本に立脚して、企業の担う機能に基づき、その機能の編成や充足方法について検討する必要がある。企業の担う機能は、基本的には、顧客に対する商品やサービスの提供にあり、そのプロセス全体に着目して分解すると、主要な機能は、購買流通、生産、製品流通、マーケティング・販売、顧客サービスである。このような機能の編成にあたり、どのような変化が生じているのであろうか。

（1）購買流通戦略

　情報システムは、原材料・部品の調達、生産工程、製品流通におけるフローやストックに変化をもたらしている。企業のロジスティクスには、購買流通（in-bound logistics）、工程在庫（process inventory）、製品流通（out-bound logistics）がある。インターネットを利用することによって、このプロセスは、一貫してリアルタイムに管理することができる。物理的な製品の場合、工程中にある半製品を除いては、できるだけ在庫とならないよう管理する必要がある。購買流通における仮定や目標の遷移は、クローニン（Cronin, 2000）によれば、表VI-3のとおりである。

　インターネット上のe-Marketplace（Raisch, 2001）などは、購買流通の好例であり、B to Bの原材料や部品などの取引が行われ、それらの価格のダイナミックな設定もなされる。消費者から直接注文を受ける企業は、アウトソーシングなどの手段を講じることによって、必ずしも製造工程や倉庫を

表VI-3　購買流通における仮定や目標の遷移

購買流通	伝統的経済	インターネット経済
仮定	部品やサービスの購買流通は、企業の統制下にある。	部品は、リアルタイムな顧客の需要に応じて調達され組み立てられる。
目標	JIT（Just-in-Time）アプローチでは、コストや納入条件の最もよい選別された納入業者に固定する。	いつでも、どこでもという能力は、効率的な組み立てや配送を確保できるよう、必要に応じて契約で原材料を調達することができる。
重要な活動	マテ・ハン、保管、在庫管理、輸送	BTO（Built-to-Order）戦略を実現するため、情報とスケジューリングを管理する。

出所：Cronin (2000).

持たなくて済むこととなる。このことは、インターネットを介することによって、スピードと効率を確保する新たなビジネス・モデルの構築が可能であることを示している。

（2）　生 産 戦 略

インターネットを介した情報システムを整備し、専門的な能力を備えた企業と協調関係を形成することによって、柔軟で効率的なビジネスの展開が可能になっている。これは、専門能力を集積している企業との協力関係を確立することで、必要な専門的職能を調達することである。企業にとっては、仮想的な能力の活用となる。また、一方で、企業は、いかに自己のビジネスにおいて、専門的能力を確立できるのか、あるいは集積の効果を実現できるのかどうかについて検討を迫られることになる。

インターネットの普及は、意思決定のサイクルタイムを短縮している。情報の伝達速度や処理速度が向上するにつれて、意思決定に要する情報の入手や加工のリードタイムは、減少している。インターネットの普及に伴い、自動車部品の共同調達市場の形成、電子製品生産における製造専門企業の出現、製品流通の外部委託などが、本格化している。たとえば、製品開発、製造、流通などすべてを、一つの組織内で実現することは、必ずしも効率的ではな

表VI-4　生産における仮定や目標の遷移

生産	伝統的経済	インターネット経済
仮定	内部の効率は、コスト削減やサイクルタイム向上のための本質的要素である。	インターネット時間で見積もりし、生産する能力は、戦略的パートナーへのアウトソーシングを必要とする。
目標	焦点は、キーとなる生産分野でのベスト・プラクティスを確立することにある。	焦点は、可能な限り多くの職能をアウトソースするため、ベスト・パートナーを確保することにある。
重要な活動	プロセス設計、組立て、梱包、装置の生産高、装備の運用、ERPシステムの管理。	顧客の注文に基づく組立て、潜在する需要に対する新しい提案を構築するための広汎な市場の継続的な探索、ASP（Application Service Provider）利用による解決策の管理。

出所：Cronin（2000）．

くなっている。たとえば、製品の組立てを行わないファブレス企業が出現している。

　企業は、このような市場調達やアウトソーシングによる調達を通じて、経営資源の獲得をはかるべく戦略的提携ないし同盟によるネットワーク型経営を展開している。企業は、経営資源の最適配置を志向し、コア・コンピテンスへの資源の集約をはかったり、情報の集約や調整を行うハブないしネットワーク・ノードとしての機能を担うよう特化したりすることとなる。生産における仮定や目標の遷移は、表VI-4に示すとおりである。

　（3）　製品流通戦略

　情報システムによる情報の共有は、製造業者、卸売り事業者、小売り事業者との間での共同意思決定を一層効果的なものとしてきた。この例には、VMI（Vender Managed Inventory）、Collaborative SCM（Supply Chain Management）、CPFR（Collaborative Planning, Forecasting, and Replenishment）などがある。VMIについて、林＝太田（Lin and Ohta, 1997：林・太田，1977a）は、意思決定と情報のフローに基づくモデル化を行い、情報システムによる情報の共有や契約関係の締結がもたらす意思決定サイクルの短縮化や在庫管理の効

表VI-5　製品流通における仮定や目標の遷移

製品流通	伝統的経済	インターネット経済
仮定	生産者と最終顧客との間に、商品の物理的な出荷や保管のため、多くの時間や空間が必要である。	製品の完成と最終顧客への引き渡しとの間の時間は、最小時間ですむ。
目標	企業内在庫や出荷システムの効率。	BTOの能力と工程在庫。
重要な活動	在庫管理、需要に対する出荷スケジューリング。	信頼のおける情報チャネルとパートナー関係の確立。

出所：Cronin（2000）．

率化について論じている。製品流通に関しては、サードパーティ・ロジスティクス（3PL）が本格化している（Kajita and Ohta, 2001）。

　この動向をさらに推し進めるためには、インターネットのブラウザで製品の需要を把握し、製品と市場および流通との間の最良のマッチングをとる必要がある。求貨・求車サイト（梶田・太田，2001）などの情報仲介型のサイトは、その例であるが、同盟企業の間では、相互に在庫や受注のデータベースを参照することにより、製品流通のスケジューリングを行い、在庫時間の短縮や特急の配送の削減をはかることができる。また、仲介型のサイトは、多くの需用者と多くの供給者を効率的に連結することができる。製品流通における仮定や目標の遷移は、表VI-5に示すとおりである。

（4）　マーケティング・販売戦略

　企業は、インターネットやデータベースを利用することによって、顧客にカスタマイズ可能なブラウザを提供し、CRM（Customer Relationship Management）やワン・トゥ・ワン・マーケティングを展開することが可能となる。すでに、Amazon.comやデルコンピュータなどで展開されているところであるが、顧客の注文に応じた付加的情報の提示や多様な選択肢の提示などを行うことが可能である。マーケティング・販売における仮定や目標の遷移は、表VI-6に示すとおりである。

（5）　顧客サービス戦略

　インターネットは、顧客に対するオンライン・サービスを提供できるとと

表VI-6　マーケティング・販売における仮定や目標の遷移

マーケティング・販売	伝統的経済	インターネット経済
仮定	顧客の選択肢は、製品カテゴリに限定される。企業は、差別化するため、製品ポジショニング、製品品質、価格設定を行う。	選択肢は、無限であり、特徴ごとの比較とならざるを得ない。顧客のオンラインでの経験がキーとなる差別化要因である。
目標	顧客に納得させよ。	顧客をエンパワーせよ。
重要な活動	広告宣伝、直販、販売チャネル管理。	付加価値のある双方向的経験の提供、信頼のおけるオンライン関係の構築。

出所：Cronin（2000）.

表VI-7　顧客サービスにおける仮定や目標の遷移

顧客サービス	伝統的経済	インターネット経済
仮定	企業は、修理の必要な製品についての連絡を受ける。高機能装置に対処するフィールド・サービス・チームが必要である。	時間の経過とともに製品を一層知的に高度なものとするため、顧客との継続的なコンタクトが重要である。
目標	顧客を満足させよ。	顧客の生涯にわたるロイヤルティを獲得せよ。
重要な活動	製品の価値を強化ないし維持すること。	すべての装置や製品に装着した知能を持つチップにリモート・アクセスをすることで、オンラインの支援やサービス情報、および双方向的な診断や解を提供し続けること。

出所：Cronin（2000）.

もに、FAQ（Frequent Asked Questions）のサイトを用意しておくことによって、顧客のセルフサービスによる問題解決の場ともなる（Seybold and Marshak, 1998）。これによって、たとえば、コールセンターの過負荷を軽減することが可能となる。また、インターネットを利用し、顧客のコミュニティの生成をめざす企業群が存在する。たとえば、シスコは、顧客からの情報を組織化して、顧客のコミュニティ化をはかっている（Seybold and Marshak,

1998 ; Bunnell, 2000)。顧客サービスにおける仮定や目標の遷移は、表VI-7に示すとおりである。

2 情報空間における組織化

インターネットによる取引を行う企業は、製品やサービスの生産や顧客の組織化を検討する必要性がある。かつての企業は、内製か、外注かの意思決定などを行っていたが、情報検索範囲の拡大、情報の蓄積や処理・伝達速度の飛躍的な向上により、異質なビジネス・モデルが出現するに至っている。このことは、取引費用の削減という次元を越えて、広く事業を編成するための機能ないし能力の調達および組織化を検討することとなり、新たな情報環境下におけるビジネス・モデルの検討となっている。これは、バーチャル組織の編成問題として検討することができる。この点は、MIT の CCS が描いた 2 種類のシナリオにもあらわれているところである (Laubacher et al., 1997)。

（1） バーチャル組織

インターネットを活用することによって実現可能となるバーチャル組織は、どのような組織であろうか。最近注目されているデルコンピュータの BTO、ハブ・アンド・スポーク投資法のようなビジネス・モデル、e-Marketplace や e-hub、オークション・サイト、EMS (Electronic Manufacturing System)、SOHO などは、情報空間なしには成立しない。また、顧客自身によるコミュニティの形成や企業により形成される顧客のコミュニティも同様である。また、遠隔地を結んだ情報の交換や伝達は、情報空間を介在して、VDT (Virtual Design Team：Levitt et al., 1994) の編成を可能にし、意思決定の代替案形成や評価に威力を発揮している。

バーチャル組織の発展過程を整理すると、表VI-8に示すとおりである。この発展過程は、取引を仲介する電子的市場 (Malone, Yates and Benjamin, 1989) の形成に始まり、企業の機能のアウトソーシングを経て、さらには、顧客や取引相手をコミュニティ化する (Seybold and Marshak, 1998；Means

表VI-8 バーチャル組織の発展段階

Stages	Typical Characteristic	Examples
Market Coordinator	Information Brokerage	e-Marketplace
Virtual Organizing	Competence Employment	EMS, 3PL
Virtual Company	Customer Information	CISCO
Virtual Cooperation	Cyber Commons	Linux, Gnutella

出所：Ohta and Kajita (2001).

and Schneider, 2000) ことを通じて、情報の共有化を経て、サイバー・コモンズ (Ohta and Ishida, 1998) の形態に至ると特徴づけることができる。たとえば、Linux 開発の例にみるように、新たな OS の開発が実現されていることや、情報の交換が P to P (Peer to Peer) で行うことができるようになっていることは、さらに進んで、情報財の公共財としての広がりを議論しなくてはならないことを示している。

（2） 進化と統制

インターネットの普及によって、企業間や企業と個人間の相互作用は、ますます促進される傾向にある。顧客のコミュニティなどにおける情報や知識の交換や蓄積は、組織化の基盤として利用できることは明らかである (Ohta and Kajita, 2001)。情報や知識は、それ自体の入手か、知識を持つ人についての知識か、いずれにせよ、この探索には相互作用を必要とする。

最近の議論によれば、組織は進化すると考えられる。環境への適応に関して、マーチ (March, 1999) は、新しい代替案の探索を行うか (exploration)、従来の代替案を吟味して適切な代替案を形成するか (exploitation) が問題となることを指摘している。この進化において、組織間の相互作用は、どのようにとらえたらよいのであろうか。

組織間の相互作用における連結を維持するためには、情報環境についての内部的な管理はもとより、他の組織や個人の顧客などの組織の環境との関係の管理が課題となる。この連結における相互作用は、新たな複雑性の発生をもたらす (Axelrod and Cohen, 1999)。バーチャル組織では、協業相手の専門

的な内容について、自身では十分情報を持たない相手との協業も必要となる。このため、従来の組織内部的な権限の基盤や一体化に基づく統制とは異なった統制方法を確立する必要がある。このことは、少なくとも、直接的な統制は困難であることを意味している。いわば、プリンシパルとエージェントの関係に対応しており、信頼などが論じられているところでもある。

契約をどの程度相手の業務内容に対する統制とみなすことができるのかにも依存するが、基本的には、間接的な統制と考える方が自然である。自らと相手とには、それぞれに固有の連結関係が存在し、さらに、それぞれに動態的な相互作用があるととらえるならば、直接的な統制は、基本的に困難である。このような場合、統制不能に陥るのであろうか。

この点はよく誤解され、複雑系が誤って統制不能と主張されるゆえんでもある。このような指摘は、複雑系についての表面的な理解ゆえに生じている。この検討のためには、複雑さは、なぜ発生するのかについての理解を必要とする。サイモン（Simon, 1996）が指摘しているように、アリが海岸で、一見複雑と思える足跡を残しているのと同様である。アリは複雑な主体であろうか。相互作用において用いられている行為者のルールが、たとえ、単純なものでも、その積み重ねの結果は、複雑な現象にみえることが多い。アリの場合は、アリの情報処理能力の限界と環境の地形との相互作用によって、一見複雑な足跡が残ることになる。アリ自身が複雑なルールに基づいて行動しているためではない。

一方、たとえば、群れをなして泳いでいる魚が、秩序だった群れをなしているとき、魚は複雑な統制方法に従って泳いでいるのであろうか。この魚の群れで、秩序を生じるルールは、いわばアリ同様、きわめて単純なルールで実現できることが、シミュレーションによる研究結果で知られている。このシミュレーション・モデルによれば、少なくも2つのルールで、この統制のとれた群れの泳ぎが実現できることがわかっている。このモデルで、それぞれの魚が持っているルールは、一つには、一定の角度での視角の中に他の魚がいれば、追尾すること、別の一つは、ある距離以上に他の魚に近づき過ぎ

ず、また離れ過ぎないというルールとなっている。

　企業の情報環境は、組織間の関係に変化をもたらしているとともに、組織間の相互作用は、ますます増大する。この過程の中で生じる進化（林・太田，1997 b）に対応することが、新たな情報環境下の企業の宿命である。そこでは、進化論的視点に立脚して複雑系をとらえ、相互作用における間接的な統制（Axelrod and Cohen, 1999）が求められることとなる。

5　おわりに

　社会的なネットワークの性質の一つに、スモール・ワールドという特性があることが知られている。ミルグラム（S. Milgram）は、見ず知らずの人への手紙が、知人の仲介を経て届く経路を、実験的に観察し、経路の連鎖の数における中央値が 6 であることを示している。わが国の諺でいえば、世間は広いようで狭いということになる。最近、インターネットにおけるサイトの検索では、検索エンジンのグーグル（Google）がこの性質を用いており、インターネット上でのサイト間の最短の経路数は、平均値で、ほぼ 4 となっていることが示されている（Huberman, 2001）。

　情報技術の発達は、地球規模でのネットワーク化を実現しており、時間と空間の革命となって、ビジネスの変革をうながしている。情報空間における距離は、次第に縮まっており、相互作用のサイクルは、ますます短縮化している。企業は、そこでの選択が適切なものとなるよう情報環境を整備するとともに、新しいビジネス・モデルを開発する必要がある。このためには、組織知能（松田，1990；太田，1998）の高度化が求められている。

引用文献

Ackoff, R. L., "Management Misinformation Systems," *Management Science*, Vol. 14, No. 4, 1967.

Arthur, W. B., *Increasing Returns and Path Dependence in the Economy*, Ann Arbor : University of Michigan Press, 1994.

Axelrod, R. and Cohen, M. D., *Harnessing Complexity : Organizational Implications of a Scientific Frontier*, Free Press, 1999.

Bunnell, D., *Making the CISCO Connection : The Story Behind the Real Internet Superpower*, New York : John Wiley & Sons, 2000.

Cronin, M. J., *Unchained Value : The New Logic of Digital Business*, Boston, Mass.: Harvard Business School Press, 2000.

Galbraith, J. R., *Organization Design*, Addison-Wesley, 1977.

Galbraith, J. R. and Nathanson, D. A., *Strategy Implementation : The Role of Structure and Process*, West Pub. Co., 1978.（岸田民樹訳『経営戦略と組織デザイン』白桃書房、1989 年）

Huberman, B. A., *The Law of the Web*, MIT Press, 2001.

Ishida, K. and Ohta, T., "O-cubed Modeling and Simulator for Computational Organization Design," *Computational and Mathematical Organization Theory*, Vol. 7, No. 2, 2001.

梶田ひかる・太田敏澄「求貨求車 e 市場の成功要因についての考察」『第 7 回社会情報システム学シンポジウム学術講演論文集』2001 年

Kajita, H. and Ohta T., "Third Party Logistics Function for Constructing Virtual Company Study of Assignments in Japanese Companies," Proceedings of the First International Conference on Integrated Logistics (Logistics 2001), Singapore, 2001.

Kalakota, R. and Robinson, M., *e-Business 2.0 : Roadmap for Success*, Addison-Wesley, 2001.

幸田ヘンリー『ビジネスモデル特許』日刊工業新聞社、2000 年

Laubacher, R. J., Malone, T. W. and The MIT Scenario Working Group, "Two Scenarios for 21st Century Organizations : Shifting Networks of Small Firms or All-Encompassing 'Virtual Countries'?," 21C Working Papers No. 001, Center for Coordination Science, MIT, 1997.

Levitt, R., Cohnen, G. P., Kunz, J. C., Nass, C. I., Christensen, T. and Jin, Y., The Virtual Design Team, in Carley, K. M. and Prietula, M. J., (eds.), *Computational Organization Theory*, New-Jersey : Lawrence Erlbaum, 1994.

Lin, J-S. and Ohta, T., "A Model of Organizational Intelligence in Extra Network System," Proceedings of the 41st Annual Meeting of the International Society for the Systems Sciences, Seoul, Korea, 1997.

林敬三・太田敏澄「情報ネットワーク企業の組織知能モデル」『オペレーションズ・リサーチ』Vol. 42、No. 7、1997 年 a

林敬三・太田敏澄「組織間生産流通情報ネットワークの進化過程に関する考

察」『日本社会情報学会誌』Vol. 9、1997 年 b

林敬三・石田和成「仲介型組織構造の組織知能モデル：情報ネットワーク化のもたらすインパクトの考察」『経営情報学会誌』Vol. 7、No. 1、1998 年

Malone, T. W., "Modeling Coordination in Organizations and Markets," *Management Science*, Vol. 33, 1987.

Malone, T. W., Yates, J. and Benjamin, R. I., "The Logic of Electronic Markets," *Harvard Business Review*, May-June, 1989.

March, J. G., *The Pursuit of Organizational Intelligence*, Malden, Mass.: Blackwell, 1999.

松田武彦「情報技術同化のための組織知能パラダイム」『組織科学』Vol. 23、No. 4、1990 年

Means, G. and Schneider, D., *Meta Capitalism*, John & Sons, 2000.

太田敏澄「社会情報システム学の確立をめざして」社会情報システム学コロキウム編『社会情報システム学・序説：2100 年メディア世紀への旅』富士通ブックス、富士通経営研修所、1996 年

太田敏澄他『社会情報学のダイナミズム』富士通ブックス、富士通経営研修所、1997 年

太田敏澄「組織知能研究の展開」『経営情報学会誌』Vol. 7、No. 1、1998 年

Ohta, T. and Ishida, K., "A Cyber Commons in a Virtual Society," Proceedings of the 42nd Annual Conference of the International Society for the Systems Sciences, Atlanta, USA, CD-ROM, No. 3097, 1998.

Ohta, T., Ishida, K. and Okada, I., "Cyber Commons and Social Informatics," Proceedings of the 45th Annual Conference of the International Society for the Systems Sciences (ISSS 2001), CD-ROM, Paper No. 01-067, Asilomar, CA., USA, 2001a.

Ohta, T., Ishida, K. and Okada, I., "A Viable Cyber Commons : An Auto-Genesis World," Proceedings of the 5th World Multiconference on Systemics, Cybernetics and Informatics (SCI 2001), Vol. VIII, 2001b.

Ohta, T. and Kajita, H., "Cyber Commons and Virtual Organizing," Proceedings of the First International Conference on Integrated Logistics (Logistics 2001), Singapore, 2001.

太田敏澄・國米充之「組織と市場におけるコミュニケーションチャネルに関する研究」経営情報学会 1993 年秋期全国研究発表大会発表要旨、1993 年

Raisch, W. D., *The E-Marketplace : Strategies for Success in B2B Ecommerce*, New York : McGraw-Hill, 2001.

Seybold, P. B. and Marshak, R. T., *Customers.com : How to Create a Profitable Business Strategy for the Internet and Beyond*, New York :

Times Business, 1998.（鈴木純一監訳『ネットビジネス戦略入門：すべてのビジネスは顧客志向型になる』翔泳社、1999年）

Simon, H. A., *The Sciences of the Artificial*, 3rd ed., Cambridge, Mass.: MIT Press, 1996.（稲葉元吉・吉原英樹訳『システムの科学』〔第3版〕パーソナルメディア、1999年）

U. S. Department of Commerce, *Digital Economy 2000*, Economics and Statistics Administration, Office of Policy Development, U. S. Department of Commerce, 2000.（室田泰弘訳『ディジタル・エコノミー2000』東洋経済新報社、2000年）

Williamson, O. E., *Markets and Hierarchies*, New York : Free Press, 1975.

参考文献

Bateson, G., *Steps to an Ecology of Mind*, New York : Ballantine Books, 1972.

Cyert, R. M. and March, J. G., *A Behavioral Theory of the Firm*, Englewood Cliffs, N. J.: Prentice-Hall, 1963.

Davis, G. B. and Olsen, M. H., *Management Information Systems : Conceptual Foundations, Structure, and Development*, 2nd ed., New York : McGraw-Hill, 1985.

稲葉元吉『現代経営学の基礎』実教出版、1997年

情報処理学会編『コンパクト版情報処理ハンドブック』オーム社、1997年

情報システムハンドブック編集委員会編『情報システムハンドブック』培風館、1989年

マーチ，J. G.＝サイモン，H. A.（土屋守章訳）『オーガニゼーションズ』ダイヤモンド社、1977年

松田武彦「経営情報学の過去・現在・未来」『経営情報学会誌』Vol. 1、No. 1、1991年

野中郁次郎他『組織現象の理論と測定』千倉書房、1978年

野中郁次郎・竹内弘高（梅本勝博訳）『知識創造企業』東洋経済新報社、1996年

Nystrom, P. C. and Starbuck, W. H., *Handbook of Organizational Design*, Oxford : Oxford University Press, 1981.

Porter, M., *Competitive Advantage : Creating and Sustaining Superior Performance*, New York : Free Press, 1985.

Shaw, M., Blanning, R., Strader, T. and Whinston, A. (eds.), *Handbook on Electronic Commerce*, Berlin : Springer, 2000.

Shapira, Z. (ed.), *Organizational Decision Making*, Cambridge : Cambridge

University Press, 1997.
サイモン，H. A.（松田武彦他訳）『経営行動』ダイヤモンド社、1965 年
島田達巳・高原康彦『経営情報システム』日科技連出版社、1993 年
宇沢弘文・茂木愛一郎編『社会的共通資本：コモンズと都市』東京大学出版
　会、1994 年
ワールドロップ，M. M.（田中三彦・遠山峻征訳）『複雑系』新潮社、1996 年
ワイク，K. E.（遠田雄志訳）『組織化の社会心理学』文眞堂、1997 年

第VII章

国際環境

1 国際環境の特質

1 経営環境と企業主体

　本書のテーマである「社会の中の企業」という問題視角から、「国際環境」というものを検討しようとするとき、すぐに想起されてくるのは、同時多発テロ、その基底にある幅の広い反グローバリズム、NGO・NPOによる個々の活動から「市場による独裁のモデル」（アタリ〔J. Attali〕）とまでいわれる中国の動き、さらには2002年1月ユーロ現金流通の開始に象徴される各地域経済統合の進展などであろう。これらの諸現象と企業との関連をごく簡単にみると、以下の諸点が浮かび上がってくる。

①フォード社は北米自由貿易協定の発効でカナダやメキシコを含むSCMを築いてきたが、テロの脅威を背景にした国際物流の効率低下でカナダに集約しているエンジン生産のアメリカ内への分散を検討するという。

②反グローバリズムを標榜するNGOの反対運動が多発する中で、グローバルカー構想の進展がはかばかしくないため自動車メーカーの経営者の中には進出地域・進出国市場ごとの顧客ニーズへの適応の必要性を大きく認識するようになってきた。

③「世界の工場」から消費大国への移行を進める中国市場への乗用車の売り込みは、「セイル」（GM）の合弁生産・販売の順調な動きもあって、標的を中流層に向けた「ボーラ」（VW）の生産・販売開始、「ヴィッツ」（トヨタ）をベースに開発した中国向け新車種の合弁生産開始などがみら

れる。
④ EU の欧州委員会は、2002年2月自動車販売での欧州統一市場の実現をうながす新政策の中でメーカーに対する販売業者の独立性を高めるため、基本契約の見直しによる(1)異なるメーカーの車を含んだ「マルチブランド」の販売、(2)国境を越えて車を買い求めにくる顧客への積極販売を認める方針である。

上記のように、現在、企業を取り巻く多くの国際環境が存在し、企業行動と複雑な相関関係を持っているわけだが、そのすべてを論ずることは不可能に近い。そこで本章では1990年代以降現在に至る「国際的な経営環境」のうちからきわめて基本的なものに限定し、検討する。

通常、経営環境には、(i)企業の内部環境、(ii)企業にとっての現在の外部環境ならびに予測可能な未来の外部環境が含まれる。これらの経営環境は単に客観的に実在する環境条件それ自体ではなく、そこでの企業主体（ここでは理念、戦略、戦術、管理活動といった企業が意識的に活動を起こす部分）のはたらきかけの程度によって企業ごとにその内容は異なる。したがって国際化の進展度合いにより個別企業の具体的な経営環境（以下、国際環境とする）は相違することになる。これを考慮に入れ国際環境を整理してみよう。

①内部環境：現地人を含む経営者・従業員の持つ企業理念、海外子会社の数と内容、本社の事業組織、製品ライン、物的設備、研究開発・マーケティング能力といった企業自体の状況と国内および海外市場での競争上の地位・経営方法の差異などがあげられる。

②外部環境：企業活動に影響を及ぼす要因で企業主体の力で完全に統制しえない社外の条件である。自国を含む関連海外諸国の言語、人口、地理、民族、宗教、慣習、価値観という時間的にみて比較的変化の少ないものから、政治、法律、経済、地域統合体といった可変的な一般条件と労働事情、技術水準、所得水準、流通構造、業界事情、競争関係といった特定（企業に直接関連する）条件があげられる。とくに予測可能な未来の外部環境というとき可変的な一般条件と特定条件が問題となる。国際環境

の場合はとくに時間的な側面だけでなく事業活動の地理的拡大から生ずる予測が重要な内容となる。

現在の企業が生成発展していく国際環境をどのようにとらえたらよいのか。上述のような諸環境をすべて論ずることは不可能に近い。本章では、(1)現在の外部環境、(2)予測可能な未来の外部環境、(3)企業の内部環境のうちから、企業全般に影響する以下の3つの問題を検討する。

2　3つの国際環境

（1）　現在の外部環境：大競争（メガ・コンペティション）

ダイムラーベンツとクライスラーの合併（実質的にはダイムラーによる買収）とBMWによるロールスロイスの商標権取得（いずれも1998年）を想起してみたい。

このM&Aには共通する性質がある。つまり、自動車市場でのチャレンジャーの位置の確保である。ここに企業の生成発展のために国際環境の存在を否定できない証拠をみる。

1996年時の売上高ランクからみてベンツはトヨタ（748億2000万ドル）に次ぐ第4位（707億700万ドル）、クライスラーは第6位（613億9700万ドル）であったわけだが、両社の合併で量的にみて第3位（748億7000万ドル）に上昇した。だが売上高の増大だけでなく販売内容の質的変化が重要である。次の指摘に注目したい。

「ダイムラー、BMW、ロールスといった一握りのメーカーが市場を分け合う高級車市場にレクサス（日本ではセルシオ）でトヨタ自動車が参入、米国の消費者調査などで首位の座を総なめにしたのが90年。『グローバル競争の時代が来た。われわれのような企業の下でロイスの生き残りは難しいとその時から思い始めた』とチャンドラー会長は言う」（日本経済新聞1998年5月25日付）。

ロールスにしてもベンツにしても高級車に特化されたニッチャーであった。たとえば、ベンツの場合、当時ヨーロッパでの販売台数のシェアは3.7％、

アメリカでは1％程度と小さいものであった。国際競争激化の中で生き残るには量産効果はもとより、大衆向小型車やRV車の分野の強化が必要となっていた。GM、フォード、トヨタという上位3社はすでにこの種のフル製品ラインを生産できるメーカーであった。

　ベンツとクライスラーの合併は相互補完と規模の利益の追求にあった。つまり、製品ラインをみると、伝統的に高級セダン中心のベンツ（「Cクラス」「Eクラス」など）の価格帯は3万ドル以上に集中していた。1997年より小型ミニバン（「Aクラス」）をヨーロッパに、オフロード型（「Mクラス」）をアメリカに投入していたが、これらも他社の量販車より価格は高くなっている。

　一方クライスラーはジープ、ミニバンを含む軽トラックが販売台数の70％を占めていた。乗用車は低価格で話題を呼んだ「ネオン」以外にも中級セダンやスポーツカーがあるがベンツと直接競合する車種はほとんどない。この合併によって両社はフルラインメーカーとして生まれ変わることになる。

　さらに両社の売上高の地域別構成をみると、クライスラーの売上げの9割弱がNAFTA（北米自由貿易協定）圏で、ヨーロッパは3％にすぎないのに対し、ベンツは逆に65％が欧州、NAFTAは17％となっていた（1997年時）。従来の販売対象市場の重複が少ない両社は世界の2大市場に強力な基盤を持つことを合併目標にしたわけである。

　BMWとフォルクスワーゲン（VW）によるロールスロイスの買収合戦もこれと同様な性格を持つ。この買収活動ほど二転三転したケースは少ない。結果としてロールスロイス・モーターカーズをVWが買収したわけだが、「ロールスロイス」の商標権の取得をめぐる争いでBMWが逆転勝ちをするという事態となった。BMWとVWにはロールスという高級車種を加えることでベンツのケースとは逆な形でのフル製品ライン形成の意図をみる。

　この事態はいかに優れた技術と確立したブランドに支えられた製品であっても対象市場が限定されたセグメントだけではその業界内でのリーダーとなることが不可能であり、ニッチャーからフルラインメーカーであるチャレンジャーへの転化が前提であることを示している。しかもこの競争関係は一国

内に止まらず、国境を越えたものとなっている。いわゆる大競争（メガ・コンペティション）といわれる時代の到来である。この競争関係は企業行動を条件づける現在の外部環境の一つといえるだろう。

（2）　予測可能な未来の外部環境：地域経済統合（リージョナル・インテグレーション）

ここでは1998年時のEU（欧州連合）でのホンダによる欧州仕様の「アコード」生産販売の開始と2001年時のAFTA（東南アジア諸国連合自由貿易地域）での域内関税引下げを目標としたトヨタとダイハツによる東南アジア向け専用の小型多目的車の開発に注目してみたい。

この種の地域経済統合は予測可能な未来の国際環境の中で重要なものの一つである。もとよりこの統合体はすでに「現在の外部環境」をもつくり出している。ヨーロッパでは生産拠点・部品調達だけでなく製品販売に至るまで自国内の企業行動でも単一通貨市場の生成により為替変動に左右されない同質の環境条件の認識が不可欠となる。しかし、世界各地の地域経済統合の形成は一般化されているわけではない。したがって、ここではこの種の統合体を予測可能な未来の外部環境として検討していく。

ホンダは「アコード」のプラットフォームの世界的標準化を進める一方で現地適合化をめざしてヨーロッパ仕様のスポーツモデル「タイプR」を設定したり、5ドア・ハッチバックをも進めているという。こうした商品化計画はヨーロッパ市場を一つの単位として考えていることの現れといえよう。すなわち、「国境を越えた消費者行動の類似性が差異性を凌ぐにつれ、セグメンテーションも地域ベースから汎欧州のライフスタイルによるものに次第に移行していくであろう。（…略…）同時にマーケターが欧州の消費者の相違度よりも類似度に焦点をあてるようになるにつれて、欧州の人々に対して今まで以上に類似しているかのようなマーケット活動をするであろう。そしてその結果、欧州の消費者はますます似てくるようになる。しかしながら、（…略…）消費者行動における類似性は増すとしても、各国ごとの、地域ごとの文化を維持することは強く残る」（Quelch, Buzzell and Salama, 1990 ; 邦訳、

1992, pp. 77-78) 点に留意されねばならない。

　次に、ASEANでは2002年末までに主要5ヵ国間で自動車関税が5％以下に引き下げられる。これに対応し、「新型車はダイハツのインドネシア工場が一括して生産、周辺の東南アジア各国に輸出する体制とする。エンジンはダイハツのインドネシア工場で生産するほか、トヨタのタイ工場からも供給する」(日本経済新聞2001年9月2日付) という。

　こうした生産拠点をはじめ開発・調達などにかかわる要素市場はかなり地域経済統合単位での認識を必要とする反面、ホンダの例にみたように消費者市場としての地域経済統合内部の同質化は簡単に進みえないであろう。

　この種の地域経済統合は、①相互に関税・数量制限等を廃止する自由貿易協定から始まり、②第三国に対する関税を共通にする関税同盟、さらに③商品・資本・労働・サービスの流通を自由化する共通市場を経て、④各種経済政策の運営を協調し、最後に、⑤経済・金融政策を統一し、共通通貨を導入して完成するものとみられている (バラッサ [B. Balassa])。したがって、国際環境の一つとしてのこの地域経済統合はEUやNAFTAのように法制度体制のかなりはっきりしたものからMERCOSUR (南米南部共同市場) やAFTAのように現地政府が域内進出の外国企業の要請に留意しつつ自国の経済発展 (国益) に照らして加盟国相互間で調整しているいまだ不確定のものまで存在する。また、協定や合意文書もなく国境を越えた一つの経済圏という意味では華南経済圏、バーツ経済圏といったものもあり、特定国企業の生存の場としては留意されなくてはならないが、本章の検討対象からは除かれる。

　国内での企業発展にとってこの地域経済統合の存在はその加盟国の場合には当然直接に影響を受ける。また輸出や企業進出でこの加盟国に関連を持つ場合でも、前述のような進出計画・拠点の再配置・商品化計画などに加え、統括本社制 (地域本社) の導入などでも大きな変化を引き起こすことになる。その意味で国際環境のうち地域経済統合は予測可能な未来の外部環境の一つとしてとくに重要視される必要がある。

(3) 企業の内部環境：国際標準（グローバル・スタンダード）

　トヨタによるVWとダイムラー・クライスラーに対するガソリンエンジン排ガス浄化の環境関連技術の供与やトヨタのVWに対する小型車（欧州での生産分）向け排気システムやブレーキ等の安全・環境関連部品共通化の提案（いずれも1999年）を想起してみたい。

　前者の技術「供与は環境技術で『国際標準』を目指すトヨタの戦略の一環といえる」（朝日新聞1999年4月29日付）。トヨタはこのシステムをコロナやビスタなど約30万台に搭載し、国内やアメリカ、ヨーロッパで特許権を所有し、この分野での技術で他の自動車メーカーに先行し、今後の開発競争で優位に立つことを意図している。また後者は両社が部品分野での提携を通じてコスト削減競争に打ち勝とうとするだけでなく、「トヨタが単独での生き残りを模索しながら技術面では積極的に提携関係を構築していくのは、変化する自動車技術の中でデファクト・スタンダード（事実上の標準）を握っていこうとする狙いもある」（日経産業新聞1999年4月29日付）からだ。

　また、2000～2001年のトヨタ＝GM、ダイムラー・クライスラー＝フォード＝三菱重工＝三菱自工などによる一連の燃料電池車の共同開発も同様のねらいを持つ。

　ここで問題となるのは、現在盛んに問われている国際標準が日本企業にとっては一種の国際環境であるということだ。しかも企業の内部環境としてすでに「日本標準」としてあるものを国際標準なる新しい内部環境に変えるなり、さらにつくり出していかなくてはならない点にある。

　この国際標準の内容は前出の製品規格・技術などから始まり、経営方法・ルールといった企業経営の進め方、さらには産業のあり方から政治経済制度を含むものとされている。またこの国際標準なるものが、その合理性・優位性などから世界各国の事業活動を、ハイブリッド化させた仕様なり仕組みをさすものではなく、世界市場の中で支配的な位置を占める「アングロサクソン型システム」（多胡他，1997, p. 194）をさすこともあるし、時としてはアメリカ方式がそのまま国際標準として通用することすらありえる。

いずれにしても、日本企業が、国内だけに通用する製品仕様、管理上の仕組みやルールに則って業務を執行している場合、この国際標準は国際環境の一つとして大きく立ちふさがらざるを得ない。これは企業の内部環境の一つとして理解され、これへの対応が要請される。

　以上、大競争、地域経済統合、国際標準という3つの国際環境は1990年代に入ってとくに注目される必要が生じた。これらは企業活動推進の環境として相互に関連し、発展を続けている。そして、企業活動の集積結果であるともいえる。この国際環境は国際経済の一層の緊密化を志向するものであり、世界市場の同質化傾向をうながす。いわゆるグローバル化の進展である。別言すれば、先進資本主義国、発展途上国、社会主義国が共通の場で生存しようとする経済・企業活動の展開過程である。

　この過程にあって各企業は激しく競争しあい（大競争の時代）、市場規模の拡大を求め（地域経済統合の進展）、この競争に勝ち抜くために経営機能の遂行・管理を国際的に共通化する（国際標準の形成）動きを進めている。

　本章では、これらの国際環境を企業行動との関連で検討し、現段階でこの経営環境がいかに企業一般の行動に影響を及ぼしているかを検討する。

2　大競争（メガ・コンペティション）

1　競争のもつ6つの「激しさ」

　大競争……この用語は特定の人によって名づけられたものではなく、1990年代の初め頃から一般化されたといわれる。その実体が90年代の世界経済の現実であることに間違いない。その内容は以下の6点にまとめられる。

　(1)　発展途上国（とりわけアジアNIEs諸国）の当該産業部門への参入による競合企業の増加。半導体産業はその典型的な事例である。たとえば、64メガビットDRAMの日本国内販売のベスト5（2000年時）をみると、①現代電子（韓国）24.6％、②サムスン電子（韓国）19.6％、③NEC 15.7％、④日立製作所15.2％、⑤三菱電機14.4％となっている。このように国内産

業部門にも外国企業の参入が大幅にみられる。

　特定産業部門への後発企業の参入は低価格品の登場をうながし、価格競争に拍車をかけることになる。ただ、現在の価格競争は各企業にとって単なる安値追求ではなく、高品質と信頼性―ブランド支配力で支えられた製品の差別化を前提としている。競争の「激しさ」はまずこうした競争の質的変化に現れている。

　(2)　社会主義国・発展途上国の資本主義世界市場への参入による競争の地域的拡大。社会主義国の市場経済の導入や発展途上国の経済発展に伴う現地進出競争が内需開拓を目的に進められ、文字どおり全地球的な意味での世界市場の一体化がなされた。これは多国籍企業の事業所網設営の最終段階を意味し、地球上に残された生存の場の厳しい獲得競争である。1990年代に入っての中国進出の急増はこれを象徴している。たとえば、日本の多国籍企業化の先端をいく松下・ソニー・トヨタ・ホンダ・キヤノンの5社の海外子会社総数567件（1999年時）のうち社会主義国への子会社は71件、そのうち1990年代における進出分は93.4％となっている。こうした事態は各企業にとって従来考慮に入れなくともよかった競争地域の拡大であり、その分、競争の「激しさ」を強めることになる。

　(3)　技術革新の加速化・平準化で各産業部門の参入障壁の低下による他産業への参加からくる競争の分野的拡大。これにより当該産業部門だけに事業機会を求めていたのでは、企業の維持発展は不可能になり他産業部門をも含む拡大された範囲での競争姿勢が求められる。

　新規事業への多角化は、既存事業とあまり関係のない分野への進出の他に、たとえば、かつて時計産業にとってエレクトロニクス産業への参入が自らの発展のために避けられなかったように、また、電気自動車開発のために自動車産業にとって電子・電機産業への参入が避けられないように技術的視点からみて既存事業の発展のためにそれへの参入が不可避である場合もある。つまり、競争分野の拡大が競争をより「激しい」ものとしているわけである。

　(4)　新設投資に対するM&Aや提携の相対的増大に現れる各企業の競争

行動の迅速化。多国籍企業は従来の多角化に加え、迅速な撤退行動が要請され、自らの精確な市場の確定（選択と集中）が急がれる。これは既存の競合企業のあり方を急速に変えるだけでなく、新しい競合企業の参入をも引き起こすことになる。これを反映する 1990 年代の国際 M&A は 1980 年代より増加するとともに、「90 年から 99 年の時点をとってみると、5900 万ドルから 1 億 900 万ドルへと約 2 倍の増加を示しつつある。……（一方）国際提携も 1989 年の約 830 件から 99 年の 4520 件と 5.4 倍の増加をみる」（OECD, 2001, p. 15, p. 25）。加えて 90 年代にみる国際提携の継続期間が 3～7 年に集中している点[1]をみても、こうした競争下にある企業行動の迅速化は進展しているものとみられる。この迅速化は企業間競争を一層「激しい」ものとしている。

　（5）　自然環境破壊回避への研究開発費・その他環境経営関連費用の増加。これは、事業活動の長期的存続のために地球そのものを維持しなければならないという立場にある企業には、そのための資本投下が要請されるということである。つまり、産業廃棄物の回避、省資源・エネルギー、有毒原材料使用の排除、工場・タンク等の生産設備の改良、容器・廃品等の再生・回収などを意図して、①製造工程、②製品、③リサイクルの 3 側面での改善のための費用支出は各企業にとって避けられなくなっている。

　たとえば、ドイツの BMW が 1991 年より廃車処理業者と協力して構築したリサイクル網や、地球温暖化対策としてのトヨタのハイブリッド車をはじめ、トヨタと GM、ベンツとフォードによる次世代燃料電池車の共同開発などがあげられる。彼らにとって解体技術の設計・調達の利用（BMW）、開発コストの分散（GM・トヨタ）、国際標準づくり（ベンツとフォード）といった当面の目標は存在するものの、これらの費用支出は自然環境への対応策上、不可避のものとして長期計画に組み込まれざるを得ない状況となっている。

　1990 年代にみる企業の巨大化はまさに「地球環境危機の主たる責任主体」（マーチン・コー）としての位置を占めるに至り、そうした状況下での生存のため企業相互間の競争を一層「激しい」ものとしている。

（6）政府規制の撤廃・緩和による自由化での競合企業の増加。1970年代よりイギリスやアメリカで始まった各種政治規制の改革は1990年代には一層強化され、各資本主義諸国の産業部門の競争を促進した。たとえば、証券業界におけるメルリンチによる破綻した山一證券の引き継ぎ、シティグループと日興証券の関係強化また銀行業界では1998年に破綻した日本長期信用銀行（現新生銀行）へのリップルウッド（アメリカ）など欧米投資銀行グループによる買収などは、日本の金融機関にとって従来にない競争の「激しさ」の現れといえるだろう。

以上の6点に注目するとき、大競争下にある企業は以下のような事態に置かれていることに気づく。

・グローバル化の進展に伴って国内、海外を問わず、所与の産業部門内での競合企業が増加し、激しい競争下に置かれている。
・既存事業にだけ依存していては成長せず、常に新規事業へ進出を試みるが、成長の可能性がみられない場合は速やかに引き上げ、常に重点的な事業展開を行わざるを得ない。
・政府規制の撤廃緩和と自然環境の変化を正確にとらえ、長期的にも短期的にも迅速な対応が求められている。

では、このような国際環境である大競争の時代にあって企業はどのような対応を示しているのか、次にみていこう。

2 競争への対応姿勢

（1）国際競争力の強い企業の場合

ここでは企業行動のうち競争との関連からみて市場開発、とりわけ製品政策をとりあげよう。現在の激しい競争状態にある日本市場で「一体どういう製品が売れているのか？」という点の分析を通してこれが明らかになるのではなかろうか。ソニーのケースから検討してみよう。

事例1：まずノート型パソコン「バイオ」があげられる。この製品はB5判サイズで厚さ23.9ミリという薄さで売れた印象が強いが、薄さだけの点

ならかつての三菱電機の「ペディオン」は 18 ミリであった。だがこの製品は 50 万円以上したため一般化されなかった。その後の「バイオ」のヒットは薄さとともに紫という製品の色やデザインの他、とくに実売価格 20 万円台後半という販売価格にその原因があったといわれる。つまり、消費者が納得できる価値を相応な価格で提供しえた点である。同様なヒット要因を持つ製品には発泡酒、小型 RV、カップ麺などをみる。

企業側からすれば、これらの製品政策は「デフレ下で変化する売れ筋価格帯を再構築し、消費者の『値ごろ感』に訴える」（日経産業新聞 1998 年 7 月 23 日付）ことを意図して進められたことになる。しかし、その背後にはかつての非価格競争から価格競争にシフトしている現在の世界市場競争の構造的変化を忘れることはできない。

事例 2：ゲーム専用機からネット端末を志向する「PS 2」や平面型テレビ「ベガ」があげられる。この種の製品は独創的な技術やユニークなアイデア、購買意欲をそそるマーケティング手法を備えており、「店頭でひときわ目立つ」ものである。富士フィルムのデジタルカメラ「ファインピックス 700」やエプソンのプリンター PM-700 シリーズなどもこの例に入る。

技術開発力が加速化・平準化している現在では抜本的な製品開発だけでなく、製品デザイン、サイズ、重量、色彩に至る十分な配慮が施されて初めて「店頭でひときわ目立つ」状態ができあがり、いわゆる消費者によって「選ばれる商品」となりうるわけである。

事例 3：デジタルビデオカメラ DCR-C 1 があげられる。これは価格にこだわらず本物を求めようとする消費者志向を充足する製品といえる。この機種にはカメラマニアに人気のあるブランド、カール・ツァイス社（ドイツ）のレンズが採用された。ソニーは「本物」をイメージしうるそのブランドを取り込み、ビデオの販売拡大につなげようとしたわけである。

この種の「本物」志向製品にはトヨタの高級セダン「プログレ」、ホンダの大型二輪車「ホンダ VFR」や同種製品のハーレーダビッドソンの「FLHRC-1」なども入る。「『本物』であることをいかに製品の機能や形で

表現できるか」(日経産業新聞1998年7月27日付)がその課題となる。なお、大型二輪車については1996年9月の道路交通法の一部改正で簡単に免許がとれるようになったという規制緩和の影響も見逃すわけにはいかない。

以上、ソニー製品に代表される3つの事例は電子・電機製品という世界市場では日本が優位に立つ産業部門の製品である。その意味ではグローバル化の進展に向けてかなり戦略的に競争活動を進めている企業のケースである。

(2) 国際競争力の弱い企業の場合

次に、逆に世界市場では劣位にある産業の場合をみよう。以下の指摘に注目したい。

>「石油化学を中核にした総合化学メーカーの経営環境がかつてない厳しさに直面している。内需の頭打ちに加え、欧米の有力企業の攻勢で日本勢の頼みの綱の東南アジア市場も揺らいでいる」(日本経済新聞1998年8月6日付)。

化学メーカーの場合、外国企業との競争の激しさが国内市場で直接に現れている。たとえば、その顧客となる松下電器は耐熱性や耐衝撃性の高い家電製品用の素材を外国化学企業と共同開発したり、ダイエーがポリエチレンフィルムをアジアからの輸入品で賄ったりしているのはその例である。これは欧米メーカーによる日本企業への提携・買収をはじめ、アジアでの自社プラントからの日本への輸出、日本メーカーの海外拠点との取引といった状況を生み出している。

このような動向に対して日本企業はそれら欧米企業との提携を通し、自らの発展を求める対応施策を打ち出している。たとえば旭化成はソルーシア(アメリカ)からアクリル原料の販売権を取得し、北米、中南米での販売に乗り出している。また、ローディア(フランス)と高機能樹脂の原料となるアジピン酸の生産提携を行い、両社で韓国に年産6万5000トンの新工場を建設し、旭化成が年5万トンの引取権を得るというものである。住友化学もポリプロピレンの日本、シンガポール、アメリカでの生産拠点設営でシェルなどとの提携や三菱化学のサソール(南ア)との現地工場やシンガポールでの

事業管理会社設立を通ずる生産・販売等に関する包括提携などがあげられる。
　このように国際競争力のうえで劣位にある日本企業の場合、欧米企業との国内、海外諸国での提携を通じて活路を見出そうとする動きを示している。
（3）　部品メーカーの場合
　最後に、大競争下にある部品メーカーの対応についてみていこう。
　ホンダなどのプラットフォームの世界的共通化志向を考えてみよう。これは自動車部品メーカーにその製品の品質の均一性を要請する。
　その結果、従来複数のメーカーに注文されていた特定部品が1社に集中発注される可能性も生じる。また生産コストの低下のため、部品自体のモジュール化（部品を規格化し、最小種類の部品で最多種類の構成部品をつくり出すこと＝複合化）が求められる。こうした要請に応えられる部品メーカーは限定されることになる。同様な動きは電子部品メーカーにもみられる。
　かかる状況下での生存のために部品メーカーは次の2つの課題に当面する。
　第1は、産業空洞化回避から生ずる国内での激しい競争関係への対応である。このプロセスはセットメーカーと部品メーカーとの間の系列関係が「消える」場合と「消えない」場合とを生み出す。
　セットメーカー側からすれば、前者は「系列に頼らず、競わせて買い叩けるので調達コストはかなり引き下げられる」（日経産業新聞1998年6月29日付）という利点をとる。一方、後者は「新しい部品を開発する際には『あうん』の呼吸で柔軟に対応できる系列メーカーの存在は欠かせない」（同新聞1998年7月28日付）ということになる。これに対する部品メーカー側からの対応姿勢としては、①特殊な技術・製品開発により独立して行くか、②特定セットメーカーに深く入り込み協調していくか、③取引先の数を増やし少しでもゆとりのあるものとしていくか、といった方向が考えられるわけだが、現実には②の行き方をとる可能性が高い。これは部品メーカーによるセットメーカーへの対応を従来の製品開発面でデザイン段階からでなくコンセプトづくり段階から入り込む形に変えることである。単体の部品だけの簡単な提案を行っていくのでは限界があり、ここでもモジュール化、ユニット化という形で

の協力が必要となるわけである。

　第2は、海外進出対策という課題である。部品メーカーの海外進出には先進国市場での販売拠点が少ないこと、アジア諸国中心の工場設置を進めてきたこと、セットメーカーの世界的事業所網の形成後（1990年代）に積極化していること、といった傾向をみる。たとえば、タイでのトヨタの主なパーツやコンポーネンツの調達先は購買額でみて2001年時にはトヨタのタイ子会社から37％、日本の部品合弁会社から42％、その他（「自動車部品相互補完協定＝BCC」下のASEAN諸国企業、日本企業の技術提携下のタイ企業、日本以外の合弁会社、タイ企業）から21％という割合[2]になっていることからみても、日本の部品メーカーにとって海外市場が自らの系列以外に新しい販売先（日本企業であれ外国企業であれ）を求めうる場であるに間違いない。

　以上、部品メーカーの場合、国内では市場規模の縮小、輸入部品の脅威にさらされており、海外進出しても地場企業との競争下で生産効率の向上や生産規模の拡大などによるコスト削減が不可欠となる。したがって、産業空洞化回避と海外進出シフトという対立する課題克服のための問題点としては、

①競争力ある製品開発のための研究開発、高度の技術を要する戦略製品や材料生産＝部品生産の前工程（電機関係のセラミック、水晶振動子など）、高級品などの日本での生産
②国内・海外を問わず自社の強みを最大限に発揮できる柔軟で活力ある組織体制（規模の大小を問わない）をつくること。とくに海外ではグローバルな分業体制の確立という視点からの再組織化
③川上、川下および周辺産業との相互依存による提携を通ずる強い信頼関係の構築[3]

などがあげられる。ただし自動車にしろ電子にしろこうした海外進出を実施しうる企業はかなりの企業規模を有するもので、二次・三次の下請け部品メーカーは一般的にこの次元までにも達していない点に留意すべきである。

3　地域経済統合（リージョナル・インテグレーション）

1　市場の共通化からみた地域経済統合

　予測される将来の外部環境の一つとして地域経済統合はきわめて重要な位置を占めている。三洋電機の高野泰明社長はかつて次のようにいった。
　「21世紀には、欧州連合（EU）や北米自由貿易協定（NAFTA）、東南アジア諸国連合（ASEAN）自由貿易地域（AFTA）など新しいブロック経済が次々に動き出す。企業としては国際市場をにらんだ新しいパラダイム（経営規範）作りが必要だ」（日経産業新聞1997年4月13日付）。
　このように地域経済統合は経営行動の基本的な方向づけ＝パラダイムを確定するうえで大きな存在となっている。もとより企業のグローバル化の進展度合いにより、その影響の程度、対応上の課題・方策は異なる。また地域経済統合自体の発展の度合いによっても異なった問題が提起される。
　1990年代後半に、世界市場にどのくらいの地域経済統合が存在するのか。JETRO調査によると主なものとして50ほどがあげられる。では、これらの地域経済統合はどのような発展状況を示しているのか。この程度を知るためこの中からAPEC（アジア太平洋経済協力会議）のような単なる地域協力的形態の統合体を除き自由貿易地域なり関税同盟といった域内国の市場自由化の実体を持つものだけを摘出すると表VII-1にみる38となる。
　これら38の統合体の発展度合いを知る一つの手段として、第1節でみたB.バラッサによる、①自由貿易地域、②関税同盟、③共同市場、④経済同盟、⑤通貨同盟という発展段階を適用してみると以下のような結果となる。ただし、これはあくまで一つの目安であって厳密な段階規定を示すものではない。たとえば、EUは明らかに⑤段階（表中の表示は5）に到達したわけだが、UEMOA（西アフリカ経済通貨同盟）とUDEAC（中部アフリカ関税経済同盟）もすでにCFAフランという共通通貨を持ち参加国各自の通貨は持ち合わせていない。したがって、形の上ではすでに⑤に達しているようにみえるが、

これら諸国はかつてのフランス植民地という関係でこうした制度が実施されているわけで実質的な発展過程とは異なるものである。また、同じ①（表中の表示は1）にあるNAFTAならびにアメリカやカナダとのイスラエル自由貿易協定をとってみても、後者は特定国だけと特定産業部門に限定されたものである。これに対してNAFTAの場合は①にあるだけでなく、資本移動という点をみると実質的に③の側面をもあわせ持つ傾向をみる。

　こうした諸点に留意しながら38の統合体を整理すると、特定の発展段階への到達が明確なものは⑤＝1、②＝6、①＝20、計27となっている。EUの⑤通貨同盟以外は圧倒的に①自由貿易地域ということになる。ただし、これら地域経済統合もバラッサの描いたような段階を順序どおり進むわけではなく、また統合体自体の目標も①から②をめざすとは限らず、いきなり④経済同盟を意図する場合もある。

　なお、現在明確な発展段階を示してはいないが、地域経済統合として何らかの実体を持ち自らの目標に沿って活動を続けている統合体は、④＝3、③＝1、②＝3、①＝4、計11となる。AFTA（表中の表示は1）は当初政治的色彩が強かったが、現在では経済的な実体を形成しており、2002年には経過措置として先行加盟6ヵ国が一部の例外を除く関税を一律5％以内とする構想を進めているのはその例といえる。

　これらの地域経済統合は当然加盟国の数や経済力の大小、地理的条件などによって国際環境としての位置・役割は異なったものとなる。その意味では経済統合自体の発展程度だけではなく、地域市場の規模、目標実現の可能性、外部諸国企業の参入現況、加盟国企業の発展程度などに注目されねばなるまい。そこには域内国の市場の自由化（貿易・投資など）と競争をうながし、経済成長と産業競争力の強化をはかり、グローバル化を促進する環境が存在する[4]からである。このような視点に立つとき、EU、NAFTA、AFTA、MERCOSURといった地域経済統合が具体的な検討の対象となろう。

表VII-1 世界に存在する主要な地域経済統合と地域経済社会のリンケージ

地域		発展段階	名称	発効年	主要参加国・地域	備考
欧州	EU	5	EU（欧州連合）	93	ベルギー、デンマーク、フランス、ドイツ、ギリシャ、アイルランド、イタリア、ルクセンブルク、オランダ、ポルトガル、スペイン、イギリス、スウェーデン、オーストリア、フィンランド	58年EEC設立。68年関税同盟。93年市場統合により欧州連合へ。99年からの経済通貨同盟開始をめざす。
			＊中東欧各国との「欧州協定（EA）」、旧ソ連各国との提携・協力協定、地中海諸国との連合協定、アフリカ・カリブ太平洋諸国とのACP協定など、EUが世界各国および地域統合と締結している協定は97年時点で発効・発足しているものだけで約20ほど。			
	EU:EFTA	1	EEA（欧州経済領域）	94	スイスを除くEUおよびEFTA諸国	世界最大の統一市場。
	EFTA	1	EFTA（欧州自由貿易連合）	60	ノルウェー、スイス、アイスランド、リヒテンシュタイン	EEC（当時）に対抗する自由貿易地域として発足。
		1	EFTA・中・東欧およびEFTA・地中海諸国自由貿易協定	92以降	EFTA・トルコ（92）、EFTA・イスラエル（93）、EFTA・ルーマニア（93）、EFTA・ポーランド（93）、EFTA・チェコ（93）、EFTA・スロバキア（93）、EFTA・ブルガリア（93）、EFTA・ハンガリー（93）、EFTA・スロベニア（95）、EFTA・エストニア（96）、EFTA・ラトビア（96）、EFTA・リトアニア（96）	アルバニアは交渉中。エジプト、チュニジアは事前準備中。
	中・東欧	1	CEFTA（中欧自由貿易協定）	93	ポーランド、チェコ、スロバキア、ハンガリー、スロベニア、ルーマニア	自由貿易地域をめざす。農産物など例外項目あり。スロベニアは96年、ルーマニアは97年加盟。将来的にはブルガリア、バルト三国の加盟が予想される。
		2	チェコ・スロバキア関税同盟	93	チェコ、スロバキア	昔からの商取引関係の維持をめざす。97年4月のチェコの輸入預託制度導入以降形骸化。
		1	バルチック自由貿易協定	94	エストニア、ラトビア、リトアニア	自由貿易地域をめざす。農産物など例外項目あり。
		1	チェコ・ルーマニア自由貿易協定	95	チェコ、ルーマニア	工業製品の関税や国境税の完全撤廃をめざす。97年7月のルーマニアのCEFTA加盟以後は、関税率はチェコとの間では従来の基本税率の30％がさらに半減した。

地域		名称	年	加盟国	概要
CIS	1	スロバキア・ルーマニア自由貿易協定	95	スロバキア、ルーマニア	工業製品の関税や国境税の完全撤廃をめざす。上記チェコとの同盟と同様スロバキアとの間でも関税率は従来の半分になった。
	1	ルーマニア・モルドバ自由貿易協定	95	ルーマニア、モルドバ	両国を原産国とする製品の関税の撤廃。
	→4	独立国家共同体(CIS)経済同盟	93	アルメニア、アゼルバイジャン、ベラルーシ、グルジア、カザフスタン、キルギス、モルドバ、ロシア、タジキスタン、トルクメニスタン、ウクライナ、ウズベキスタン	自由貿易地域、関税同盟、通貨協調を徐々に統合を深め、将来的には経済同盟をめざす。ただし、現段階ではほとんど機能していない。
	→4	統合強化条約、関税同盟	96	ロシア、ベラルーシ、カザフスタン、キルギス	商品、サービス、資本、労働力の自由な移動、経済関係の発展をめざす。
	→4	共同体創設条約	96	ロシア、ベラルーシ	単一経済圏および通貨統合をめざす。経済・政治面での関係緊密化。
北米・中南米	1*	アメリカ・イスラエル自由貿易協定	85	アメリカ、イスラエル	94年までに関税撤廃済み(農水産物を除く)。
	1*	NAFTA(北米自由貿易協定)	94	アメリカ、カナダ、メキシコ	自由貿易地域をめざす。GDP・人口ともにEUを上回る。資本移動を含む。
	1*	カナダ・イスラエル自由貿易協定	96	カナダ、イスラエル	工業製品の大半と農水産品の一部を関税撤廃(繊維などは段階的撤廃)。
	2→3	CACM(中米共同市場)	60	グアテマラ、ホンジュラス、ニカラグア、エルサルバドル、コスタリカ	関税同盟。93年共同市場形成をめざした条約(グアテマラ議定書)に調印。
	2→3	ANCOM(アンデス共同体)	69	コロンビア、エクアドル、ベネズエラ、ボリビア、ペルー	自由貿易地域から、95年対外共通関税を導入し関税同盟。共同市場へ。
	2→3	CARICOM(カリブ共同体)	73	カリブ海域13ヵ国1地域	関税同盟。共同市場をめざす。
中南米	2→3	MERCOSUR(南米南部共同市場)	91	ブラジル、アルゼンチン、パラグアイ、ウルグアイ	95年1月より関税同盟。共同市場をめざす。自由貿易協定をチリ(96年10月発効)およびボリビア(97年4月発行)と調印。
	1	G3(G3自由貿易圏)	95	メキシコ、コロンビア、ベネズエラ	2005年までに自由貿易地域完成をめざす。
	→1	ACS(カリブ海諸国連合)	95	G3、中米6ヵ国およびカリブ16ヵ国	95年8月発効。経済・文化協力から域内貿易自由化をめざす。実体なし。

第VII章 国際環境

			組織名	年	加盟国	概要
アジア・オセアニア		→1	ASEAN（東南アジア諸国連合）AFTA	67 / 92	タイ、マレーシア、インドネシア、フィリピン、シンガポール、ブルネイ、ベトナム、ラオス、ミャンマー	67年に発足した当時は政治的な色彩が強かったが、最近は経済的な結束を強めている。2003年までに域内関税を5％以内とするASEAN自由貿易地域（AFTA）構想を92年に創設し、域内貿易活性化をはかっている。
		→1	SAARC（南アジア地域協力連合）SAFTA	85 / 97	インド、パキスタン、バングラデシュ、スリランカ、ネパール、ブータン、モルジブ	バングラデシュのラーマン大統領が提唱した85年12月に発足した。同地域の特殊性から係争事件や二国間事項をとりあげないこととしており、近年は経済的な関係強化を重視している。97年5月に開催された第9回首脳会議では、南アジア自由貿易地域（SAFTA）を2001年までに実現することで合意した。
		1*	CER（経済緊密化協定）	83	オーストラリア、ニュージーランド	83年1月に協定が発効している。スケジュールに従い両国の融合が進んでいる。しかし、市場の狭あいさから成長にも限界があり、地理的にも近いASEAN（AFTA）やMERCOSURに接近し、市場の拡大をはかっている。
中東・西アジア・アフリカ	中央アジア	→4	ECO（経済協力機構）	85	イラン、パキスタン、トルコ、アゼルバイジャン、カザフスタン、キルギス、タジキスタン、トルクメニスタン、ウズベキスタン、アフガニスタン	インフラ共同投資などで経済活性化、西アジア経済圏創設をめざす。
	黒海沿岸・バルカン	→4	BSEC（黒海経済協力機構）	92	アルバニア、アルメニア、アゼルバイジャン、ブルガリア、グルジア、ギリシャ、モルドバ、ルーマニア、ロシア、トルコ、ウクライナ	黒海周辺国の経済活動活性化をめざす。
	産油国	→4	GCC（湾岸協力会議）	81	バーレーン、クウェート、オマーン、カタール、サウジアラビア、アラブ首長国連邦	共同市場、ヒトや資本など生産要素の移動自由化をめざす。
	地中海・北アフリカ	→4	AMU（アラブ・マグレブ連合）	89	アルジェリア、リビア、モーリタニア、モロッコ、チュニジア	自由貿易圏創設をめざす。
	全土	→3	OAU（アフリカ統一機構）	63	全アフリカ諸国（モロッコを除く）	アフリカ諸国間の協力と統一の促進。アフリカ共同市場創設をめざす。
アフリカ	西部	→2	ECOWAS（西アフリカ諸国経済共同体）	75	ナイジェリア、ニジェール、ベナン、トーゴ、ガーナ、ブルキナファソ、マリ、コートジボワール、リベリア、シエラレオネ、ギニア、ギニアビサウ、カボベルデ、ガンビア、セネガル、モーリタニア	自由貿易体制の確立と、運輸・通信・水資源開発などの共同プロジェクト実施を目標とするが、近年では域内紛争の調停など政治面での活動が目立つ。

	段階		参加国数	参加国	内容
アフリカ 中部	1*	UEMOA（西アフリカ経済通貨同盟）	94	ニジェール、ベナン、トーゴ、ブルキナファソ、マリ、コートジボワール、セネガル	仏語圏諸国間の自由貿易体制を確立すべく活動中。関税同盟、地域証券取引所も具体化しつつある。CFAフランを共通通貨。
アフリカ 中部	1*	UDEAC（中部アフリカ関税経済同盟）	64	コンゴ、ガボン、カメルーン、中央アフリカ、赤道ギニア、チャド	域内共通の金融・関税政策を推進。CFAフランを共通通貨。
アフリカ 南部	2*	SACU（南部アフリカ関税同盟）	70	南アフリカ共和国、レソト、ボツワナ、ナミビア	南アを核とする共通通貨・関税制度の実施と域内経済交流の促進。
アフリカ 南部	→2	SADC（南部アフリカ開発共同体）	92	タンザニア、モーリシャス、ジンバブエ、マラウイ、モザンビーク、ザンビア、南アフリカ共和国、レソト、ボツワナ、ナミビア、アンゴラ、セイシェル、コンゴ民主共和国	インフラ整備や資源開発などの分野での共同プロジェクトの推進、域内関税非関税障壁完全撤廃方針、2005年目標に関税の完全撤廃、地域の平和・連携・安全保障で公平な経済発展をめざす。
アフリカ 東部（東南部）	→2	COMESA（東南部アフリカ共同市場）	94	エリトリア、ジブチ、ソマリア、エチオピア、ケニア、ウガンダ、ルワンダ、ブルンジ、タンザニア、モーリシャス、マラウイ、モザンビーク、ザンビア、ジンバブエ、アンゴラ、スワジランド、レソト、ナミビア、セイシェル、コモロ、マダガスカル	域内貿易・投資活動と多国間経済協力の促進をめざす。補完的役割を持つPTA（東南部アフリカ特恵貿易地域）を吸収。
アフリカ 東部（東南部）	1*	EAC（東アフリカ共同体）	96	ケニア・ウガンダ・タンザニア	ヒト、モノ、サービスの3カ国間の移動自由化を推進、共通市場、通貨統合をめざす。域内共同プロジェクト計画、東アフリカ証券取引所設立。2005年までに自由貿易圏創設の方針で合意。
構想中	→1	FTAA（米州自由貿易圏構想）		キューバを除く（北米・中南米）34カ国	94年自由貿易圏創設、通貨同盟の方針を決議、05年に交渉終了。

注：［段階］欄の数字はパラグラフのいう1＝自由貿易地域、2＝関税同盟、3＝共通市場、4＝経済同盟、5＝通貨同盟である。したがって、4→5は現在4段階にあって5段階に向かに向かっていること、1なり2は現在その段階にあること、→1は現時点では特定の段階にあるとは認められないが、総合体として何らかの制度的内容をもって「自由貿易地域」を志向していることを意味している。＊印がつく場合は限定された条件がある、あるいはとくに注目すべき点がある場合である。備考欄を参照。

出所：「ジェトロセンサー」1998年2月号, pp. 49-51（表の作成時点97年11月末）から筆者が整理加工したもの。これにあたり日本貿易振興会・アジア経済研究所の小池洋一氏（現・拓殖大学国際開発学部教授）のご教示を得たが、しかし内容自体については筆者の責任によるものである。

2 地域経済統合と企業の対応

（1） 先端を行く地域経済統合（EU）の場合

「欧州単一通貨ユーロへの交代劇に、静かに幕が引かれようとしている。旧通貨は今月 28 日の期限を前におおむね舞台から退いた」(朝日新聞 2002 年 2 月 25 日付)。そして 3 月 1 日午前零時からユーロは 12 ヵ国で唯一つの法定通貨となった。

このユーロを導入した 12 ヵ国で BMW は自動車販売価格を共通にする方針を示した。「まず高級車種の『7 シリーズ』を対象に、税金や特別装備費を除く基本価格を一本化した。比較的低価格の『3 シリーズ』高級小型車『ミニ』にも対象を広げていく」(日本経済新聞 2002 年 1 月 10 日付) という。

こうした現存の価格差修正のため、日産でもヨーロッパ統一価格の導入を検討し、すでに、これまで国ごとに違っていたエアコンやシートなどの装備を一本化した。この製品の統一化で大幅な物流の合理化をはかるという努力も試みている。加えて EU の新車販売自由化 (2002 年 10 月に予定されている営業圏・車種規制の廃止) により、自動車メーカーは域内での販売網強化を意図して、販売促進や保守サービスを広域に進めるために大規模ディーラーの育成に入った。日産の場合、「欧州全体で 1500 社のディーラーを、2005 年には 500 社に集約する」(日本経済新聞 2002 年 1 月 14 日付) という。もとより単一通貨市場の誕生は、この種の不利な影響だけでなく、為替変動に左右されない部品調達や製品販売が可能となる側面も生み出している。

いずれにせよ EU 諸国では自国企業、外国企業ともに主要企業の域内諸国への企業配置はほぼ完了し、経常的な企業内取引はすでに行われている。その意味では物的側面の拠点再配置とともに現地財務拠点を核とする資金調達・運用の調整活動やサービスを含む促進活動などの新しい問題が生じていることは事実である。

（2） 発展途上の地域経済統合（NAFTA、AFTA、MERCOSUR）の場合

これに対して自由貿易地域なり関税同盟を目標とする段階にある NAFTA、AFTA、MERCOSUR などの場合、域内企業に種々な影響を及

ぼすことになる。

　たとえば、NAFTAをみると、2001年に失効したマキラドーラではNAFTA加盟国以外の国々からの部品輸入には関税がかかるため、域内企業は基幹部品の内製化に努力せざるを得ない。それとともに、「PPS（分野別産業振興計画）による関税引き下げや日墨自由貿易協定に向けての動きは、日系マキラ企業だけでなく、マキラドーラ立地企業を維持したいメキシコ政府とも利害の一致するところ」[5]となろう。とはいえ、電子部品企業などの場合、北アメリカの電機・情報機器メーカーが生産拠点を東南アジアに移してしまった結果、北アメリカでは電子部品産業の空洞化が進行している。そのためNAFTAでの事業発展のためには現地部品メーカーの開拓・育成が急務となっている。また、アメリカでは安価なメキシコ製品の流入によって国内企業の競争関係が激しくなるといった事態も生じている。

　AFTAについていえば、ASEAN域内貿易に特恵関税を適用する産業協力制度が始動し出した。これは2003年から動き出すAFTAの現行輸出入関税を0～5％に引き下げる計画の前倒しといった形をとって現れているが、加盟国間の思惑などから急速な進展をみることは難しい。だが外国企業としては、たとえば、松下がタイ、フィリピン、インドネシア、マレーシアでの部品と家電製品の相互供給にこれを利用し、域内での調達コストを削減しようとしている。また、ASEAN諸国間での企業内国際分業の進展をはかる仕組みとして、域内諸国市場の統合的管理に向けた地域本社制の導入が生じている。欧米企業はこれら地域本社制の役割を、①事業機会の掌握と新事業開始の基礎、②進出企業の支援のための域内市場変化の活用、③域内企業活動の統合、④地域への社会貢献策の明示、⑤地域資源の共同利用（Lasserre and Schutte, 1995；邦訳 pp. 232-236）などの点に求めている。

　MERCOSURは加盟国企業の場合、「海外進出第一歩の『道場』的な存在となっている」とみられており、その意味では「『ローカルな多国籍企業』と呼べるような企業も生まれつつある」[6]といわれている。域内貿易も大幅に拡大し、域内での資源利用の必要性も高まっていることから、加盟国を結

ぶ道路、鉄道、トンネル、橋梁、ガスパイプラインなどのインフラの整備も進んでいる。また、VW、GM、クライスラー、トヨタ、ホンダなどの欧米日の自動車メーカーのブラジル進出は種々な形で行われているが、いまだ域内での国際企業配置は完成したものにはなっていない。なお現在の域外国に対しては85％の品目に平均11％の対外共通関税を適用し、2005年までに全品目に共通化する予定といわれる。

　こうした地域経済統合は発展の程度の差はあるものの、各国企業に次のような社会経済的条件をつくり出すのではなかろうか。

　①企業活動の拡大化が従来のように一国単位ではなく域内市場という場での巨大化＝資本の集中・集積を促進する。

　②生産力の一層の拡大を実現する生産形態としての国際標準化の推進である。これは国境を超える製品の規格化から始まり、原材料購入・製造工程・廃棄物管理上の組織構造・手順・ルールの標準化にまで及ぶ。

　③域内における要素市場、消費市場の同質化に通ずる経済的緊密化の進展である。これは地域経済統合の対立なり協調を生み出す基礎となる。

　上記のような状況下にあって、企業が今後ますます地域経済統合を意識した行動をとらざるを得なくなるものの、「企業内および企業間の超国家的な結びつきが国家間にみる競争上の強化を求めた結びつきよりも強い」(Bourke, 1996, p. 204) ということは明確に意識されねばならない。

4　国際標準（グローバル・スタンダード）

　大競争の激化と地域経済統合の発展という2つの国際環境は企業の内部環境の一つとしての国際標準の形成を推進する。別言すれば、「世界に巨大な単一市場ができて、世界の市場が統合され、そこを舞台に巨大企業が先鋭な競争を続けると国際標準の奪い合い、先取り競争が起こってくる」(中北, 1997, p. 19) というわけだ。この国際標準は第1節でみたように特定の製品規格から経営方法だけでなく通信・金融・輸送などの産業部門、政治経済制

度にまで及んでいる。ここでは企業の内部環境としての国際標準を検討するわけであるから、製品規格と経営方法の国際標準化について考えたい。

1 製品規格の国際標準化

　現在、企業が当該製品の世界市場での標準規格品の座を確保しているかどうかということは、生産活動で量産効果上コスト競争力を高め、またその後の技術開発でも商品化計画上の優位さをねらうという戦略展開の出発点となる。その意味でこの種の国際標準の保持は現在の競争を有利に展開できることになる。では、この標準規格品の座はどのように確保されるのだろうか。それには通常次の3つのルートがある。

　（1）　公的標準を先取りする場合

　その一つは業界・国家・国際公的機関によって定められた公的標準（デジュリ・スタンダード）を先取りする場合である。たとえば、国際標準化機構（ISO）の9000シリーズの認証取得は品質管理実施上必要となる組織構造、手順、プロセスおよび経営資源の面での自社の信頼性を高めることになる。このISO 9000シリーズがEUの域内統合のための技術的統一基準となったことが国際標準となることに拍車をかけたとみられている。ここでも地域経済統合という国際環境との相関をみる。

　またGM、フォード、クライスラーの3社が材料・部品・設計・サービスなどの納入業者に対して適用する品質システムとして、このISO 9000シリーズの採用を揃って決めているという（中北, 1997, p. 94）。この場合、部品メーカーにとってこの標準ははっきりとした経営環境として映るはずである。

　このISO標準には、最近では品質保証、取引の安全に加え環境管理システム（ISO 14000シリーズ）の標準も注目されている。IBMはISOより古くから世界共通の独自の環境管理システムを持っていたが、地域社会との共生・調和を意図して1997年に企業全体でISO 14001を一本化して取得した。

　だが、この種の公的標準自体に問題がないわけではない。たとえば、標準化のために時間がかかりすぎること、似たような規格が複数企業によって提

唱されるときこの優劣の確定にミスマッチを起こすこと、技術革新の加速化に伴い標準化のタイミングを失することなどがあげられる。

また、この種の公的標準の決め方も（3）でみる企業提携による「事実上の業界標準」取得という動向に影響されながら、既存企業が数多く採用している事態に注目して定められるようになっている。つまり、この公的標準は事実上の標準に接近する傾向にある。ただし、公的標準自体は外部環境であるため、ここでの検討の対象から除かれる。

（2）　市場取引により「事実上の業界標準」を獲得する場合

次は事実上の業界標準（デファクト・スタンダード）を他社製品との実際の市場取引を通じて確保する場合である。この著名な例としてVHS方式対ベータマックス方式の争いが想起できる。この事例から市場競争を通ずる業界標準確保の過程を振り返ってみよう。

単純にいえば、自社の製品（やサービス）を利用するユーザーの数が多ければ多いほど、その製品の内容・使用方法などがよく知られ、分かりやすくなり、ユーザーがその製品から得られる効用は増大する（＝ネットワーク外部性）。そのためユーザー数の拡大は当該企業の規格を業界の標準としやすくすることになる。

家庭用VTRの場合、ベータマックス方式を開発したソニーは米ゼニス社を除いていっさいOEM生産受託を認めなかったのに対して、VHS方式を開発した日本ビクターは親会社松下電器とともに欧米各メーカーへのOEM生産を積極的に行い世界市場シェアを拡大していった。その結果、国内を含め家庭用VTRは圧倒的にVHS方式による製品が支配することになった。

この点はハードウェアの製品仕様に限らず、技術、ノウハウについてもいえる。あまり技術公開を進めなかった企業が技術提携を積極化した企業に市場支配を許し、業界標準を獲得できなかった例は数多くみられる。ただ、この際相手企業に特許技術をどのように公開するかという知的所有権戦略が重要となる。パートナー数が増えるほど特許料の設定などで多くの手腕が問われることになる。とくに日本の場合は知的所有権の保護体制が欧米と比べ遅

れている。たとえば、特許・著作権などについて損害賠償の認定額が少なく、裁判で勝っても費用で訴訟倒れになるケースが多いといわれる。

とくに留意すべき点は対パートナー戦略だけでなく、自社の持つ技術水準の精確な掌握である。当然、技術格差があまりに大きいときは、上記のような技術開放戦略をとっても異なった結果を生むことになる。たとえば、アナログ・ビデオディスクの場合、1980年に光学（非接触）方式とVHD（接触）方式の競争となった。このとき、VHD方式を開発した日本ビクターは前例同様に積極的なユーザーづくりを行い、13メーカーにこの方式を採用させたのに対して、国内で光学方式を採用したのは開発企業であるパイオニア1社であった。しかし、光学方式が技術改良によりコスト引き下げに成功し、CDとの互換プレーヤーを発売するようになると、VHD方式をとっていた企業が光学方式に転換しはじめ、1988年には光学方式のシェアは9割を超え事実上の標準となってしまった。この時点でVHD方式を供給する企業は逆に日本ビクター1社となってしまった。

なお、事実上の標準確保にあたっては、製品により前出のVTRへの関連ソフトのような補完財の供給が大きな影響を与える。VHS方式の場合、このソフトの流通量や多様性が標準確保に決着を与えたといわれている。

以上のように、他社製品との市場取引を通して業界標準を確保するには、技術開発を基礎としてパートナーやユーザーの確保、知的所有権戦略、関連補完製品の開発といった諸戦略の巧みな組合せが不可欠となる。

（3）製品の市場投入前に企業提携により「事実上の業界標準」を決める場合

最後に、関連企業が当該製品を市場に出す前に企業提携を通じて標準規格を決めてしまう場合をみよう。この業界標準規格の確保こそ量産効果でコスト競争力を高め、商品化計画上の有利さをねらう戦略結果といえる。この最近にみる例として、日欧韓9社による現在のDVDの後継となる大容量光ディスク「ブルーレイ・ディスク（BD）」の規格統一の発表があげられる。このBDは青紫色レーザーを当てることでDVDに比べ約5倍の記録容量を持

つ直径12センチの光ディスクである。この規格統一に合意したのは、日立・松下・パイオニア・シャープ・ソニーの国内5社とサムスン・LG（韓国）、フィリップス（オランダ）、トムソンマルチメディア（フランス）の海外4社である。この企業提携を通ずる国際的な業界標準確保への動きは、現存のDVD規格の統一に失敗したという業界の背景によるものといえる。

現在の3つのDVD録画再生機の形成ルートの出発点は1994年、情報記録量をCDの2倍にするというソニーの技術開発にあった。すると、連続して東芝、日本ビクター、三洋、パイオニアといった各社がDVDの技術開発を行った。ここから、1994年末のソニー、フィリップス2社によるDVD規格提案に対応して東芝、松下、パイオニア、日立、トムソン（フランス）、タイムワーナー、MCA（アメリカ）の7社が共同規格を発表し（1995年初め）、双方の規格争いが始まる。このDVD規格統合の争いは、ソニーグループのマルチメディアCD規格と東芝グループによるSD規格に分裂して泥沼に入る様相を呈した。

1995年の夏を越えたとき、アメリカの大手コンピュータメーカーや映像ソフト会社などユーザーからの圧力でやむなく話し合いの途が開かれ、9社（2+7社）による規格統一への動きが始まった。だが1996年に入ると、ソニー、フィリップスの持つDVD特許の共同でのライセンス供与が開始された。これは東芝側、ソニー側双方でDVD関連特許を一括供与する方向で検討を進めてきたものの、特許料配分などをめぐり、10社（松下のMCA売却後、日本ビクターと三菱電機が入る）の意見がまとまらなかったためとみられる。

やがて10社による規格統一は1997年4月14日にパソコン用のDVD-RAMについて行われた。結果としてこれは両グループの方式を折衷したものとなった。ところが翌15日、フィリップス、ソニー、パイオニアの3社は他社に先行し、DVD特許のライセンス供与を発表した。パイオニアがこのグループに入ったのは「規格統一で主導権を握った松下・東芝陣営の強硬な特許料収入配分要求があった」（日本経済新聞1997年4月17日付）からだという。これに対して松下は「10社共同でプール方式にしようと話し合いの最

中だったのでびっくりしている」（朝日新聞 1997 年 4 月 17 日付）とした。

　しかしこの統一規格はソニーグループへのヒューレットパッカード社の参加を得て、彼らの独自規格（DVD+RW）をヨーロッパ・コンピュータ工業会やアメリカ規格協会への共同申請で事実上崩壊する（1997 年 8 月）。若干遅れて 10 社の DVD-RAM の統一規格も同機関に申請される。さらにこの業界標準獲得競争にはソニーグループへのリコー、三菱化学、ヤマハの参加によりこのグループは DVD-RAM の上記独自規格（DVD+RW）を発表する。

　1998 年に入り東芝グループは音楽用記録媒体として CD に代わる DVD を打ち出すと、ソニーグループはスーパーオーディオ CD を主張するに及んで DVD 規格分裂は決定的なものとなった（1998 年 5 月）。

　以上の東芝グループとソニーグループとの間の標準規格の取り決めが不成功に終わった理由につき種々論議されているが、最も一般的な見方は、CD の基本ライセンスを握るソニーグループの特許戦略と、CD から DVD への世代交替を急ぐ東芝グループとの思惑の違いがあった、という点である。ソニーグループが次世代ディスクで相次ぎ独自戦略を打ち出すのは CD 等で業界標準を握っているという立場から「巨額のライセンス収入を手にする両社（ソニー、フィリップス）にとって、CD の時代は長ければ長いほどいい」（日本経済新聞 1998 年 5 月 12 日付）という特許戦略によるものとされている。

　この流れの中で業界が今回の BD 規格の統一に踏み切ったのは、「DVD 録画再生デッキでさえ大衆は飛びつく時代ではなく、規格をそろえなければ、ますます買い控えに歯止めがきかな」（朝日新聞 2002 年 2 月 20 日付）くなるとともに「独自規格にこだわって、1 社で短期間のうちに製品を仕上げるのは難しい」（日本経済新聞 2002 年 2 月 19 日夕刊）だけでなく、この「目標を世界の共通規格にすること、業界標準にすることで次世代ディスクへのステップを踏みたい」（日経産業新聞 2002 年 2 月 20 日付）とするところにある。しかしながら、この BD 規格の統一は従来の DVD 録画再生機規格設定で中心的な役割を演じた東芝の不参加や DVD との互換性をはじめ、記録用（書き換え型）より先に提案された規格であることに加え映画やコンピュータ企業を除く「家

電メーカーだけで良いか」といった懸念などから「"世界統一"と呼ぶには、まだ早い」（日刊工業新聞 2002 年 2 月 25 日、20 日付）とみられている。

このように事実上の業界標準を製品の市場投入前に企業提携によって確保しようとしても、既存の企業利益から簡単に推進することは難しい側面を持つことは明らかである。また企業提携自体が本来的に「もろい」性質である点も忘れることはできない（竹田，1998，p. 155）。

2　経営方法の国際標準化

次に経営方法の国際標準の検討に入るわけだが、製品規格という具体的内容ではなく、事業活動の進め方・仕組みというかなり抽象的なものとなるため、問題を限定してみつめる必要がある。

まず、すでに論議されている国際標準の内容（企業自体に関するものに限定して）に注目してみよう。

> 「『国際標準』とは国際的に共通すると認定される基準のことである。すなわち、……世界単一市場の形成に伴って、基本的に民間企業のイニシャチブを通じて国際社会で共通する、しかも、任意の基準や規格」（渡部・中北編，2001，pp. 22-23）である。

> 「現在は経済、文化などさまざまな分野で世界的な規模での交流が日常的に行われるようになり、市場の統合が行われている時代である。（この統合は）市場による勝利により行われる。またこの戦いには必要最低限のルールを設定し、参加者の全員が受け入れる必要がある。その必要最低限のルールこそがグローバル・スタンダードである」（多胡他，1997，p. 204）。

> 「グローバル化が進むにつれて、企業の戦略や行動にもグローバル・スタンダードが求められるようになる。（…略…）こうした流れの中で企業の戦略は長期的な資本利益率の最大化に絞られてくるのではなかろうか。またそれに伴って財務内容や企業情報の開示についても国際規準に収斂していくであろう」（林・洞口編，1998，pp. 43-44）。

「日本においては個人のジョブディスクリプションが曖昧であり、個人の力量次第で一つの仕事がカバーする範囲が大きくも小さくもなる。まず人があり、その上で仕事を作っていくという考え方である。しかし業務改革におけるグローバル・スタンダードの方向は業務プロセスを決めてから人の要件を固めていくことだ」(大浦, 1997, p. 100)。

上記の指摘からみて経営環境としての国際標準はおよそ次の4点にまとめられよう。

①単なる機能的特徴としてみるとき、特定国の一般的な方法に固執した閉鎖的な進め方ではなく、世界各国で実施可能な共通するやり方をさす。

②実在する国際標準は、①でみたような抽象的な内容ではなく、特定国のやり方となって具象化される。どの国のやり方がその位置を占めるかは世界市場での力関係によって決まる。したがって、現在ではアングロサクソン型とりわけアメリカ型の方式が国際標準として君臨している。

③経営方法やルールの標準化である以上、開発→調達→生産→販売という企業活動のそれぞれの局面とそれを動かしていく、資金、要員、情報、会計といった各種の管理に関して具体的にそれぞれの国際標準が存在することになる。上述の例からみると財務内容・企業情報の開示、ジョブディスクリプションの明確化などがあげられる。

④世界市場での各国企業は、激しい競争を通して経営方法の国際標準化を進める一方、国家間の交渉や地域経済統合の発展を背景に行政を通ずる金融・財政・会計などの諸制度にみる国際標準に追従せざるを得ない。

国際標準がこうした性格を持つものとするならば、企業の経営環境としてどのような対応が求められるのか。

結論的にいえば、「アメリカ標準」である国際標準にただ即応するのではなく、また単に「日本標準」に固執しないことであり、自らの個性化を貫く中で世界市場に通用する経営方式をつくり出すことである。トヨタやソニーはトヨタスタンダードやソニースタンダードに準拠して世界に向かっている。2001年4月にトヨタの基幹職以上の幹部に配布された「The Toyota Way

2001」の内容はこの具体的な表れといえる。またかつてソニーの出井伸之社長は次のように指摘した。

　「よくグローバルスタンダードを目指さないのかと言われるが、そんなものは存在しない。強いて言えば、ソニーウエーを追求している。ユニークさ、コスト、スピード、クォリティー。この4つをソニーの競争力にしていきたい」（日経産業新聞 1998 年 1 月 1 日付）。

　この4つの競争力をソニーなりのやり方でつくり出し、推進して行くことが国際標準の追求を意味している。これは企業の理念・仕組み・行動・伝達により自らの特性を創出することである。世界市場で生き抜こうとする企業にはそこで通用する方法をこうした「個性」の中に体質化することが要請される[7]。つまり、「日本発のグローバル・スタンダード」（多胡他, 1997, p. 206）といわないまでも、国際標準というのは企業の内部環境である以上、企業主体には対応しやすい環境である。その意味でトップのリーダーシップによる自社の主張の中で、この世界市場に通用する経営方法は創出され、具象化される。

　以上、現在の外部環境＝大競争、予測可能な未来の外部環境＝地域経済統合、企業の内部環境＝国際標準に分けて現代企業を取り巻く国際環境を検討してみた。この種の環境は世界市場の緊密化・同質化を基礎に、そこで生存する企業に不可避の存在として立ちはだかっているのではなかろうか。

注
1) （財）国際貿易投資研究所『欧米多国籍企業の戦略的提携の実態と意義に関する事例調査研究（その2）』1992 年、pp. 32-41.
2) UNCTAD, *World Investment Report 2001 : Promoting Linkages*, New York and Geneva： UN, 2001, p. 147.
3) 竹田志郎「中小企業にみる海外進出シフトと国内産業」『賃金実務』1995 年 11 月、p. 9.
4) 「世界の地域経済統合」『ジェトロセンサー：国際ビジネス情報』日本貿易振興会、1998 年 2 月号、p. 8.
5) 中本悟他「マキラードーラにおける日系テレビ関連産業の発展」『季刊経

済研究』Vol. 24、No. 1、2001 年、p. 139.
6) 堀坂浩太郎「メルコスル：動き出す南米共同市場」日本経済新聞 1997 年 9 月 29 日付.
7) 詳しくは、竹田 (1998) pp. 208-212 を参照.

引用文献

Bourke, T., *Japan and the Globalisation of European Integration,* Aldershot ; Brookfield, Vt. : Dartmouth, 1996.
林直嗣・洞口治夫編『グローバル・ファイナンス』日本経済評論社、1998 年
Lasserre, P. and Schutte, H., *Strategies for Asia Pacific,* Washington Square, N. Y. : New York University Press, 1995.（長谷川啓之訳『西欧企業の対日・アジア戦略』学文社、1997 年）
OECD, *New Patterns of Industrial Globalisation,* Paris : OECD, 2001.
大浦勇三『図解グローバル・スタンダード革命』東洋経済新報社、1997 年
Quelch, J. A., Buzzell, R. D. and Salama, E. R., *The Marketing Challenge of 1992,* Reading, Mass. : Addison-Wesley Pub. Co., 1990.（青井倫一他訳『統合 EC マーケティング戦略』ダイヤモンド社、1992 年）
中北徹『世界標準の時代』東洋経済新報社、1997 年
多胡秀人他『グローバル・スタンダード：金融ビッグバンが求める「意識改革」』金融財政事情研究会、1997 年
竹田志郎『多国籍企業と戦略提携』文眞堂、1998 年
渡部福太郎・中北徹編『世界標準の形成と戦略：デジューレ・スタンダードの分析』日本国際問題研究所、2001 年

参考文献

中尾久『企業のグローバルスタンダード戦略』中央経済社、1999 年
竹田志郎・内田康郎・梶浦雅己『国際標準と戦略提携：新しい経営パラダイムを求めて』中央経済社、2001 年
アタリ, J.（近藤健彦・瀬藤澄彦訳）『反グローバリズム：新しいユートピアとしての博愛』彩流社、2001 年
洞口治夫『グローバリズムと日本企業：組織としての多国籍企業』東京大学出版会、2002 年
ハメル, G.=プラハラード, C. K.（一條和生訳）『コア・コンピタンス経営』日本経済新聞社、1995 年
藤田昌宏・河原雄三『国際標準が日本を包囲する』日本経済新聞社、1998 年
モンティ, M.（田中素香訳）『EU 単一市場とヨーロッパの将来』東洋経済新報社、1998 年

第 VIII 章

社会的責任の新次元

1　はじめに

　第Ⅱ章から第Ⅴ章まで、われわれは企業を取り巻くいわゆる「利害関係者」をとりあげ、それら社会的な外界と企業が互いにどのように関係し、かつその関係が近年どのように変わりつつあるかを、個別的に展望してきた。またこれに加え、20世紀の後半以降とくに注目を浴びるに至った、情報環境や国際環境についても、これら諸環境と企業とのかかわりと、その変化の方向とを論じてきた。第Ⅵ章、第Ⅶ章がそれらの内容に対応していることは、すでに明らかであろう。

　ところでこのようにして、外界と多様な結びつきを持つ企業は、それが行為体・活動体として存在しているがゆえに、それとかかわるものすべてに、直接あるいは間接に、また多かれ少なかれ、何ほどかの影響を与えずにはおかない。その場合もちろん、とくに大きな問題がない限り、社会的な不満・懸念を引き起こすこともないが、しかしそれが社会的な懸念を呼び起こすに十分なものであれば、企業側としてもこれを無視したままでいることはできない。ここに企業が社会に対して負うべき、いわば責任の問題が生ずることになる。「社会的責任」と呼ばれるものが、これである。本章ではこの問題をとりあげる。

　ところで社会的責任の問題は、今に始まる新しいテーマではなく、すでに半世紀以上も前から大きくとりあげられていた問題である。そのごく大きな流れについては、本章でも以下、わずかに論及するところはあっても、ここ

ではそのようなかつての社会的責任の問題を再論することはしない。とりあげるのは、近年著しく注目を集めるに至ったごく少数の論点である。表題を、社会的責任の新次元としたゆえんである。それではここにいう「社会的」「責任」の「新次元」とは何か、あらかじめこの点につき一言触れておきたい。

　まず「社会的」ということについては、すでに本書ではそれが主として利害関係者に対して……ということを表している点は、十分に説明してきたのでとくにこれ以上述べることもない。しかし近年、社会的責任の一環として炭酸ガスの排出削減やフロンガスの使用禁止など、いわば地球環境問題にも責任を持つ、その意味では社会的責任より地球環境責任とも称すべき内容を持つに至ったが、ここではそれらをも含め広く社会的責任と呼んでおきたい。また「社会的」責任といったその責任には、経済的責任（たとえば、財やサービスを供給し、利潤を得るといったような責任）を含まないという理解が、一般的であるので、ここではその通念に従った用語の使い方をしたい。

　「責任」とは、行為者である企業が、行った行為の結果について、一定の規範的な規準に照らし、行為者以外の他者からの賞罰とりわけ罰としての制裁が課せられることである。法律的に責任問題を議論する際には、規範的規準は、法律上の条文をさし、また制裁は、国家によって行使される正式（フォーマル）な制裁をさすが、ここで取り扱う社会的責任への制裁は、これよりもはるかに広い、いわば社会学的な概念である。つまり法律以外の道徳・慣行・世論などによって与えられるインフォーマルな制裁も、それに含まれる。なお前述したように、広義に解釈する場合を除き、社会的責任の中から経済的責任が除外されるのは、企業なるものがそもそも、財・サービスの提供を媒介に利益を獲得することを目的として設立されるからに他ならない。ただし経済的責任と非経済的な責任との明確な区分は、現実的には容易ではない。たとえば、環境汚染で地域住民の健康を損なってはならないということは、非経済的責任に属する事柄であるが、その責任を果たすべく公害防止の設備費やその運用費が増えれば製品原価は上昇せざるを得ず、これを販売

価格に転嫁すれば、低価格販売という経済的責任とぶつかることになる。

最後に、「新次元」という点で、本章でとりあげる問題は、次の3つである。

・危機管理（crisis management）
・環境保全（environmental preservation）
・国際協調（international cooperation）

これらをとくにここでとりあげた理由は、第1に、いずれもこれらは近年になって大きな社会的関心をひいたこと、第2に、個別的な利害関係者とのかかわりを超えた性質を持っていること、の2点である。

2 危 機 管 理

1 はじめに

企業とその外部環境との関係で、近年とくに注目されている問題は、危機管理である。この問題の重要性が多くの人々の注目を浴びたのは、危機の発生が周辺に大規模かつ深刻な影響を与える、あるいは与えうる大事故・大事件の存在がきっかけであった。ロシアにおけるチェルノブイリの原子力発電所の爆発事故、ユニオン・カーバイド社の、インドにおけるボパール工場での有毒ガス発生事故などが、その具体的な例である。しかしそもそもの危機管理の議論は、むしろ政治的な側面から登場してきたといわれている。すなわち1962年10月のキューバ危機に直面したアメリカ政府の対応が、典型的に示しているように、外交上の危機に際し、それが戦争へと拡大するのを防ぎ、平和へ収束させるようにする体系的な活動をさしていた。それが現在では、キューバ危機のような軍事的な危機だけではなく、さらに広く地震や洪水などの自然災害や、情報通信ネットワークにおけるいわゆる「2000年問題」、投機の失敗による金融危機などの人的災害にも、使われるようになっている。

近年発生した北海道拓殖銀行の破綻による、外部への影響について具体的

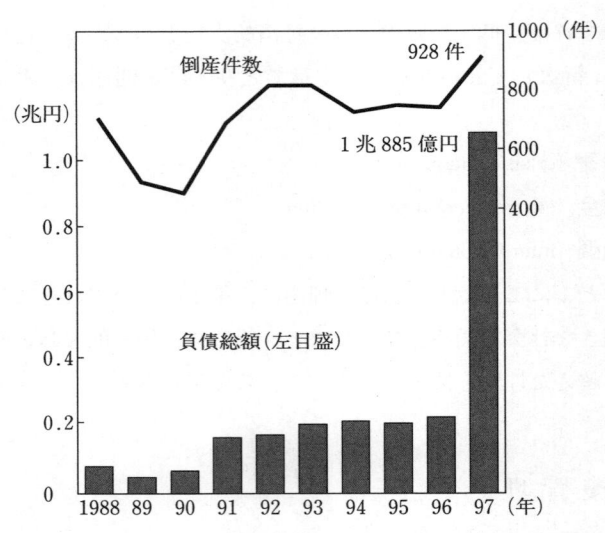

図Ⅷ-1 北海道内の倒産件数、負債総額の推移
出所:『週刊ダイヤモンド』1998年2月28日号。

にみてみよう。周知のとおり北海道においては、明治期以降、国の開発予算と、国策で設立された北海道拓殖銀行が、いわば車の両輪となって、公共的な資本形成と民間による資本形成とを支えてきた。しかし、1997年11月、それまで北海道経済に資金を供給し続けてきた名門「拓銀」が、突如破綻することとなった。いわゆるバブル時代の融資の行き過ぎとその後の措置につき、不良債権の公表をためらいまた大胆な経営再建策を実行できないままに、北海道銀行との合併に失敗、結局営業譲渡に追い込まれるに至ったからである。これに伴う事件直後の北海道内の企業倒産数と、企業の負債総額は急激に上昇した（図Ⅷ-1参照）。また北海道拓殖銀行の破綻による道内企業への取引の影響は、およそ1万5000社に及んでいる。連鎖倒産という言葉に示されているように、中心的な企業が行き詰まれば、それに関連する数多くの利害関係者が巻き込まれることになる。北海道拓殖銀行の例は、地方経済の中心にあった一金融機関の倒産が、いかに広範な影響を及ぼしたかを如実に物語っている。

すでに言及したアメリカ系企業ユニオン・カーバイド社の事故は、金融問題による影響よりも、はるかに直接的でしかも人命にかかわる悲劇的なものであった。1984年インドのボパール近郊にある同社の工場から、メチル系イソシアンエステルのガスが流出したが、このことが世界的にほとんど類例のない大規模な企業事故を引き起こしたのである。1500人以上の住民が猛毒のガスで死亡し、何千人もの人間が不治の病となった。後の調査でわかったことは、ボパール工場の設備はおおかた欠陥施設であるか、あるいは正しく作動していないものであり、その結果ガス漏れが発生したとき、これを阻止する方法はなかったといわれている。またユニオン・カーバイド社の現地管理者は、インドの複雑な政治圧力もあって、相当量の有毒化学薬品を扱っていたにもかかわらず、労働者の住居を工場に隣接して建てていたことも、大事故を生んだ要因であった。ここに示されたような事態の発生は、それを引き起こした企業自体に存亡の危機を生じさせるだけではなく、それを取り巻く利害関係者や地域社会にも、多大な苦痛と損害を与える。このことを考えると、企業がこんにち果たすべき社会的責任の一環として、重大な危機を引き起こさないことが指摘されるのも、いわば当然といわなければならない。それではそもそも危機管理とはいったい何か。それはどのように発生するのか。またこれに対処するのにいかなる対策があるのか。以下、これら主要な論点を述べ（稲葉・二神，1990）、あわせてそこから得られる、社会的責任への意味を考えてみることにしよう。

2　危機管理の概念

　まず、危機管理とは、危機すなわち不測の緊急事態が発生した際、その危機のもたらす悪影響を最小限にとどめ、すみやかに正常な状態に復帰させる組織的な対応のことをいう。不測事態は、企業自体が引き起こす場合もあるが、また外界からの引き金によって生ずる場合もある。不測事態は、文字どおりに解せば予測できない事態一般を意味するが、この場合にはもちろん悪い意味のそれを表わしていて、別言すれば「深刻かつ重大な脅威」のことを

さす。企業をはじめ各種の組織では、日頃から大小の脅威にさらされている。しかし頻度の多い小さな脅威や損失は、安全衛生規則の運用、品質管理、定期監査などをもってルーティン的に処理しうる。しかしながら、危機と呼ばざるを得ないほどの大きな脅威は、滅多に起きるものではなく、またその規模も予測しがたいため、それへの対処には特別のアプローチが必要である。この場合の、危機に対する回避、封じ込め、学習など一連のプロセスが、危機管理である。

　危機管理は、危険管理とは同じではない。ただし、定義の問題はそれぞれの論者の考え方によるので、両概念は類似したり重複したりする場合もあることは避けられない。かくてドーリー（Dooley, 1982）のいうように危機管理は危険管理の特殊分野であるとする見解もありうることになる。さて、危険管理（risk management）は、元来、保険（insurance）領域に関する問題であって、事故や事件に付随するリスク・損失について、事後的な金銭的補償の途を開いておくものである。そのような経緯があるため、危険管理には経済的、確率的な側面がとくに議論の対象として、とりあげられることになる。しかしこのような、保険による危険損失の回復という意味合いを根底に持つ「危険管理」という言葉では、組織が直接不測事態に対処していくその現実を、適切に表現しているとは思われない。とくに緊急事態の中での処理、組織への深刻なインパクト、関係者との困難な交渉、といった諸局面を表すのには適当ではない。

3　危機発生前の段階

　組織が直面する可能性のある危機は、いろいろな形で発現する。したがってそれらすべてに万全の備えをすることは不可能であるようにみえる。しかし多様性の中にも、対応のための共通の枠組み、手順が存在する。たとえばミトロフ（Mitroff, 1988）は、実証研究に基づきそうした共通の枠組み、手続きがあることを見出している。彼が提示した危機管理の5つの局面は、図Ⅷ-1のとおりである。

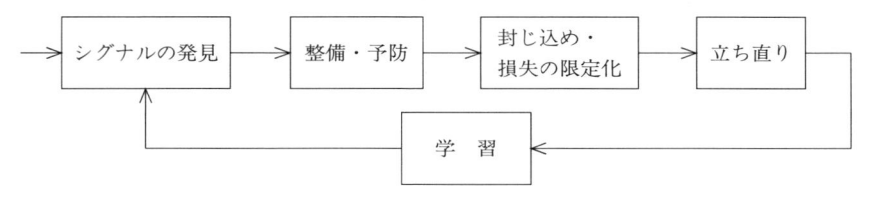

```
→ シグナルの発見 → 整備・予防 → 封じ込め・損失の限定化 → 立ち直り
         ↑                    ↓
         ←―――――― 学 習 ←――――
```

図Ⅷ-2　危機管理の5局面

出所：Mitroff（1988）．

　まず、クライシスの引き金となりうる事件、事故についての認識と前兆（シグナル）の発見の段階がある。たとえば、最近小さな事故が頻発するようになったとか、苦情や不満がしきりに寄せられるようになったとか、さらには注意をうながす情報がもたらされるとかいったことは、多くの場合大事件の前兆となっている。しかしここでの問題は、クライシスを引き起こすきっかけが、きわめて多様にわたっている点である。それは欠陥製品、コンピュータ・ウイルス、敵対的乗取り、自然災害、特許侵害、サボタージュ、贈収賄、テロリズム、薬物混入、風説の流布などいくらでも考えられる。セクシュアル・ハラスメントが突如ニュースとなり、トップ交代という事態さえ十分にありうることである。このようなさまざまなきっかけに対し、あらゆる事態を予測し、対応することは、実際上は不可能に近いとともに、合理的でもない。このような状態にどう取り組むかは、危機管理の予防システムを考えるときに、重要な検討事項となるであろう。

　シグナルの捕捉に困難が生ずるのは、クライシスの発生原因に多様性があることの他に、シグナルそのものが微弱である点が考えられうる。前兆はたいていの場合、当初はごく弱いものである。したがってそのシグナルはとかく見落とされやすい。そのうえ、弱いシグナルの段階では、実際にクライシスの発生につながるかどうかも、予測しにくい。しかし同時に、シグナルが強くなるのを待っていると、それだけクライシスの現実化が進み、それへの対応のタイミングを失いかねない。クライシスの特徴は、低い蓋然性と重大な結果にある（Weick, 1988）といわれるが、ここに危機に対する予知問題へ

のもう一つの難しさがある。

　以上、危機をもたらす可能性のある前兆の発見について述べてきたが、この問題との関連で次に検討すべきは、危機の発生を想定した場合の、対応マニュアルの準備であろう。事実、多くの組織は、予想しうる事故に対し、それに備えた対処プログラムを持っている。この対処プログラムが、個別具体的な事件に、必ずしも完全には適用できないとしても、こういったマニュアルなしには、組織は場当り的な対応にならざるを得ず、悪くすれば危機の救済に対して打った手が、さらなる危機の拡大を招きかねないことになるからである。緊急対応のためのマニュアルの一例は、旅行業者の場合にみることができる。すなわち、航空機墜落事故の引き金になるクライシス対応のための、「事故対応プログラム」がそれである。

　以上、組織や企業は通常それぞれに、程度の差こそあれありうべきクライシスに対応する、予防システムを持っていることを明らかにした。緊急事態発生の予兆を探り、事態対応のためのマニュアルやコンティンジェンシー・プランをつくり、さらに損失カバーのために保険に加入することなどが、その具体策にほかならない。しかし、このような事前的な対応策がたとえ準備されていても、それは現実に不測事態が発生することとは別問題である。ここに、かかる事態の発生後の危機管理問題が、論じられなければならない段階となる。

4　危機の発生

　さて、危機管理活動がどのような経過をたどるのか、その様子について事件発生後を中心に、もう少し詳しくみてみることにしよう。

　図VIII-3は、図VIII-2における「封じ込め・損失の限定化」の部分を、より詳細に展開したものである。以下、この図に従って簡単に解説を加えることにしたい。

　まず、危機の発生に際しては、何らかの契機あるいはきっかけがあるが、それが事故または事件を実際に引き起こす。この事故あるいは事件の発生は、

図Ⅷ-3 危機管理モデルの一例

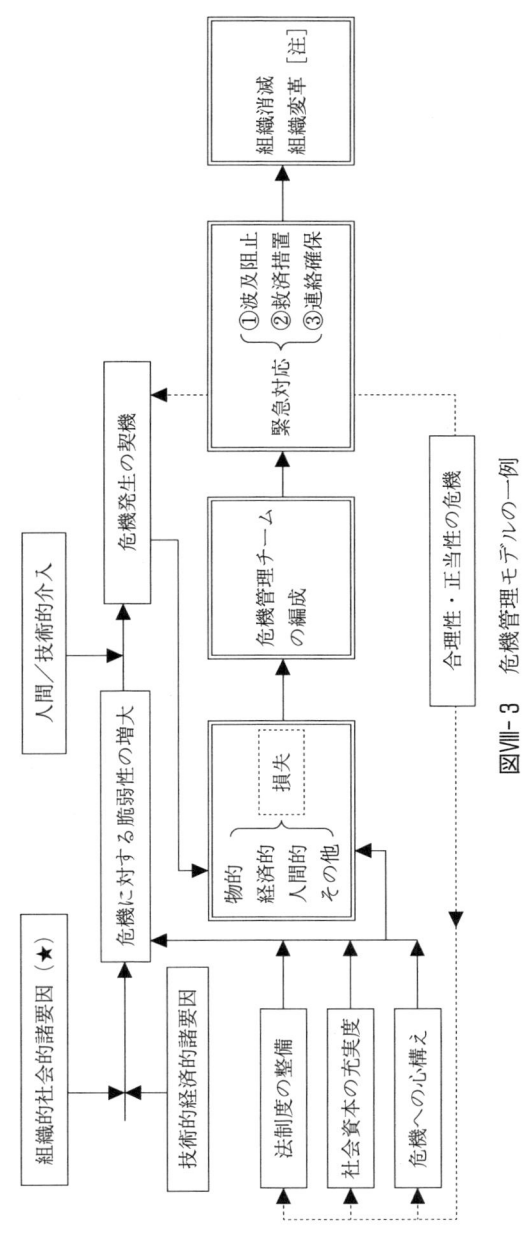

注：組織的社会的要因（★）へフィードバック。
出所：Shrivastava (1988).

第Ⅷ章 社会的責任の新次元 225

予想外の大きな損失を、人的・物的・経済的・その他の面で生じさせる。その損失は、当初はさほど大きくはないと判断されるかもしれない。しかしやがてその損失が拡大し、日頃の通常的な業務体制の下では、それに対応できないと認識されたとき、事故後あるいは事件後の最初の具体的な対応行動がとられることになる。すなわち、危機管理組織の編成である。

危機管理組織は、(a)危機管理チームの結成と、(b)危機管理センターの設置、という2つの作業を通じてつくられる。前者が、危機管理問題の解決に責任を持つ、特別チームの編成のことであるのに対し、後者は、危機管理チームが活躍する場であるところの、危機管理本部の設置のことである。なお、事故・事件の発生現場が、危機管理センターから遠く離れている場合には、本部のレベルとは別に現場のレベルでのタスク・フォースの編成が不可欠になる。危機管理組織のメンバーは、クライシスの間、どのような仕事を行うのであろうか。この点につき、彼らの主要な任務が、一般に以下の諸点にあることは、よく知られている。すなわち、

1) 関連情報の収集
2) 問題状況の分析
3) 利害関係者の確認
4) 問題解決案の作成
5) 進行状況への監視

などが、これである。

危機・不測事態の発生は、これらへの諸任務を、実際にいやおうなしに実行に移させるきっかけを与える。その場合、クライシスの内容は、現実に生じた事件あるいは事故によりさまざまであるが、いずれの場合にも共通して対処しなければならない事項は、次の3点である。すなわち、

①現場でとられるべき緊急の救済措置
②被害の拡大を抑える波及阻止
③コミュニケーション手段の確保

である。

まず、緊急の救済措置として、たとえば事件の内容が資金繰りの問題であれば緊急融資であり、また航空機事故であれば生存者の救出である。それと同時に当然のことながら、被害がさらに拡大することへの対応もなさなければならない。たとえば連鎖倒産を防止するとか、延焼を食い止めるとかいった、事件による被害の波及阻止の諸方策がこれである。さらに何よりも基本的にコミュニケーションの確保が重要となる。企業における危機管理問題は、まずは組織問題であり、それがゆえにまたコミュニケーション問題であると同時に、これなくして救済措置も波及阻止もできないからである。

5　危機の終息

さてこのようにして不測事態に対する問題解決がはかられるが、それではこの緊急対応の体制は、いつ終わりを告げるのであろうか。クライシスがいつ終わったと判断するかは、必ずしも容易ではない。この点、徐々に深刻さを増していくようなクライシスの場合、いつがその発生時点であるかを、なかなか明確にとらえることができないのとよく似ている。しかし通例は、これからは日常業務体制の中で対処しうると判断された時点で、クライシス問題は一応解決したとみるのが自然であろう。ここに、クライシス対応のための非常体制を、平常時の体制に戻していくいわゆる復帰段階がくる。しかしここで重要な点は、この復帰が、危機発生前の状態に単に回帰することを意味しているわけでもなければ、また旧に復することが望ましいわけでもないという点である。とくに後者との関連でいえば、旧にそのまま復することが望ましくないのは、身をもって学習したクライシスの経験を、組織は将来に向かって生かすべきであるからである。換言すれば組織は、危機対応の経験を利用しつつ、それを新たな組織革新への契機とすべきであるからなのである。

　危機の克服を踏まえた組織の革新は、(ⅰ)組織成員からの協力を得やすいこと、(ⅱ)平時よりも急速に革新を進めうること、の２点に特徴があり、その意味で組織革新の遂行に一つの大きな機会を提供するものということで

きる。

6　危機回避の責任

「危機管理」は、すぐれて今日的あるいは将来的なテーマである。技術進歩がもたらした複雑かつ巨大な諸システムは、現代の組織そのものおよび組織間の諸関係を、複雑かつ巨大なものにつくりあげていった。そこにはもちろん、幾多の安全弁が設けられ、またクライシス対処の方策が講じられてはいる。しかし本節で例示されたような組織のクライシスは、一向に減少しないばかりかむしろ増加していく傾向にさえある。そしてそこから生ずる物的・人的・経済的社会的損失はきわめて甚大である。ここに危険管理（risk management）とは明確に区分された、危機管理の重要性が改めて指摘されるのである。換言すれば前者はすぐれて経済学的カテゴリーの問題であるのに対し、後者はすぐれて組織論的カテゴリーの問題なのであり、しかもこの危機管理面での予見能力（predictability）、防御能力（controllability）、回復能力（recoverability）こそ、今後一層重要性を増してくる、組織の「社会的責任（social responsibility）」なのである。

しかし現在までのところ、組織レベルにおける理論としての危機管理は、まだ必ずしも確立されていない。その理由は、クライシスの発生する状況が、常に一様ではないからであり、また国家レベルの危機管理は機密のヴェールにつつまれその実態は明らかではなく、また企業レベルの危機管理は今ようやく緒についたばかりの状態であるからである。しかし現在までの断片的な諸研究からだけでも、「組織における危機管理」から、組織論的に興味深い、いくつかのインプリケーション（Shrivastava et al., 1988）を得ることができる。以下、この点に言及し、本節の結びとしたい。

第1に組織論者や経営学者は伝統的に、組織なるものを、中立的で合理的で技術的な生産（production）のシステムである、と考えてきた。しかし組織における危機管理の研究は、組織なるものが、生産のシステムであると同時に破壊（destruction）のシステムであることをも明らかにした。しかも組織

は時に、生産する価値よりももっと多くの価値を破壊することさえあるのである。かくて組織は、その効率や生産性を最大化するのみならず、同時にクライシス発生の可能性を最小化するよう、管理されていかなければならないのである。

　第2に組織の研究者は、典型的には、それを取り巻く諸環境のうち市場や経済的側面がとくに重要であると考えがちであった。しかし危機管理という視点から考えるならば、たとえば物的なインフラストラクチュア（infrastructure）や各種の規制システム等も、市場と並んで重要な環境なのであり、それがゆえにそれらは、組織やテクノロジーの複雑さの増大とともに、整備されていかなければならない性質のものなのである。そしてこの点を考慮に入れるならば、組織をめぐる危機管理の問題は、事実認識の面からも、これらを単に組織現象のレベルだけでとらえるべきではなく、また危機対策の実践面からも、個別組織のレベルだけでクライシスを回避あるいは消滅させうるものではないことは明らかである。かくて危機に対する効果的制御は、組織問題であると同時に、その環境との関係で対応が考えられるべき、一つの社会問題なのである。

3　環境保全

① 序　論

　21世紀に向けて環境問題、とくに地球環境問題は顕著に認識されつつある。そこで本節は、新時代の企業の社会的責任問題として、環境保全について述べる。

　環境問題は、決して新しい課題ではなく、たとえば、自然災害や害虫の大量発生といったように、人類の歴史において常にとりあげられてきた。しかし、現代社会および現代企業が見直している環境問題は、従来的な議論の延長上にあるのではなく、社会経済の発展によって生じた「地球環境」の破綻現象として位置づけることができるのである。1950年代の経済成長主義の

下で企業は、大量生産・大量消費・大量廃棄の生産モデルを展開してきた。1970年代は公害対策の時代であり、経営者は法規制に対応すれば事足りると考えていた。

しかし、これまでの大量生産・大量消費の結果として生じた廃棄物処理問題や、チェルノブイリ原発事故のような国境を越えた大規模な災害や事故が発生し、社会は危機感をつのらせることになった。1980年代に入ると、地球環境の限界が共通の認識として社会的に浸透し、先駆的企業は地球環境対策に取り組みはじめた。現在、地球規模の環境影響を考慮した生産活動を可能にするため、企業は戦略的活動の関心領域を従来よりも拡張せざるを得なくなった。こうして企業は、環境管理システム（Environmental Management System：EMS）や技術革新、企業間協力によるゼロ・エミッション産業の構築、コミュニティ・ニーズへの積極的なアプローチおよび地域社会へのコミットメントなど、いろいろ試行錯誤を繰り返してきたのである。

21世紀に活動する企業には、環境保全に関するこれらの試みを組織的に体系化し、「環境経営」という形で定着させなければならない。本節では、事例をあげながら企業の社会的責任について論述する。本節で事例としてとりあげる企業は、上述のような背景の中で積極的に「環境保全」を推進してきた先駆的な企業の一つである。本節の目的は、メルセデス・ベンツ・ド・ブラジル社の事例を通じて、以下の項目について事実を知ることである。すなわち、

A.「環境保全」という新次元の社会的責任に直面する企業経営において、いかなる変貌が求められようとしているのか

B.「環境保全」という新次元の社会的責任に直面する企業経営において、組織行動を推進する内外の要素は何か

の2つである。

筆者が1995年末に行った現地調査および2000年8月の追跡調査を通じて得た結論を、あらかじめ述べれば次のとおりである。

（1） 企業は、自らの活動領域としてますます広い範囲を考慮することが

要求されている。「システム思考」によると、組織行動とその応答の間に一種の遅れ、「遅滞時間（delay time）」が生ずることが知られている。地球環境問題においても、この現象は当てはまる。しかもその遅滞時間は非常に長い。したがって影響しあう諸要素の特定化が困難となる。企業は、環境保全に取り組むのであれば、企業経営にシステム思考を導入したうえで組織行動を起こすべきであることが明らかになった。

（2）環境保全に直面する企業経営において「内部推進力」と「外部推進力」は、名前のとおり、組織行動を推進させる要素である。システム思考が地球環境問題という背景において企業を客観的に浮き彫りにさせるとすれば、内・外部推進力は、浮き彫りになった企業像に基づいて環境保全を志向する企業行動を推進する。環境保全においてとくに重要な役割を果たすのは、外部推進力の源泉としての親会社のリーダーシップ、および内部推進力の源泉である企業の地域環境・地域文化・地域特性とのかかわりがあげられる。

2　環境保全の概念

「環境保全」は、企業の事業活動により環境に加えられる環境負荷の低減のための取組みである。環境保全の内容とその具体的な取組みは、

①事業者等の事業活動による地球環境問題（地球温暖化、オゾン層の破壊、酸性雨、熱帯林の減少、砂漠化、開発途上国の公害、野生生物の減少、有害廃棄物の越境移動、海洋汚染）の防止

②事業者等の事業活動に伴って生じる公害、いわゆる典型7公害（大気汚染、水質汚染、騒音、振動、悪臭、土壌汚染、地盤沈下）の防止

③天然資源の使用削減、再利用、リサイクル

の3種類に分類できる。

環境問題に対する社会の意識向上が顕著になりはじめてから、企業は環境を考慮した組織行動へと移行せざるを得なくなってきている。中でも、②の典型7公害と、③の天然資源に対する取組みは、扱われる問題の規模や事実関係が比較的理解しやすいため、企業行動として一般的になりつつある。し

かし①の場合はそうとは限らない。地球環境問題は空間的な広がりばかりか、一定期間後での問題発生がありうるため、さらに複雑に絡んでいる諸要素の数と多様性のため、接近しにくい特質を持っている。

　本節では、①の地球環境問題に取り組もうとする企業の一例をとりあげる。全社をあげてのこの挑戦は、ブラジルの特徴に合わせた天然素材開発の模索から始まっており、開発先進国企業においても珍しい、先駆的な取組みとして評価できる。

3　メルセデス・ベンツ・ド・ブラジル社の事例研究

（1）　環境保全からみたメルセデス・ベンツ・ド・ブラジル社（以下、MBBr 社）

　ここでとりあげる企業は、1953 年に設立された MBBr 社である。ブラジルは、親会社にとって早い段階から重要な市場であるばかりでなく、重要な生産拠点でもある。同社が初めて手がけた環境保全活動は、1992 年にスタートしたポエマ・プロジェクトである。ポエマ（POEMA）とは、ポルトガル語で「詩」を意味し、Poverty and Environment in the Amazon（アマゾンにおける貧困と環境）の頭文字をとったものである。世界中で行われていた同様の試みの中でも、ブラジルでの成果が顕著であったため、ポエマ・プロジェクトは、1995 年 9 月 12 日に行われた富士総合研究所の環境保全フォーラム（地域生態系活用型ビジネスへの挑戦：持続可能な地域社会づくりをめざして）においても、環境経営の成功事例として紹介された。

　天然素材による同グループの製品開発の試みは、ブラジルのアマパ州、パラ州（ベレン市、ポンタ・デ・ペドラス市、アバエテツーバ市、サン・ジョアン・ド・アラグアイア市）、マラジョ島のみでなく、ダイムラー・クライスラー社の他グローバル拠点においても行われた。それは「生命への同盟フォーラム：貧困と環境破壊に対抗する選択肢（Forum alliances for life-Alternatives against poverty and environmental destruction）」と命名され、タイ、フィリピン、インドネシア、ウガンダ、ケニア、メキシコ、コロンビア、エクアドル、ペルー

においても行われていた。

2000年8月現在、ブラジル・サンパウロ市に立地するダイムラー・クライスラー社の子会社、MBBr社（サン・ベルナルド・プラント）では、1万1031人の従業員が働いている。それは、アメリカ・ポートランド市フライトライナー社の1万4870人に次いで、商業用自動車生産第2の規模を誇るのである。

（2） ポエマ・プロジェクトの概要

ポエマ・プロジェクトは、MBBr社とブラジルのパラ大学、ユニセフとの共同プロジェクトとして、1992年にスタートした。毎年アマゾン流域では、30万m^2を超える広大な熱帯雨林が伐採と焼き畑によって失われている。このプロジェクトの目的は、同社の工場で利用可能な天然素材となる植物を栽培し、現地住民に新たな収入源をもたらすことによって、焼き畑による熱帯雨林の破壊を防止することにある。

プロジェクトの成果として、現在、月間2000個のココナツ繊維製ヘッドレストが同社に納品されている。ヘチマ繊維からサンバイザー、ジュートからボンネット、内張りなど各種の部品を、現地産のヒマシ油からブレーキホース、ハブキャップなど、8つの部品に計5種類の天然素材が利用されている。さらに製品の加工技術の開発において化学安定剤を添加せず、エコロジカルな解決策を追求している。

天然素材の利用価値は高い。なぜなら天然素材は、人間や生態系にとって危険な物質を含まず、継続的な栽培による調達が可能であり、焼却処分してもその植物の成育中に大気から吸収した以上の二酸化炭素を発生させないという特徴を持つのである。また、ココナツ繊維をベースに製造された部品は軽量で、湿度調整機能に優れており、衝撃の際に破片化しにくいため安全性に優れているといった素材としての優位性を備えているのである。

天然繊維の中には、プラスチック強化材としてのグラスファイバーと同等以上の特質を持つものがある。この性質を利用した部品は、エポキシ樹脂をコートした亜麻・サイザル麻（南アフリカからコーヒー豆を運ぶ袋の再利用）から

できた室内ドア・パネルである。将来は、廃棄後の生分解性100％の部品、木の樹脂やデンプンなどを天然繊維で強化したプラスチック代替材「エコ複合材料」が計画されている。

ポエマ・プロジェクトは、地球環境問題に対する、MBBr社の組織的取組みであり、従来の短期的・直接的なアプローチとは異なる。それはすなわち、環境問題を解決することにあたって、多面的な方法論を採用し、その結果として、

①地域社会

②地球環境

③顧客

の間において複雑に絡み合う諸要素の関連を推定したうえでの新たなアプローチである（[　]内は対象となっている利害関係者）。

・現地住民への新たな収入源の導入［①］
・人間や生態系にとって危険な物質を含まない［①②③］
・製品の加工技術の開発において化学安定剤を添加しない［①②］
・継続的な栽培による調達が可能［①③］
・焼却処分に際し、原材料となった植物の育成中に吸収した以上の二酸化炭素を発生させない［②］
・部品の軽量化による燃費の改善［②③］
・温度調整機能、衝撃安全性［③］

4　事例研究から得られた事実

（1）　システム思考に由来するトップ経営者のビジョン

発展途上国であるブラジル企業による天然素材の開発は、一般的に行われている。ブラジルでは現地製のプロポリス（蜜蜂が自らの分泌物を樹木の花や樹皮の物質に混ぜることで生成される殺菌効果のある物質）を含め、自然食品、化粧品、医療関係の商品など、民間の知識から生まれた製品は数多い。それは、ブラジル人独自の環境意識に由来すると推測できる。しかし、このことにより、

サンパウロ市から 2500 km 離れたアマゾンに位置する MBBr 社の環境経営の実践を説明するには無理があるだろう。したがって、ここでとりあげる企業行動の背後には、同社独自の理念があるように思われる。

ドイツのグループ親会社代表取締役ヘルムート・ヴェルナーはいう。「ダイムラー・ベンツ AG グループ（当時まだクライスラー社と合併していなかった）は、自然環境保全のチャレンジを単なる政治的課題としてみることはせず、むしろ経済的タスクと同等レベルの課題としてとらえている。地球の生態系を害することに由来する危険性は、環境に適した製品およびプロセスのイノベーションによってのみ回避されうる。産業と経済が新たな社会モデルを求める際、環境志向に関するディスカッションを怠ることがあれば、それは産業と経済に致命的な結果をもたらしかねない。したがって、環境問題は経営者による積極的な行動によってのみ解決されうるのである。発展途上国において、急速な環境的変化を起こす大規模プロジェクトは危険である。われわれは、小規模で比較的直接的なプロジェクトでスタートしなければ、環境親和的なビジネス活動を解く概念を理解できないまま終わってしまうかもしれない」。同氏の言葉からは、致命的な危機に瀕している地球環境への懸念と、経済主体としての企業が必然的にかかわらなければならないことが読み取れる。

（2）外部推進力と内部推進力

ポエマ・プロジェクトは、最初の試みから成功を収めたわけでない。しかしプロジェクト・リーダーであり、ドイツの親会社から派遣された MBBr 社の開発マネージャー、フェルディナンド・パニック博士のリーダーシップによって、技術的課題は一つひとつ乗り越えられた。

ここでは、経営学の立場から「技術」そのものよりも、ドイツ本社の方針による組織行動を2つの側面から分析したい。まず第1に、パニック博士は、環境に対して配慮すべきだというドイツに由来する思想的背景を受け継いでおり、それが MBBr 社の組織行動に多大な影響を与えた。換言すれば、同氏を中心に、産・学の交差が可能となり、通常の状態では企業のビジョンと

して認識されない要素が次から次へととり入れられたのである。MBBr 社のアマゾンでの貧困問題への取組みはその一つであり、この要素をとり入れることは、ブラジルの環境問題と社会問題に対して行動を起こすことに意義がある、という MBBr 社（または本社）の意思表示である。換言すれば、MBBr 社での環境保全的行動は、同社にとっては外部の親会社から推進されたものである。

第2にポエマ・プロジェクトは、天然素材開発部門の集中的な取組みによって進められた。垂直・縦割り的な色が濃い MBBr 社では環境保全の取組みの際に、全社的な組織行動を期待するのは難しいかもしれない。しかし、天然素材開発部門から生み出される集中的な取組みからは、高度な専門化が可能となり、天然素材の応用技術がそれから生み出されたことはいうまでもない。ブラジルの地域性を生かした天然素材の探求、現地従業員の新技術開発能力の向上、アマゾン地域における現地コミュニティの生活改善などは、本節では内部推進力と呼ばれ、環境保全への積極的な推進をうながす力として発揮されるのである。

親会社の内部資料によれば、ダイムラー・クライスラー社の企業グループの内部推進力について「マルチ・ドメスティック・ベースのグローバル企業として、ダイムラー・クライスラー社は、各国の市場独特のニーズに適合した製品を開発しており、それぞれの国において入手可能な才能および資源の最良の利用方法を実践している。同時に、個々の市場から得られたすべてのノウハウと経験は、グループ全体の中央技術ストックへとフローバックする」として、MBBr 社で確立した技術はダイムラー・クライスラーグループの所有物として活用され、共有の財産、すなわち同グループの内部推進力の一部として後にフル活用されるのである。

5　結　論

本節では、MBBr 社の事例研究を通じて、環境保全という社会的責任の新次元について2つの視座から考察した。第1は、環境問題に直面した企業

に問われる変革についてであり、第2は、その変革を成し遂げるための推進力について述べた。

　環境保全の最大の課題である地球環境問題は、空間的な広がりだけでなく、多数の要素が複雑に絡み合っている。さらに遅滞時間を置いて問題が発生することもある。このため、アプローチしにくい特質を持っている。この状況下で組織に問われる変革とは、自社の企業行動全般に対するシステム思考的な見直しである。

　システム思考による企業の見直し、またはその後の企業の環境保全への取組みに貢献するのは、事例研究で観察された外部推進力と内部推進力である。外部推進力は組織外部から由来する環境保全への一種の圧力であり、それに対して内部推進力は組織内部で蓄積される環境保全への取組みを行う主体的な活動である。内部推進力を育成することは時間がかかる作業であるが、長期的な環境経営の手段として有効である。環境保全の立場からは、内部推進力と外部推進力の両方が重要であり、組織が持続可能な活動を行うためには、両方とも欠かせないのである。

4　国際的責務

1　序　論

　グローバル・マーケットの出現とともに、企業を媒体とするヒト・モノ・カネ・情報は、国境を越えて自由にしかも短時間で世界を移動するようになってきている。各国間の距離が縮まる中、「企業の社会的責任」として認識されてきた概念の内容が変わりつつある。新次元における社会的責任の概念は、従来よりも一層広く人間の社会的・経済的発展の改善を求めるものである。これらの目的を達成するためにリーダー的役割を果たしているのは多国籍企業である。20世紀後半から世界的な影響力を増してきた多国籍企業は、市場ニーズを満足させるための製品供給やそのためのノウハウのみでなく、国際協力の枠組みの形成にも大きく貢献しうる立場にある。人類の将来の世

代に対する、また多様な国や地域に対する企業の責務は、製品やサービスの品質保証や従来からの社会貢献活動に加えて、持続可能性（sustainability）をキーワードとするものへと、より高度化してきている。

　このシフトを象徴するものの一つは、国際標準の出現である。環境問題を人類の課題とする認識の下で、各国の企業は、自らの活動を自制するにあたって、適切に行動するための判断基準となる新たなルールを設ける必要性に直面している。ここであるエピソードを紹介することにより、本節においてクリティカルな概念である国際標準について言及したい。

　1997年6月、スイスのジュネーブで開催された第22回CODEX（コーデックス）委員会総会において、ナチュラル・ミネラルウォーターの国際標準が採択された（梶浦、2000）。ヨーロッパ・スタンダードが国際標準としてそのまま採用されることは、企業の社会的責任が制度化されたことと同時に、ヨーロッパ諸国と域内多国籍企業の市場での競争優位構築を意味するものであった。

　従来のこの種の標準制定までのステップでは、ヨーロッパ・スタンダードを基準に、国際標準草案が起こされてきた。しかしアメリカや日本を中心とする加盟国が異議を唱えることが多かった。なぜなら国際標準化にあたって、ヨーロッパとアメリカ、日本は利害の対立する関係にあったからである。これらの国は、さまざまな地域的背景を踏まえて、それぞれにスタンダードあるいはガイドラインをすでに批准していた。各国のローカル・スタンダードは、製造方法や地下水源の質に対する基準値が異なっていた。たとえば、ヨーロッパ・スタンダードでは、源水の無殺菌・無除菌を前提とし、地下水源からの直接充填を義務づけている。しかし日本の農水省ガイドラインでは、源水は感熱処理やフィルター濾過することが前提となっており、地下水を工場まで運搬することが容認されている。アメリカ・スタンダードにおいては、オゾンや赤外線殺菌を許可する場合もある。このように各国間のスタンダードには、製品特性上重要な加工処理の基本的な違いがあった。そしてこのうちどの国のスタンダードを基本にして、国際標準化がなされるかが大いに注

目されていた。

このエピソードでは、企業活動と国際標準との関係について、以下の点を特徴としてあげることができる。

1) 自国スタンダードが国際化されれば、自国製品がそのまま世界市場において適合品となり、競争優位な立場となる。
2) 自国スタンダードが国際化されれば、製品を適合させるための関連技術への新たな市場が出現し、競争優位な立場となる。
3) 自国製品が、世界市場において不適合であれば、多国籍間の企業取引の対象として扱いにくいため、競争力を失う。
4) 新たに国際標準に対応するメーカーは、製造工程や品質標準の再構築をするために莫大な資金が必要となる。

このように、どの国あるいはどの地域のスタンダードを国際標準にするかは、各国あるいは各地域の利害に直接かかわりを持つ重要問題である。しかしそれにもかかわらず、諸国間に共通の国際標準が設定されなければ、国際化社会が成り立ちえないというのが、今日のグローバルな世界の現実なのである。かくして国際標準を決める際に、多国間の協調的行動が不可欠である。

本節では、企業の社会的責任の諸段階を踏まえたうえで、多国籍企業が国際社会の持続的発展に対する責務を果たすためにクリティカルな要因として位置づけている、国際標準について論じる。ここでは、国際標準への対応と企業活動の本質について論じることとする。

2 企業の社会的責任の諸段階

ところで、国際的な協調がこのように問題になってきたことの経緯を、企業の社会的責任の議論と関連づけてその背景を探ってみると、次のような諸段階を識別することができるであろう。

(1) 4段階でみる企業の社会的責任

第1段階では、企業は国内市場の自由主義の下にあり、生産・販売など企業の基本的機能およびそのパフォーマンスが最も重要な課題である。この段

階では、株主への配当金の支払いが優先すべき責任であること以外、広義での社会に対する責任はとくに問われることがなかった。

第2段階では、企業は大量生産・大量消費へ向かう段階にあり、操業の効率性が最も重視されるようになる。この段階における企業の社会的責任は、環境保全の側面では、エンド・オブ・パイプ型の廃棄物排出防止措置、すなわち、発生後の廃棄物を処理する考え方に基づいていた。品質管理の側面からみた社会的責任は、大量に生産された部品を生産プロセスの末端でチェックし、それより先に欠陥商品・部品を流さないようにすることであった。

第3段階では、企業は広い意味での社会（具体的には、企業を取り巻く利害関係者）を対象にすることとなる。生産は、もはや企業の中心的なフォーカスでなくなると同時に、企業に対する社会からの期待は、社会全体の生活の質へと変わってきた。企業の社会的責任には、公害対策や欠陥商品対策以外に、株主への配当金、従業員への高賃金とよい労働条件、下請会社への適切な見返り、法の遵守など、より複雑な変化をみせはじめた。この時期企業は、一国経済の中で活動するための社会的責任をこれらでほぼ満たすことができた。

多国籍企業の海外での活動が顕著になるのは、第4段階以降である。企業活動の範囲と影響が拡大する中、現地受入れ国に対する多国籍企業のマイナス面が強調されるようになった。たとえば、労使関係上の社会問題、多国籍企業の支配力による受入れ国の産業の支配、受入れ国経済政策に対する非協力的な態度、受入れ国での政治的介入などである（稲葉, 2000）。

そこでこのような問題を解決あるいは予防すべく、多国籍企業に対する行動基準が、次第に多くの国の間で求められるようになった。1976年6月にOECD（経済協力開発機構）の閣僚理事会で採択された「国際投資及び多国籍企業に関する宣言」は、このような国際的な要求に対する一つの回答であった。同宣言には勧告書として「多国籍企業の行動指針」なる文書が付されている（稲葉, 2000）。

（2） 新次元としての国際的責務

前述の諸段階は、21世紀最も大きな企業の国際的責務になりつつある持

続可能性の問題および品質管理に関して触れていない。新次元としての企業の国際的責務は、主に共通のコモン・ベースになりつつある国際標準化を通じて行われるであろう。ここではISOについておおまかに述べ、企業の国際的責務に対するISO 9000とISO 14000の役割と課題に関して次の項目で論述する。

ISO (International Organization for Standardization：国際標準化機構) は、1947年に設立された非政府機関 (NGO) であり、電気関係を除く、あらゆる分野を対象とした製品スペックや組織活動の標準を発効するための専門機関である。2000年8月現在、約120ヵ国、15万以上の事業所に普及し、各国において規格作成の仕事を担う機関および民間法人が参加している。日本からは、JISマークを扱うJISC (日本工業標準調査会) が代表として参加している。

ISOは、工業製品の規格とは別に、国際的に通用するマネジメント・システムを提供している。1987年3月には「品質管理システム」に関するISO 9000シリーズの規格が制定・発効された。また1992年ブラジルのリオデジャネイロで開催された地球サミットにおいて、「21世紀に向けて持続可能な開発」が採択されたのを受けて、1996年には「環境マネジメント・システム」に関するISO 14000シリーズが発効した。すなわち、ISO 14000シリーズは、この地球サミットで環境保全問題が最優先政治課題として共通に認識されたのを受けて、運用されている。

ISO標準の基準を満たし、国際認定書を獲得した企業は、グローバル・マーケットに参入するためのパスポートを取得したといえる。国際認定書の取得は、持続性の実現という国際的責務を考慮した企業活動を示すものとしてとらえられることがある。

3 企業の国際的責務：ISO 9000とISO 14000の役割と課題

企業活動のグローバル化やボーダーレス化が進行することにより、個々の企業における製品取引の公平性が今まで以上に問題視されるようになり、契約ごと、買い手ごと、相手国ごとに異なる品質システム要求事項が、スムー

ズな製品取引の障害とみなされはじめている。また、個々の企業においても、取引の範囲が広がるにつれて契約ごとに異なった品質システム要求事項を取り除いたり、品質監査を実施したりすることになっている。それは、すなわち以下の利点を可能にする。

①国境の往来手続きに代表される物理的障害の除去
②各国の製品規定・規格の廃止、調整を意味する技術的障害の除去
③税法上の障害の除去

（1） ISO 9000 と国際的責務

2つの会社が国境を越えて製品やサービスを取引する場合、その対象となる製品やサービスが充足するべき機能、性能、デザインなど、技術的条件を明らかにしておく必要がある。たとえば、電球を売買する際には、電球の寸法、ネジ山の形、消費電力などを顧客の要求と供給者の技術力を勘案した仕様として細かく決めておかなければならない。それは、同じ電球が入手不可能な場合には、他の電球との互換性の問題を生じさせないようにするための工夫である。

このような売買は企業間で日常的に大量に行われており、その都度、スタンダード内容をチェックすることは、企業にとって効率的な作業ではない。企業内の各工程間の取引をスムーズにするのは、製品の特徴を細かく数値化し記した記録、「製品規格」である。

従来、顧客は生産工程の結果である製品それ自体の機能や性能、デザインに関する品質に注目していた。しかし、今日の文脈においては、ISO 9000 の普及が進み、顧客の関心が生産工程へとシフトしてきている。そのため、企業の責務は、企業組織の生産プロセスにまで言及されることになった。それは「品質システム」と呼ばれ、製品・サービスの開発から販売・廃棄までのプロセスをどのように管理するのかについても、品質保証契約としての取り決めが問われることになる。ここで「品質システム」とは、品質管理を実施するために必要となる組織構造、手順、プロセスおよび経営資源のことである。

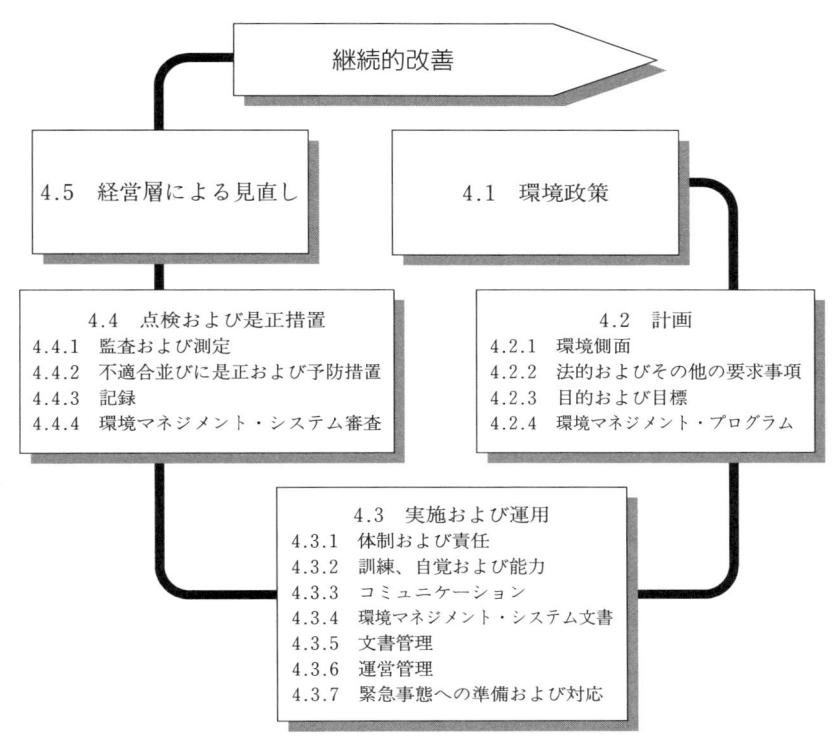

```
                    ┌──────────────────────┐
                    │    継続的改善    ──▶ │
                    └──────────────────────┘
    ┌─────────────────────┐        ┌─────────────────────┐
    │ 4.5 経営層による見直し │        │ 4.1   環境政策       │
    └─────────────────────┘        └─────────────────────┘
```

4.4　点検および是正措置	4.2　計画
4.4.1　監査および測定	4.2.1　環境側面
4.4.2　不適合並びに是正および予防措置	4.2.2　法的およびその他の要求事項
4.4.3　記録	4.2.3　目的および目標
4.4.4　環境マネジメント・システム審査	4.2.4　環境マネジメント・プログラム

4.3　実施および運用
4.3.1　体制および責任
4.3.2　訓練、自覚および能力
4.3.3　コミュニケーション
4.3.4　環境マネジメント・システム文書
4.3.5　文書管理
4.3.6　運営管理
4.3.7　緊急事態への準備および対応

図VIII-4　ISO 14001の環境マネジメント・システム
出所：Clements（1996）p. 129および大島（1999）p. 15をもとに作成。

(2)　ISO 14000と国際的責務

　ISO 14000シリーズのうち、ISO 14001（環境マネジメント・システム）だけは認証登録が一般に進められてきており、一定の審査に合格した企業に認められる環境保全型企業のブランドとして定着しつつある。ISO 14001を取得した企業は、それぞれの工場（海外子会社を含む一つずつの事業所）について、基準どおりの安全管理システム、品質管理システム、製造管理システム、設備管理システムなどを持っており、マニュアル、社内規定、作業標準、手順書などを作成している。ISO 14001は、企業がさらに自主的に標準化された環境管理システムを構築し、環境管理活動を遂行する場合の基準を定めたもの

である。また、ISO 14001 は、企業だけではなく、自治体、学校、民間組織など、いろいろな組織にも適用可能である。外部の認証機関は、環境マネジメント・システムを基準どおりに作成していることに対してのみ「認証」を与えるのである。

　図Ⅷ-4 が示しているのは、ISO 14001 標準の環境マネジメント・システムにおける継続的改善の具体的なステップである。ISO 14001 は、計画・実施・点検／是正措置・見直しの 4 つのステップを品質管理システムから受け継いでいる。品質管理システムでは、効率的なプロセスを確立するための方法として、目標とそれを達成するためのプロセスを定め（Plan）、そのとおり実施し（Do）、得られた結果をチェックして（Check）、目的が達成されていなければ、その原因となったプロセスの問題点を解析、是正し（Action）、その分析から得られた要因を考慮して新たな計画をつくり出すのである。すなわち、PDCA サイクルによって、継続的改善が進められるのである。このように、基本的な考え方からみても、ISO 14000 は ISO 9000 と類似している。それだけでなく、ISO 9000 をすでに取得している企業は、その経験ゆえ、比較的容易に ISO 14001 を取得することができる。

　ISO 14001 を取得するか否かは、企業の自由意思に任せられている。企業間の取引について、環境への配慮の有無が重視されてきている今日の文脈において、企業は受動的な対応に甘んじていることはできない。国際的責務の一貫として、企業は、ISO 14001（または ISO 9000）標準の認証取得を通じて、環境保全（または品質管理）活動の継続的改善に組織的な取組みを行っていることを示さなければならない。ただし、各企業が環境標準認証の取得のみで、持続可能な開発が実現するとは断言できない。むしろ、それは長期的プロセスの入口に過ぎないのである。すなわち企業には、新たな国際的責務としてより広範な視野に立ちながら行動し、遠い未来において問題の発生する可能性を考慮しながら行動することが求められてきているのである。

4 結 論

　本節では、企業の国際的責務の新次元について議論してきた。まず、各国間の決議による国際標準の制定、そして、それにより決定される企業の競争優位性について論じた。各国には独自の物理的・人的特質があり、得意とする技術分野が異なるため、多国間における共通パラメータの発見は容易でない課題であると述べた。

　次に、企業レベルにみる国際標準の影響について考察した。とくに、環境マネジメント・システムを取り扱うISO 14001と品質管理システムを扱うISO 9000の普及は、各企業に対して顕著な影響を及ぼしており、スロー・スターター的な企業の行動を促進する効果が見込まれている。さらには、国際競争という圧力が加わり、いかなる企業も例外なく重い腰を上げざるを得なくなるであろう。したがって企業の国際的責務として問われるのは、これらのスタンダードを積極的に採用することである。

　最後に一つの疑問が取り残されている。ISO規格は、どの程度品質や持続性に関する「真実」を反映しているのであろうか。すなわち、標準規格の基準採択方法により、良質の製品やサービスでも基準を満たせない可能性が生じるであろう。このような製品やサービスには他に生き残りのチャンスがあるであろうか。また、ISO標準の決定にあたって、企業や各国の政治的動きが優先され、品質や持続性を総合的に、長期的に重視する企画が選ばれるとは限らない。それは上述したとおり、経済的生産性を求める行動による。企業活動が経済的生産性を過度に優先した結果としてもたらされたのが、現在の地球環境問題である。

　21世紀における社会的責任の新次元を見渡すとき、そこには、現在の数倍や数十倍の効率性での資源利用を実現している企業の姿があり、資本よりも人間を中心に据えた行動の必要性を明文化し、自らの行動の新しいあり方に目覚めた企業が存在する。ISOなど企業活動にかかわる国際標準の形成は、この意識化プロセスへの重大な第1ステップであり、今後形成されうる企業間取引の根本的なベースをなすことが期待できる。

引用文献

〔1・2〕

稲葉元吉・二神恭一「組織と危機管理」『組織科学』23巻3号、1990年

Dooley, J. E., "Decision Marking in Environmental Crisis Situation," H. C. Kunreuther and E. V. Ley (ed.), *The Risk Analysis Controversy : An Institutional Perspective*, Berlin, New York : Springer-Verlag, 1982.

Mitroff, I. I., *Break-Away Thinking, How to Challenge Your Business Assumption*, New York : Wiley, 1988.

Shrivastava, P., "Industrial Crisis Management : Learning from Organizational Failures," *Journal of Management Studies*, Vol. 25, No. 4, 1988.

Shrivastava, P., Mitroff, I. I., Miller, D. and Miglani, A., "Understanding Industrial Crisis," *Journal of Management Studies*, Vol. 25, No. 4, 1988.

Weick, K. E., "Enacted Sensemaking in Crisis Situation," *Journal of Management Studies*, Vol. 25, No. 4, 1988.

〔3・4〕

Clements, B. R., *Complete Guide to ISO 14000*, Englewood Cliffs, NJ : Prentice-Hall, 1996.

稲葉元吉『コーポレート・ダイナミックス』白桃書房、2000年

梶浦雅己『デジュリ・スタンダード：グローバル・フードシステムの新展開』農林統計協会、2000年

大島義貞『主任審査員が語る環境マネジメントシステム構築の手引き』〔改訂第2版〕日科技連出版社、1999年

参考文献

畠山武道・大塚直・北村喜宣『環境法入門』日本経済新聞社、2000年

稲葉元吉『経営行動論』丸善、1979年

中條武志『ISO 9000の知識』〔第2版〕日本経済新聞社、2001年

酒井甫・斎藤毅憲編著『イントロダクション国際経営』文眞堂、2000年

シュミットハイニー，S.（BSCD日本ワーキング・グループ訳）『チェンジング・コース：持続可能な開発への挑戦』ダイヤモンド社、1992年

Senge, P. M., *The Fifth Discipline : The Art and Practice of the Learning Organization*, New York : Doubleday/Currency, 1990.

フォン・ワイゼッカー，E. U.（宮本憲一・楠田貢典・佐々木建監訳）『地球環境政策：地球サミットから環境の21世紀へ』有斐閣、1994年

安室憲一『地球環境時代の国際経営』白桃書房、1999年

横浜国立大学経営研究グループ『現代経営学への招待』有斐閣、1993年

人名索引

ア 行

アーサー（W. B. Arthur） 168
青木茂男 79-80
アクセルロッド（R. Axelrod） 175, 177
アタリ（J. Attali） 183
アッカーマン（R. W. Ackerman） 52, 54
イエーツ（J. Yates） 174
井出伸之 214
井出正介 82
稲葉元吉 221, 240
ウィリアムソン（O. E. Williamson） 158
ウェッブ夫妻（S. Webb and B. Webb） 105-6, 116
エイコフ（R. L. Ackoff） 35, 153
エヴァン（W. Evan） 37-8
エマーソン（R. Emerson） 33
エメリー（E. Emery） 1
大浦勇三 213
大島義貞 243

カ 行

梶浦雅己 238
カラコタ（K. Karakota） 157
ガルブレイス（J. P. Galbraith） 159
キャロル（A. Carrol） 48
ギルバート（D. R. Gilbert） 39, 46
クウェルチ（J. A. Quelch） 187
クレメンツ（B. R. Clements） 243
クローニン（M. J. Cronin） 169-73
クロジェ（M. Crozier） 42
幸田ヘンリー 155
コーエン（M. D. Cohen） 175, 177

サ 行

サイモン（H. A. Simon） 152, 176
サランシック（G. R. Salancik） 42
サロマ（E. R. Salama） 187
シーボルト（P. B. Seybold） 155, 173-4
シュッテ（H. Schutte） 205
シュナイダー（D. Shneider） 168, 175
シュリヴァストヴァ（P. Shrivastava） 225, 228
代田純 61
スミス（A. Smith） 105
関満博 3

タ 行

高橋文郎 82
多胡秀人 189, 212, 214
田村正紀 143
ドーリー（J. E. Dooley） 222
富永健一 9, 31

ナ 行

中北徹 206-7, 212
野村かつ子 74

ハ 行

バーク（T. Bourke） 206
パーソンズ（T. Parsons） 88
バーナード（C. I. Barnard） 27
バゼル（R. D. Buzzell） 187
バックリン（L. P. Bucklin） 145
林直嗣 212
バラッサ（B. Balassa） 188, 199
ヒクソン（C. Hickson） 42
ヒューバーマン（B. A. Huberman） 177

ファヨール（A. Fayol）	31	ミーンズ（G. Means）	168, 174
フェファー（J. Pfeffer）	42	ミトロフ（I. I. Mitroff）	222
二神恭一	221	ミルグラム（S. Milgram）	177
ブネル（D. Bunnell）	156	ミンツバーグ（H. Minzberg）	42
フリーマン（R. E. Freeman）	39-40, 45-6		
ペロー（C. Perrow）	42		
ベンジャミン（R. L. Benjamin）	174		
洞口治夫	212		

マ 行

ヤ 行

マーシャル（A. Marshall）	106	矢作敏行	129, 146
マーチ（J. G. March）	42, 175	米澤康博	67
マートン（R. Merton）	37		
マーロン（T. W. Malone）	159-60, 165-6, 174		
マイヤーズ（S. Myers）	69		
松尾良秋	79-80		
マッカーシー（E. J. McCarthy）	135		
マルシャック（R. T. Marshak）	155, 173-4		

ラ 行

ライシュ（W. D. Raisch）	169
ラセール（P. Lasserre）	205
ロビンソン（M. Robinson）	157

ワ 行

ワイク（K. E. Weik）	223
ワイス（R. Weis）	45
渡辺茂	81
渡部福太郎	212

事項索引

ア　行

ISO（国際標準化機構）	207
ISO 14000 シリーズ	241, 243
ISO 9000 シリーズ	207, 241-2
アウトソーシング	171
ASEAN	188
アナログ・ビデオディスク	209
AFTA（東南アジア諸国連合自由貿易地域）	187, 205
ARPANET	155
EMS	174
EOS	144-6, 154
EDI	144-6
EDIFACT	154
EDP	152
e-hub	174
e-Marketplace	169
EU（欧州連合）	187, 204
意思決定支援システム（DSS）	153
意思決定のサイクルタイム	170
意思決定の不確実性	159
依存	33
一般環境	31
委任された監視者	63
インターネット	155, 167
インターネット経済	168
インフォーマルな制裁	218
VHD（接触）方式	209
上澄み価格政策	136
エージェント	176
SCM	171
FAQ	173
MRP	153
M&A	185, 191
延期―投機の原理	145-6
エンタープライズ・リソース・プランニング	154
エンロン倒産の衝撃	84
OEM 生産	208
欧州連合（EU）	187
オークション方式	167
オフィス・オートメーション（OA）	153
オンライン・マーケット	169

カ　行

外部環境	184
学習段階	52
過剰在庫	125, 145, 147
カスタマーズ・サティスファクション	20
株式持合い制	60
株主	18, 29
株主資本利益率（ROE）	80
環境	7
環境管理システム	230
環境経営	230
環境保全	230, 236-7
環境問題	99, 229
――の深刻化	99
関係会社	21
間接的な統制	176
官民協調体制	21
機会損失	124-5, 145
危機管理	221
――センター	226
――チーム	226
企業	11
企業環境	7
企業―政府関係	87, 89-94, 96, 98-9
企業戦略	45

企業提携	209	光学（非接触）方式	209
企業統治	18	公共企業体労働関係法	108
企業内貿易体制	22	貢献的責任	48-9
企業の寡占化	94	工場法	105
企業の社会対応過程	50,52,54	公正な配慮	46
企業の社会的責任	25,48,229,237,239-40	公的標準	207
企業倫理	44	購買流通	169
議決権	59	コーポレート・ガバナンス	19,75
危険管理	222	コールセンター	173
規制緩和	101	顧客	20
CAD／CAM	153	——のコミュニティ	173
キャンペーンGM	74	顧客サービス	169
求貨・求車サイト	172	顧客満足	149-50
救済措置	226	国際環境	184-5
供給業者	19	国際金属労働・日本協議会（IMF・JC）	
業純比率	73		111
行政指導	87	国際提携	192
協調戦略	35	国際投資及び多国籍企業に関する宣言	240
共通利害関係的状況	13	国際標準	189,206,212
共同調達市場	170	国際標準化機構（ISO）	207
共謀理論	104	国内証券手数料の自由化	66
緊急調整	108	個別的労使紛争処理	118
銀行	19	コミットメント段階	52
苦情処理制度	118	コミュニケーション・チャネル	159
クリック・カンパニー	155		
グローバル経済化	22	サ 行	
グローバル・スタンダード	189,206,212	サードパーティ・ロジスティック	
経営環境	7,184	（3PL）	172
経営者的視点	26	在職老齢年金制度	118
経営者の役割	31	サイバー・コモンズ	156
経営情報システム（MIS）	153	裁量労働制	117
経済整合性路線	116	サプライチェーン	19
経済的責任	48,218	サプライチェーンマネジメント	145-6
刑事免責	106	差別化	135-6,139,150
契約費用	158	産業空洞化	196
系列化	139-42	産別会議	110
権限関係	12	CRM	172
コア・コンピテンス	171	CSCW	156
公害対策基本法	97	CD	210

CPFR	171	ステークホルダー	25, 29, 38, 51
G to B	154	第1次的——	30
資源依存パースペクティブ	33-4, 42	第2次的——	30
事実上の業界標準	208-9	ステークホルダー・アプローチ	39
市場関係	12	ステークホルダー・マネジメント	38
市場集中義務	68	ストックオプション	82
市場の失敗の是正	90	政策段階	52
システム思考	237	生産コスト	165-6
持続可能性	238, 241	生産のシステム	228
品揃え	128-30, 132-5, 137-9, 141-2, 148	政治戦略	35
自発的情報開示	83	脆弱性コスト	165-6
資本金	18	製造物責任法（PL法）	97
資本コスト	82	製販統合	148
社会システム	88	製品別階層	159, 161
社会情報システム	156	製品流通	169
社会対応過程	25	前兆（シグナル）	223
社会的環境	9	全日本民間労働組合連合会	110
社会的関連組織	50	戦略情報システム（SIS）	153
社会的責任	217	総評	110
社会的要求のライフサイクル	52	組織	27
集権的市場	159, 164	組織化	175
終身雇用	116	組織間関係	30
主体論的アプローチ	26	——論	33
出資者	18	組織間の相互作用	175
小規模組織の大規模ネットワーク	158	組織セット・パースペクティブ	37
証券売買システムの改革	66		
情報共有	156	**タ　行**	
情報処理負荷	159	対応マニュアル	224
情報流	123	大競争	185, 190
情報流通	156	対境担当者	38
商流	123	代償措置	108
SOHO	156	ダイレクトマーケティング	137
職能的階層	159, 162	団結禁止法	103
所得政策	115	探索費用	157
所得の再配分	90	治安維持法	104
所有と経営の分離	18	治安警察法17条	104
自律の戦略	35	地域経済統合	187, 198, 206
浸透価格政策	137	地域社会	21
SWIFT	154	地球環境問題	218, 231, 234

知識集約的な経済活動	168
チャレンジャー	186
仲介型のサイト	172
仲介者	164
仲介的機能	157
調整構造	157,159
調整コスト	165-6
調整費用	158
通商摩擦問題	100
通信プロトコル（EDI）	154
ツー・ビッグ・ツー・フェイル政策	70
DVD	209
ディスインターミディエーション	76
デジタル経済	168
デファクト・スタンダード	189
電子的市場	174
天然素材開発	232,234,236
同業他社	21
東南アジア諸国連合自由貿易地域（AFTA）	187,205
同盟	110
独占禁止法	97
取引数単純化の原理	131
取引費用	157

ナ 行

内部環境	184
内部適応戦略	35
NAFTA	188,205
南米南部共同市場（MERCOSUR）	188,205
2・1スト	108
2000年問題	219
ニッチャー	186
日本労働組合総連合会	110
ネットワーク外部性	136,208
年功賃金	116

ハ 行

バーチャル・カントリー	158
バーチャル組織	167,174-5
破壊のシステム	228
波及阻止	226
ハブ	171
パワー	33,42
パワー依存モデル	33
PCS	152
BD（ブルーレイ・ディスク）	209
——規格	211
BTO	174
PDCAサイクル	244
B to C	154
B to B	154
非経済的責任	218
ビジネス・プロセス・リエンジニアリング（BPR）	154
ビジネス方法特許	155
ビジネス・モデル	155,174
非正規雇用	117
ビッグバン	64
日本版——	64-5,79,83
表徴的環境	9
費用逓減産業	92
品質管理	241
ファブレス企業	171
VHS方式	208
VMI	171
フォーマルな制裁	218
複雑系	176
不測事態	221
プッシュ戦略	132-4
物的環境	9
物流	123-4,140,144
不当労働行為制度	109
ブリック・アンド・モルタル企業	155
不良債権の分類基準	70

プリンシパル	176
ブルーレイ・ディスク（BD）	209
プル戦略	132-4
分権的市場	159,163
P to P	175
ベータマックス方式	208
ペッキングオーダー理論	69
法的責任	48
ポエマ・プロジェクト	232-6
POS	143,146,149,154
ポリティカル・システム	27
ポリティカル・パースペクティブ	42

マ 行

マーケティング	132,134-7,139
マーケティング・販売	169
マーケティングミックス	134-5,139
マキラドーラ	205
マスカスタマイゼーション	147
民事免責	106
メインバンク	19,62-3
メインバンク・システム	62
メーデー	64
メガ・コンペティション	185,190
メディア	152
MERCOSUR（南米南部共同市場）	188,205
モジュール化	196
モニタリング	61

ヤ 行

ユーロ（通貨）	204
要求の緊急性	47
要求の正当性	47
幼稚産業の保護・育成	92,95-96

ラ 行

LAN	156
リージョナル・インテグレーション	187,198
リーダー	186
利害関係者	10,12,151
利害者集団	10,29
Linux	175
流通懸隔	126-8,130-2
流通チャネル	125-6,130,133,135,137
流通チャネル政策	138
開放的――	139
選択的――	138
排他的――	138-9
倫理的責任	48
連合	110-111
労働関係調整法	107
労働組合	20
労働組合組織率	111,114
労働組合法	104
労働市場	20
労働総同盟友愛会	110
60歳定年制	118

刊行のことば

　ミレニアムを迎えて、世の中は変化の速度も度合いも、そのインパクトも、一段と大きくなってきた。先行きの不透明さ、不確かさも払拭できないどころか、ますます増幅するばかりである。企業をはじめとする組織の経営（マネジメント）が直面している状況も例外ではない。グローバル化、情報化、メガ・コンペティション、規制緩和、環境保全などが進む中、企業、組織、経営のあり方は根本から大きく変わろうとしているのである。

　このような状況の中で、今日の企業経営、あるいは組織の経営はいかに行われているのだろうか。そもそも企業経営、組織の経営はどのような問題に遭遇し、それらを克服しつつ現在に至ったのであろうか。そしてそれはどのような方向に向かおうとしているのであろうか。これらは、企業社会に生きる私たち誰もが無関心ではいられない、非常に身近な問題といえるだろう。そこで、こうした問題を一般の人たちにも伝えていくことが必要となり、20世紀の経営学を総括し、21世紀への展望を含めた「現代経営学講座」が編まれることになった次第である。

　本講座は、今日の企業、組織、経営がかかわる多様な領域をできるだけとりあげ、それらを整理するという形で全12巻が編集されており、経営学がどのように発展し、現在どのような議論が行われているのか、初学者にもわかりやすく解説された入門シリーズである。幸い、各巻の編者と執筆者には、最前線で活躍されている第一人者をお迎えできたと自負している。ご多忙の中をご協力頂いた編者と執筆者の方々に、この場を借りて厚くお礼を申し上げたい。また昨今の厳しい出版事情の中で、12巻を擁する「現代経営学講座」の刊行に踏み切られた、八千代出版に深甚の謝意を表したい。

監修　二神恭一・稲葉元吉

編著者紹介

稲葉元吉（いなば・もときち）

1968 年　東京大学大学院経済学研究科博士課程単位取得
1981 年　横浜国立大学経営学部教授、学部長、大学院研究科長を経て
現　在　成城大学経済学部教授、横浜国立大学名誉教授
　　　　この間、マサチューセッツ工科大学スローン・スクール客員研究員

〔主要著書〕
『経営行動論』（丸善、1979 年）、『現代経営学の基礎』（実教出版、1990 年）、『システムの科学　第 3 版』（共訳、パーソナルメディア、1999 年）、『コーポレート・ダイナミックス』（白桃書房、2000 年）他多数。

現代経営学講座 3

社会の中の企業

2002 年 7 月 10 日　第 1 版 1 刷発行

編著者　稲葉元吉
発行者　大野俊郎
印刷所　壮光舎印刷
製本所　美行製本
発行所　八千代出版株式会社

　〒101-0061　東京都千代田区三崎町 2-2-13
　TEL 03-3262-0420　振替　00190-4-168060

＊定価はカバーに表示してあります。
＊落丁・乱丁本はお取り替えいたします。

現代経営学講座〔全12巻〕

監　修　二神恭一（愛知学院大学教授・早稲田大学名誉教授）
　　　　稲葉元吉（成城大学教授・横浜国立大学名誉教授）

第 *1* 巻　企業と経営【二神恭一 編著】**既刊**

第 *2* 巻　企業の発展【米倉誠一郎 編著】**既刊**

第 *3* 巻　社会の中の企業【稲葉元吉 編著】**既刊**

第 *4* 巻　企業と情報化【寺本義也 編著】

第 *5* 巻　グローバリゼーションの中の企業【鈴木典比古 編著】**既刊**

第 *6* 巻　企業の戦略【加護野忠男 編著】

第 *7* 巻　企業の組織【稲葉元吉 編著】

第 *8* 巻　企業と人材・人的資源管理【二神恭一 編著】**既刊**

第 *9* 巻　生産・技術システム【藤本隆宏 編著】

第 *10* 巻　イノベーションとベンチャー企業【野中郁次郎 編著】**既刊**

第 *11* 巻　マーケティング【石井淳蔵 編著】**既刊**

第 *12* 巻　経営財務【柴川林也 編著】**既刊**

A5判・横組・上製・カバー付・各巻平均300頁
本体価格 2900 円